주식시장의 승부사들

대한민국 최고의
트레이더들이 전하는
주식투자의 비밀

주식시장의
승부사들

한봉호, 김형준, 강창권, 이주원, 김영옥, 이찬용, 이상기 지음

전설로 남을 실전투자대회 우승자들의 트레이딩 비법

이레미디어

추천사

'난세에 영웅이 나온다亂世之英雄'라는 중국 후한서後漢書에 나오는 옛말은 지금
도 계속 반복됩니다. COVID-19로 비롯된 국내 금융시장의 일생일대一生一
大 반등 장세에 유입된 동학개미운동 주역들에게서 희망을 찾기도 하나, 실
제 동학운동의 역사적 결말에 비추어 우려가 되기도 합니다. 역사적으로만
놓고 보면 실패한 것으로 평가받는 1894년 동학운동은 백의민족白衣民族의 숭
상한 오랜 전통을 따라 마치 군복처럼 아래위로 하얀 한복을 입고 궐기했습
니다. 그들은 제각각 손에 무기와 연장을 들고 전주성을 향하여 우레와 같은
함성을 지르며 진격해 나아갔습니다. 반면에 현재 동학개미운동의 주역들은
경제적 차별을 이겨내기 위해 노트북과 스마트폰으로 무장하고 주식시장에
벽력과 같은 매수세로 투자해 나가는 중입니다.

개인적으로 한봉호 교수님의 명성은 익히 들어왔습니다. 이 책은 우리 주변에 숨어 있는 성공한 개인 투자자 7인의 이야기가 담겨 있습니다. 특히 트레이딩 영역에서의 주식투자 성공 비결을 집중적으로 조명, 분석하는 데 성공하였습니다. 책에 등장하는 고수들은 다른 사람들과 마찬가지로 가용한 시간과 노력을 투자하는 데 주저하지 않았다는 공통점이 있습니다. 하지만 주식투자에 관해서는 보통 사람들과 완전히 다른 모습을 보입니다.

검술인은 '신묘검神妙劍'과 '무심검無心劍'이라는 두 가지 경지를 목표로 삼습니다. 신묘검이란 배움과 노력으로 이를 수 있는 상태로 상대의 마음을 읽어 검을 펼치는 경지입니다. 반면에 무심검은 어떠한 의도도 없이 물 흐르듯 펼쳐지는 상태로 내면에서 흘러나오는 경지입니다. 7인의 고수들은 이미 '신묘검'을 넘어 '무심검'의 경지에 이른 것으로 평가됩니다.

그들은 다른 사람의 투자법을 탓하거나, 특별히 부러워하지도 않습니다. 오히려 다른 사람의 투자법을 존중합니다. 가장 중요하게 생각하는 것은 자신만의 투자법을 찾는 데 온갖 힘을 쏟았고, 이제는 그것을 오롯이 지켜나가는 데 집중할 뿐입니다. 이 책에 나오는 한 고수의 말처럼 '시장은 내가 경험한 만큼만 알 수 있으며, 수익은 경험을 통한 극복의 대가'라고 생각합니다.

증권 방송, 시황 속보, 자칭 전문가들의 추천 종목과 시황 예측을 신봉하는 망망대해茫茫大海에서 북극성Polaris이라는 좌표를 잃은 개미들과는 사뭇 다른 모습입니다. 그들은 엄청난 유산으로 물려받은 시드머니Seed money로 투자를 시작한 것도 아니고, 거창한 학위나 자격증을 갖고 있지 않다는 점도 특별합니다. 오히려 실수와 실패를 밑천으로 삼아 반드시 성공하겠다는 각오와 철저한 사전 준비, 무엇과도 바꿀 수 없는 자신만의 투자 원칙, 냉정한 승부사의 기질이 중요했을 뿐입니다.

범인凡人들이 매수에 열광하는 순간의 유혹을 참아내고 모두가 불편해하는 바로 그 지점에서 과감히 승부하는 것, 그리고 어떠한 상황에서도 원칙을 지켜나가겠다는 비장한 각오와 실천을 통해 성공에 이른 7인의 '승부사들'에게 다시 한번 찬사를 보냅니다.

－이베스트투자증권 대표이사 **김원규**

주식투자에서 '경험'이란 어느 무엇보다 소중한 자산이다. 한봉호 교수님은 20여 년간 시장에서의 경험이 어떻게 '자산'이 될 수 있는가를 몸소 증명하였고, 지금도 여전히 증명하고 있다. 혹독한 시장에서 살아남은 다양한 투자자가 직접 전하는 성공과 실패에 관한 이야기를 책으로 볼 수 있다는 점에서 매우 기쁘다. 출간을 다시 한번 진심으로 축하한다.

-키움증권 리테일총괄본부장 김희재

가격 변동성이 큰 주식시장에서 '낮은 가격에 매수하여 높은 가격에 매도하는' 일은 쉽고 단순할 것 같지만, 이는 정말 상당히 어려운 행위이다. 대한민국에서 트레이딩을 가장 잘하는 분들을 이 책에서 만나볼 수 있다. 고수들의 투자 원칙과 노하우를 직접 확인하고, 각자의 투자에 어떻게 응용해볼 것인지 궁리해 실행할 좋은 기회이다. 그들을 따라 하다 보면 언젠간 투자의 고수가 되어 있는 자신을 발견하게 될지도 모른다.

-미래에셋대우 디지털 Biz팀장 장지현

증권 기자를 20년 가까이 해오며 재야의 고수라는 인물들을 많이 만났다. 그 중 진짜 고수도 있었지만 실제 능력보다 과장된 인물이 적지 않았다. 진짜 실력자가 누구인지 알아내고, 그들로부터 투자 비법을 파악하는 건 기자로서 쉽지 않은 작업이었다. 이 책은 기자의 취재력을 무색하게 할 정도로 탄탄한 재야의 고수를 모았다. 그 어렵다는 실전투자대회에서 수차례 우승 경력을 갖춘 이들이 대거 등장한다. 또한 그들이 솔직하고 담담하게 말하는 투자 스토리는 독자로 하여금 눈을 떼지 못하게 만든다. 고수들이 어느 날 갑자기 주식으로 큰돈을 번 것이 아니라, 숱한 실패를 거쳤다는 점은 개미투자자에게 인간적인 공감을 끌어낸다. 이들은 다양한 성공과 실패 사례를 겪으며 꾸준히 공부하고 내공을 쌓아왔다는 점 역시 잊지 말아야 한다. 특히 욕심을 자제하지 못하고 자신만의 투자 원칙을 깼을 때 겪었던 실패담은 어디서도 듣지 못할 소중한 교훈이 될 것 같다.

코로나19 사태로 1,400포인트까지 떨어졌던 코스피는 전례 없이 V자 반등했다. 부동산으로 쏠렸던 시중 자금이 증시로 옮겨가는 모양새다. 이른바 주식을 모르는 '주린이(주식+어린이)'도 대거 주식시장에 뛰어들었다. 그러나 공부하지 않으면 백전백패百戰百敗다. 현장에서 산전수전山戰水戰 다 겪은 고수들의 경험을 토대로 자신만의 투자 철학을 만들어 '성투'하길 바란다.

—매일경제 차장(전 매경이코노미 증권팀장) **명순영**

개인으로서 성공한 트레이더들의 생생한 이야기를 듣기는 참 어려웠는데, 실전투자대회로 수익률을 입증한 고수들의 인터뷰를 이렇게 접할 수 있으니 너무나 반갑다. 이분들에게 기법에 대한 힌트를 배울 수도 있겠지만, 얼마나 똑같은 실수를 반복하며 원칙을 만들어왔는지 살펴보고 자신을 한번 돌아보면 좋겠다. 다양한 사례 속에서 자신만의 길을 생각해볼 수 있는 한국판《시장의 마법사》같은 책이다.

－두물머리 대표이사, 《부의 확장》 저자 **천영록**

세상에 수많은 직업이 있는 것처럼 투자에도 다양한 스타일이 있다. 주식투자를 처음 공부하는 사람일수록 편견 없이 다양한 스타일을 두루 접하며 자신에게 맞는 스타일을 찾는 것이 좋다. 이 책은 바로 그런 길잡이가 되어줄 것이다.

－이루다투자일임 대표, 《절대수익 투자법칙》 저자 **김동주**

차 례

추천사 · 004

1 한봉호

대한민국 실전투자대회의 살아 있는 불패 신화

닉네임	마하세븐	
나이	40대	
직업	타스톡 대표 광운대학교 경영대학원 주식투자트레이딩경영전공 책임지도교수	
거주 지역	서울	
주력 기법	스캘핑, 가치투자	

2004년 키움증권 실전투자대회 키움상 수익금 1위 259%

2007년 키움증권 실전투자대회 1억 리그 1위 408%

2009년 키움증권 실전투자대회 1억 리그 1위 318%

2010년 키움증권 실전투자대회 1억 리그 2위 191%

2011년 키움증권 실전투자대회 1억 리그 1위 504%

2011년 미래에셋증권 실전투자대회 1억 리그 3위

2011년 미래에셋증권 TIGER ETF 실전투자대회 5000 리그 1위(3회)

2013년 미래에셋증권 TIGER ETF 실전투자대회 2000 리그 1위(2회), 2위

2014년 미래에셋증권 실전투자대회 1억 리그 3위 62%

2014년 키움증권 실전투자대회 1억 리그 1위 수익률 139%

2015년 키움증권 실전투자대회 1억 리그 3위 수익률 189%

2016년 키움증권 실전투자대회 1억 리그 1위 수익률 126%

2017년 키움증권 실전투자대회 1억 리그 1위 수익률 599%

2019년 키움증권 실전투자대회 1억 리그 1위 수익률 210%

2020년 키움증권 실전투자대회 1억 리그 1위 수익률 573%

마하세븐이라는 닉네임을 사용하는 트레이더로 현재 타스톡 대표를 맡고 있으며, 광운대학교 경영대학원 주식투자트레이딩경영전공 책임지도교수로 재직 중이다. 특히 '마하세븐'이라는 닉네임은 개인 투자자들 사이에서 상당히 유명한데, 실전투자대회 입상만 무려 19회라는 전무후무한 기록과 함께 1억 리그에서만 총 8번 우승한 무시무시한 이력 때문이다. 그는 국내 최고의 트레이더 중 한 명으로, 최근 허영만 화백의 연재 작품에서도 가장 먼저 이름을 올렸다. 따라 하고 싶어도 감히 흉내조차도 내지 못할 기록을 세운 마하세븐은 1999년 말 단돈 100만 원으로 평범한 사람과 마찬가지로 주식투자를 시작했다. 여윳돈으로 장기 투자하라는 기본적인 이야기를 듣고 2000년 초 당시 시장에서 가장 뜨거웠던 종목을 매수했다. 하지만 전체 시장이 하락하는 바람에 금세 손절 가격까지 주가가 떨어졌고, 곧장 손절매를 했다고 한다. 그러나 이와 같은 상황을 여러 번 반복적으로 경험하다 보니 남들과 똑같은 방법으로는 시장에서 수익을 내기 어렵다는 결론에 도달했다. 그 이후 단기 트레이딩 기술로 매매 방법을 전환하였고, 이것이 스캘핑을 하게 된 계기가 되었다고 한다. 그렇게 몇 년이 지난 후 시장은 장기적으로 상승하며 우량주가 크게 상승하는 것을 확인하여 지금은 여러 가지 가치투자를 병행하며 연구에 몰입하고 있다. 현재는 원자재, 장외시장, 벤처 투자 등 시대의 변화에 따라 투자의 관심과 방향도 점점 바뀌고 있다고 한다. 원자재의 경우 KRX 금시장에서 1년 전부터 분할 매수하고 있으며, 수익률은 약 40% 정도라고 전했다.

마하세븐은 특별히 개인 투자자에 대한 애정이 각별하다. 다수의 국내 투자자가 겪는 코리아 디스카운트에 대한 어려움이나 한국형 주식 트레이딩의 방법에 대해 함께 고민하고 발전하고자 노력한다. 국내 최고의 트레이더이지만 일반인이 시장에서 겪는 어려움을 함께 나누고, 그들이 겪을 시행착오를 줄여주기 위해 노력하고 있다. 지금껏 시장에서 수많은 경험을 했던 마하세븐의 투자 철학은 다음과 같다.

"시장은 내가 경험한 만큼 알 수 있으며, 수익은 경험을 통한 극복의 대가이다."

— 한봉호

시장의 사람들이 소위 '급등주'의 인기를 따라 투자하는 경향이 있습니다. 이를 어떻게 보시나요?

주가가 단기간에 급등하는 주식을 '급등주'라 부르고, 보통 실적과 상관없이 오르는 경향이 있습니다. 국내 투자자 사이에서 급등주에 대한 인기는 늘 높기 마련인데, 이렇게 된 데에는 여러 가지 원인이 있습니다.

첫째, 코스피KOSPI가 오랜 기간(2008년~현재) 동안 2,000포인트 근처에서 등락을 반복하며 시장 전체의 성장이 멈추어 있습니다. 때문에 개인들이 요구하는 기대수익률을 달성하기 어려운 실정입니다.

원인으로는 대부분 코리아 디스카운트Korea Discount(지정학적 리스크, 회계의 불투명성, 노동시장 경직성)의 세 가지를 얘기합니다. 이전에 모 증권사의 임원에게 들은 바에 의하면 국내 시장이 상승하지 못하는 이유로 주가 상단에서 외국인이 줄기차게 순매도를 하기 때문에 수급적인 이유로 인해 상승하지 못한다는 얘기가 인상 깊었습니다.

그렇다고 모든 종목의 주가가 멈추어 있는 것은 아닙니다.

삼성전자를 포함한 일부 기업들의 경우 장기간 성장하여 주가가 크게 급등했습니다. 그러나 개인들의 신념이나 선호에 의해 모든 투자자가 삼성전자에 투자하지는 않습니다. 시절마다 유행하여 언론이나 SNS에 자주 노출되는 단기간에 몇십~몇백% 상승하는 테마주 같은 급등주를 선호하여 기대수익률을 얻으려고 할 것입니다.

둘째, 가치투자를 했다가 실패하는 투자자의 경우입니다. 가치투자에는 보통 자산 가치, 수익 가치, 성장 가치, 무형 가치로 분류합니다. 성장 가치의 경우 기업을 잘 선택하기만 하면 생각 이상으로 큰 수익이 나오곤 합니다. 그런데 성장주의 경우 기술이 있더라도 규제로 인해 더 이상 사업을 진행하기 어려운 경우가 있습니다. 또한 자본의 투입이 원활하지 못해 기업이 성장하지 못하고 주가가 하락하는 경우가 과거부터 종종 있었습니다. 이러한 상황이라면 원금 회복에 대한 집착으로 본인도 모르게 급등주에 관심을 가지게 될 수 있습니다.

셋째, 최근 급증하는 유사 투자자문사의 급등주 추천도 한몫하고 있습니다. 전체 시장의 성장이 멈추어 있다 보니 영업하는 입장에서 보면 리스크가 있더라도 급등주 기반의 고수익을 마케팅으로 사용할 수밖에 없을 것으로 보입니다. 문제는 과대·허위 광고에 의해 피해자가 발생하는 것을 가끔 언론에서 접하곤 하는데요. 높은 도덕적 정신이 필요할 것 같습니다. 가끔 제휴대폰에도 문자로 '원금 보장, 높은 수익률 체험해보세요' 식의 문자가 수신되는데 '정말일까' 잠깐 고민해보곤 합니다.

넷째, 급등주는 전문 트레이더의 타깃이 되고, 단기간에 고수익을 얻는 것을 보면 따라 하고 싶을 것입니다. 이 시장에서 숙련된 선수들은 기계처럼 매매하기 때문에 시장에서 기회가 많아지면 생각 이상의 수익을 얻을 수 있습니다.

여기에서 일반적인 투자자가 급등주를 매매했을 때 얼마나 이익을 얻고 성공할 수 있을지 생각해봐야 합니다. 판단은 이렇습니다. 가까운 지인 중에

— 한봉호

1년 또는 수년 이상 급등주를 지속적으로 매매하여 '꾸준히' 수익을 얻고, 큰 자산을 축적한 사람이 있는지 찾아보길 바랍니다. 아마도 거의 없을 것입니다. 또한 소수의 성공한 사람은 유유상종으로 성공한 사람들끼리 어울려 일반 투자자가 만날 기회가 드물 것입니다. 결론적으로 말하면 어떤 분야나 마찬가지겠지만 급등주 투자에 다수는 어려움을 겪고 일부 소수만 성공하고 있지 않을까 생각합니다.

그렇다면 왜 실패하는 것일까요? 개인적인 생각이지만 '매도의 근거'가 부족하기 때문입니다. 주가가 여러 가지 이유로 급등할 수 있는데 대부분 기대감으로 상승하는 경향이 있어 가치의 접근이 어렵습니다. 산술적으로 주가의 매도 시점을 파악하기 어렵다면 매도의 근거를 찾기 어려워 기술적 분석 같은 다양한 방법으로 접근하게 됩니다. 이는 홀 아니면 짝과 같은 것이어서 시행착오를 겪어도 좋은 결과를 기대하기 어렵습니다.

지금이 고점인 줄 알고 매도했는데 급등하거나, 급등할 줄 알고 계속 보유하고 있는데 갑자기 급락하는 일이 반복된다면 사람의 심리상 매매가 위축되는 것은 당연한 일일 것입니다.

급등주의 경우 갑자기 급락하는 일이 빈번한데 원인을 찾아보면 다음과 같습니다.

- 기대감으로 상승하는 원인에 대해 언론에서 팩트 체크Fact check로 추종 매수세의 유입을 진정시킴
- 회사 현금흐름이 어려운 경우 유상증자, 각종 사채 발행

- 대주주 매도
- 금융당국 감리 등 이런 원인에 의해 과열로 급등하던 주가가 하락으로 전환하거나 단기간에 급락하는 경우

그리고 급등주는 시간이 지나면 실적과 상관없이 주가가 급등했기 때문에 악재가 없더라도 제자리로 돌아오는 경향이 있습니다. 어떻게 보면 '급등주＝급락주'의 공식이 성립될 수 있습니다. 결론적으로 급등주는 매도의 근거가 부족하기 때문에 투자자들은 매도의 어려움을 겪을 수밖에 없습니다. 그리고 악재나 추종 매수세의 실종으로 주가가 급락할 때 고스란히 그 피해를 감당해야 합니다.

그럼에도 불구하고 급등주 투자에서 성공하려면 어떻게 해야 할까요?

이것은 정말 어려운 문제입니다. 그러나 간단하게 풀어가는 방법이 있습니다. 매도의 근거가 부족하면 기계적으로 매도할 수 있는 근거를 만들고, 본인이 지킬 수 있도록 노력하면 됩니다. 주변을 보면 시간 단위를 기준으로 매매 기법을 만들어 사용하는 것을 볼 수 있는데요. 시간 단위로 매매하는 대표적인 것은 스캘핑과 종가 홀딩 매매 등이 있습니다.

스캘핑은 현재가창에서 초 단위로 주가의 움직임을 판단하여 매수, 매도, 손절매를 하는 것입니다. 사람이 현재가창에서 보이는 매수 물량, 매도 물량, 체결의 움직임을 눈으로 보고 판단하여 주문을 내는 데 대략 1초가 걸릴

것입니다. 매수하는 데 1초, 매도 판단하여 주문을 내는 데 1초, 손절매를 판단하여 주문을 내는 데 1초.

매매가 엄청 빠르게 진행되긴 하지만 매도할 때 욕심 같은 감정만 싣지 않고 원칙을 지킨다면 매도의 불확실성이 제거되어 매도에 대한 고민은 따로 하지 않아도 됩니다.

스캘핑Scalping 같은 매매를 '기술 매매'라고 합니다. 일정한 조건을 만족시키는 종목을 선정하여 만들어진 매매 기법을 반복해서 매매하다 보면 무형의 기술을 익힐 수 있습니다. 이러한 매매 기법의 접근은 오랜 주식 보유로 인한 리스크는 피하고 눈에 보이는 만큼만의 이익을 얻겠다는 정체성에서 시작됩니다. 국내 시장은 오를 만하면 빠지는 경우가 많아 주식 보유로 인한 리스크가 적지 않다고 볼 수 있습니다. 지금도 급등주로 높은 기대수익률을 설정하고 있는 투자자나 전문가적인 매매를 배우고자 하는 투자자라면 자신의 기존 접근 방법과 비교해보기 바랍니다. 여기에서 무언가 반짝이는 것이 있다면 수정하여 도전해보기 바랍니다.

보통 사람에게 주식투자가 어려운 이유가 무엇인가요?

주변을 둘러보면 수익은 적고 손실은 큰 경우가 많은데요. 그분들의 사정을 들여다보면 역시 국내 시장이 미국 시장처럼 장기간 우상향으로 상승하지 않는 데서 이유를 찾을 수 있습니다. 국내에서 주식투자를 하기 위해 서적을 구입하면 대부분 미국 위인의 내용이거나 미국 중심의 주식 이론들입니다. 이러한 것들은 시장이 장기간 우상향했을 때 좋은 결과가 나오는데요. 국내 주식시장은 장기간 박스권을 형성하다 보니 서적 내용들을 그대로 적용시키기에는 다소 무리가 있어 보입니다. 그러다 보니 이 방법은 아닌가 보다 하면서 각기 다른 방법들을 다 적용해보지만 노력과 돈, 시간을 들여도 특별한 계기가 아니면 시행착오에서 벗어나지 못할 수 있습니다.

이쯤 되면 '나는 안 되는가?'라는 자괴감에 빠지게 되고, '전문가는 다르겠지' 하는 마음에 자문도 받아봅니다. 하지만 대부분 급등주 추천이라 매매 기술이 없는 사람들은 이 역시도 대안이 되기 어렵습니다. 이러한 일련의 현상들은 국내 증시가 장기간 우상향하지 않기 때문에 나타나는 것들이라고 생각됩니다.

기술적 분석을 바라보는 시각이 어떤지 궁금합니다.

기술적 분석은 지표마다 매수, 매도와 같은 신호를 포함하고 있는데 처음 주식투자를 하는 경우 캔들, 이동평균선, 거래량, 패턴, 보조지표 등을 살펴보고 무작정 매매하기도 합니다.

저의 경우도 투자 초기에 주가가 바닥에서 장대양봉 캔들이 나오면 주가가 추세 전환하여 계속 상승하는 줄 알고 서둘러 매수했던 기억이 있습니다. 하지만 매수 이후 며칠 동안 음봉 캔들이 계속 나타나며 상승분을 모두 반납하고 주가가 옆으로 횡보하여 당황했던 일들이 기억이 납니다. 물론 장대양봉 이후 주가가 급등했던 경우도 있었습니다.

지금에 와서 생각하면 기술적 분석의 단편적인 지표를 기준으로 하는 매매는 홀 아니면 짝과 같다고 말씀드리고 싶습니다. 차트상에서 똑같은 매매 신호를 주고 있는 경우라도 어떤 종목은 상승하고, 어떤 종목은 하락하기 때문입니다. 이런 현상 때문에 많은 투자자가 좀 더 확률을 높이려고 각기 다른 지표들을 혼합하여 사용하기도 하지만, 주변을 둘러보면 결과가 그리 좋지는 않습니다. 굳이 원인을 찾아보자면 국내 시장의 성장이 멈추어 있기 때문이죠. 기술적 분석의 효율도 기본적으로 전체 시장이나 개별 기업의 주가가 장기간 우상향해야 결과가 좋기 때문입니다.

2005~2007년, 2009~2010년, 2017년도 같은 경우 전체 시장이 크게 급등하여 주식시장에 큰 지식이 없는 투자자도 기술적 분석의 지식이나 언론에서 자주 거론되는 종목을 매수해도 수익을 얻을 수 있던 시절이었습니다. 그러나 특별한 기술이나 리스크 관리 능력이 없던 투자자는 그 이후에 대부분 수익을 반납했습니다.

많은 투자자가 오해하는 것이 있습니다. '비기', '절대 기법' 같은 말에 현혹되어 일부 기술적 분석 방법으로 만든 매매 기법이 절대적인 수익을 얻을 수 있을 것이라고 믿어 큰 금액을 지출하여 구입하거나 강의를 듣기도 합니다. 그러나 사용자의 기술 능력이나 성향 그리고 시장이 받쳐주었을 때 좋은 결과가 나타나는 것이지, 매매 기법 그 자체가 그리 대단한 것은 아닙니다.

제가 이런 내용을 바탕으로 투자자들에게 자세히 얘기해주면 "좋은 말씀인 건 알겠는데요. 진짜를 알려주시면 안 될까요?"라고 반문하기도 합니다.

몇 년 전부터 기술적 분석 내용에 대해 계속해서 받는 질문이 있습니다.

'분봉 차트는 몇 분봉을 보면서 매매하느냐'는 식의 질문입니다. 당일 데이 트레이딩Day trading 을 하는 분들이 주로 이런 질문을 하는데요. 저의 경우 분 봉 차트를 이용하는 기준은 딱 하나입니다. 새롭게 관심이 가는 종목의 경우 금일 주가가 어떻게 움직였는지 주가의 흐름을 살펴보는 게 전부입니다. 분 봉 차트나 다른 기술적 분석 지표들처럼 홀 아니면 짝이 될 확률이 높기 때문 에 저의 경우는 매매에 실질적으로 사용하고 있지 않습니다.

마지막으로 기술적 분석 지표의 매매 신호가 나와도 사용하는 사람의 심 리가 방해하기도 합니다. 주가가 크게 급락하여 매수해야 할 시점에서는 주 가가 추가 하락할까 봐 매수를 주저하거나, 과열권에서는 추가 급등할 것 같 아 매도를 주저하게 됩니다. 매수/매도는 실질적으로 돈이 들어가고 나오는 것이어서 투자자가 많은 고민을 할 수밖에 없기 때문이죠.

일반 투자자가 매수 · 매도를 잘할 수 있는 방법이 따로 있을까요?

하하! 제가 20년 동안 각기 다른 투자 방법을 사용하는 투자 자를 만나 얘기를 들어보면 질문의 답은 대부분 비슷합니다. 가치투자를 하 든 기술투자를 하든 말이죠. 투자자는 성향도 다르고, 원금 크기도 다르고, 투자 목적도 다르기 때문에 질문이 다양하지만 대부분 주가를 쫓아가서 매 수하는 경향이 있습니다.

예를 들면 전체 시장이 급등한 경우 언론에서 고수익에 관한 기사가 자주 노출되면 이에 동조하는 투자자가 나타나 최근 이슈가 되는 종목을 매수하게 될 것입니다. 데이 트레이딩을 하는 투자자의 경우는 조건검색이나 이슈가 되는 종목 중 급등하는 종목에 자연스럽게 관심을 가지게 됩니다.

매수할 때 보조지표를 사용하는 사람과 현재가창을 이용하는 두 부류로 나뉘는데, 현재가창을 이용하는 경우 주가의 움직임을 보면 호가가 매우 빠르게 움직이면서 매수/매도 물량의 변화가 심하게 나타납니다. 그러면 대부분의 사람은 정신없다며 관망하다가 매도 물량이 잠잠해지고 의미 있는 큰 매도 물량을 매수세가 급하게 들어와 빠르게 소화시키면 '이때가 매수 시점이다'라며 순간 용기를 얻어 매수에 동참합니다.

이러한 행동들은 자신만의 투자 철학이 없기 때문에 발생하는 것으로 흔히 말하는 '뇌동 매매'라고 합니다. 국내에서 충동적으로 순간 쫓아가서 매수하면 결과가 좋지 않은 이유는 국내 시장이 박스권을 만들고 있어 올라가면 떨어지기 때문입니다. 또한 테마주 급등주의 경우 당일 변동폭이 상당하므로 고점에서 잘못 물리면 짧은 시간에 큰 손실을 보기 때문입니다.

그러면 '언제 매수를 해야 잘하는 것일까?'에 대한 물음이 있겠네요.

방법은 간단합니다. 우리나라에도 국내 또는 세계적으로 뻗어나가는 기업들이 있습니다. 이러한 기업의 주가가 조정할 때마다 분할 매수하는 방법과 국내 증시 특징이 박스권이므로 어떠한 이유로 증시가 급락했을 때 이전 시장 주도주를 바닥권에서 분할 매수하는 것입니다. 그리고 데이 트레이딩의 경우 당일 인기 있는 종목을 충동적으로 매수하고 싶을 때는 자제하고, 순간 주가가 작게(상승 시) 또는 크게(하락 시) 급락했을 때 매수하는 연습을 해보면 됩니다. 매수를 잘하게 되면 어느 정도 시행착오를 거친 후 자연스럽게 매도도 점점 잘하게 된다는 것입니다. 매수를 하고 나면 수익이 나는 것과 그렇지 않은 것의 차이는 큽니다. 후자의 경우 아무리 시행착오를 겪어도 좋은 결과를 기대하기 어렵기 때문입니다.

뇌동 매매를 하면 단기간에 손실이 큰데 어떠한 이유 때문일까요?

뇌동 매매는 일단 충분한 분석 없이 쫓아가서 매수했기 때문에 매도나 손절매에 대한 준비가 되어 있지 않습니다. 매수 이후 주가가 일정 기간 이상 상승한다면 문제가 되지 않겠지만 바로 하락 또는 급락하게 된다면 매우 당황하게 됩니다. 그러면 보통 처음에 인식하게 되는 것은 손절매가 아닌 '재차 상승하겠지'라는 것입니다. 매수 이전에 추종 매수세가 많아서 주가가 급등하게 된 것을 머리가 기억하기 때문에, 하락했지만 다시 추종 매수세가 들어와 주가를 상승시킬 것이라고 기대합니다. 사실 주가가 고점 또는 단기 고점을 찍고 내려올 때는 추종 매수세가 여전하기 때문에 거래량도 많고 순간 반등이 나오기도 합니다.

책에서 배운 대로라면 되돌림 현상이 나타날 때 손절매를 하면 되는데, 버티고 또 버티다가 추종 매수세를 믿고 물타기를 시도하는 투자자가 생각보다 많습니다. 어느 정도 시간이 지나가면 추종 매수세도 줄어들고, 주가는 점점 시들해져 내려가게 됩니다. 그런데 이때 의미 있는 가격이나 매물대가 무너지게 되면 투매가 나와 급속하게 주가가 내려가게 됩니다.

뇌동 매매로 손해를 경험해본 투자자라면 누구나 공감하는 부분인데 오

— 한봉호

랜 시간 주가가 내려가며 원금의 손해로 인해 극심한 고생을 합니다. 그러다가 여기는 더 이상 깨지지 않고 반등하겠지(의미 있는 가격대 또는 매물대)라고 생각한 가격대가 무너지면 하늘이 무너져내리는 것과 같은 고통을 느끼게 됩니다. 그리고 자포자기 심정으로 매도하게 됩니다.

뇌동 매매 손실 과정을 간략하게 만들면 다음과 같습니다.

뇌동 매수 ▶ 매도/손절매 부재 ▶ 버티기 또는 물타기 ▶ 심리적 지지 가격대 또는 매물대 무너짐으로 인해 투매 때 매도

 ### 본인은 처음부터 주식투자를 잘하셨나요?

저도 처음에는 다른 사람과 다를 바 없었습니다. 현재 시장에서 인기가 있어 대다수의 사람이 관심을 갖고 공격적으로 매수하는 종목에 같이 참여했습니다. 충분한 분석과 경험이 부족했기 때문인데요. 결과는 전체 시장과 종목이 크게 상승한 이후여서 매수하고 나니 얼마 못 가서 주가가 계속 줄줄 흘러내렸습니다. 이래서는 수익은커녕 원금도 깡통으로 갈 것 같아 당일 주가가 크게 상승할 것 같은 지점에서 종목을 갈아탔습니다. 하지만 이 방법도 전과 다르지 않다는 걸 깨닫는 데 몇 시간도 걸리지 않았습니다.

이쯤 되니 무언가 변화가 필요했습니다. 시장에서 경험한 것은 거의 없으나 단순한 깨달음 하나 정도는 남더라고요. '거래량이 많고 변동폭이 큰 종목이 상승할 때 따라가서 매수하면 손실을 보니까 어느 정도 떨어져서 주가가 더 이상 하락하지 않는 지점에서 매수하면 되지 않을까!'였습니다. 그러나 문제가 하나 있었습니다. 당일 거래량이 많고 변동폭이 큰 종목의 주가가 단기간에 크게 급락하면 현재가창에서 바라보는 저의 심리가 점점 불안정해진다는 것이었습니다. 매도세가 거칠게 나오면서 매수 물량을 무자비하게 깨뜨리는 것을 보면서 '주가가 떨어지면 매수해야지' 하는 다짐은 점점 자신감을 잃어가며 매수하지 않으려고 하는 것입니다. 그런데 신기하게 마음이 제일 불안정해지는 시점이 지나면 주가가 위로 날아오르는 것이었습니다.

여기서 제가 바로 주가가 단기 바닥권에 왔을 때 과감하게 매수하여 수익을 냈는지에 대해 궁금하실 텐데요. 바로 잘되지는 않았습니다. 두어 달 정도 고생을 했는데요. 원인은 다음과 같습니다.

- 주가가 급락할 때 매도세의 거친 포효를 계속 지켜보자니 매수 심리가 꽁꽁 얼어 금방 극복되지 않았습니다.
- 주가가 하방경직을 만들어도 매도세와 매수세의 공방이 거세어 눈이 많이 어지러웠습니다.
- 주가가 빠르게 급락하면 하방경직 구간에서 갭이 크게 발생하는 경우가 있어 '어디에서 매수해야 하는가'라는 고민도 매수를 어렵게 하는 원인입니다.
- 하방경직 구간에서 매수했는데 바로 재차 큰 급락이 나오기도 하여 큰 손실을 본 적도 있습니다.
- 매수 적기에 매수했는데 매수 체결이 안 되어 주가가 급등하면 '어어!' 하고 지켜보다가 다시 예전처럼 주가 고점 부근에 '잘되겠지' 하며 눈을 질끈 감고 매수하여 손실을 봤습니다.

대부분 이런 원인인데요. 그래도 집중하고 또 집중하고 하니까 어느 순간부터는 수익이 발생했습니다. 처음에는 전체 시장과 주도주들이 급락하던 시절이라 저도 모르게 '급락주' 스캘핑을 했던 것입니다. 이후에는 전체 시장과 종목들이 어느 정도 상승하던 시절이라 자연스럽게 상승 눌림목에서 눌림목 스캘핑을 익히고 수익을 얻었습니다.

눌림목 매매는 어떻게 해야 하나요?

눌림목 매매의 경우 전체 시장이 상승할 때 시장 주도주의 일봉이 5일 이동평균선에서 지지되며 다시 상승하는 지점을 보통 눌림목이라고 하고, 이 지점에서 매수합니다. 매도는 매매 기술이나 목표에 의해서 각각 다르게 나타납니다.

스캘핑 눌림목의 경우는 장중 주가가 상승 추세를 만들면서 추세선에서 지지되어 다시 상승할 때를 눌림목이라고 하고, 이 지점에서 매수를 합니다. 매도는 보통 1파 상승으로 매매를 마무리합니다. 여기서는 추세선을 기준으로 얘기하고 있는데요. 장중에 주가가 상승하는 모습을 살펴보면 상승 추세를 만들려다 실패하는 경우도 많고, 박스권 같은 모양을 만들기도 합니다. 매매에 있어 기준은 자유입니다. 저의 경우 시장이 좋을 때는 눌림목 매매를 선호합니다. 우량주 중장기 매매도 눌림목에서 분할 매수를 선호합니다.

과거도 그렇고, 지금도 주변을 살펴보면 전체 시장이 급락할 때는 단기 매매로 수익을 잘 내다가 시장이 본격적으로 반등할 때는 수익이 신통치 않은 투자자를 어렵지 않게 볼 수 있습니다. 원인을 살펴보면 종목이 장중에 빠르게 급락할 때는 반등도 짧은 시간 안에 빠르게 나와 매매 과정이 빠르게 진행되어 수익을 잘 챙깁니다. 그런데 환경이 변하여 시장이 반등하게 되면 전체 시장이나 종목의 움직임이 전과 같이 빠르지 않고, 상승할 때는 주가의 급락이 자주 있지 않아 기회가 줄어들기 때문입니다. 이때는 매매를 상승 눌림목 쪽으로 전환하면 됩니다. 그런데 스스로 안 된다고 미리 벽을 만들어놓고 오랜 시간 고전하는 투자자를 보기도 합니다. 선택은 물론 존중받아야 한다고 생각합니다.

단기 매매 기법의 경우 반복적인 행동을 통해서 무형 기술이 생기는 것이므로 연습이 필요합니다. 연습을 하려면 시장이 연습하기에 적당한 시장이 되어야 합니다. 급락주를 선호하는 사람이라면 시장이 급락할 때 매매 기법을 반복적으로 사용하여 기술을 습득하면 됩니다. 눌림목을 선호하는 사람이라면 시장이 상승할 때 반복적으로 연습하면 됩니다. 여기서 눌림목을 연습하는 경우 당일 종목이 상승 추세를 만들다가 어느 순간에 투매가 나오면 급락이 나오기도 하여 급락주 연습도 할 수 있습니다. 전체적인 효율을 비교해보면 눌림목 매매가 좀 더 효율적이라고 말할 수 있습니다.

 ## 어떤 사람들이 스캘핑을 할 수 있을까요?

주식투자는 원금의 크기나 목표 그리고 성향에 따라 투자의 형태가 다르게 나타난다고 생각합니다. 원금이 크지 않은 상태에서 기대수익률을 높이려면 급등하는 종목을 족집게처럼 잘 잡아내거나, 아니면 단기간에 회전율을 높여 수익을 쌓아가는 것입니다. 후자처럼 초

단위로 빠르게 매매하는 것을 스캘핑이라고 합니다. 원금이 적고 공격적인 투자자라면 한 번 정도는 도전해볼 만합니다.

스캘핑 매매를 하는 사람들의 성향을 조금 더 살펴보면 주식을 매수했을 때 주가의 변동을 지켜보고 있노라면 심장이 심하게 쿵쾅거리고 머리가 지끈거리고 간이 덜컹거려 극심한 스트레스를 받으며 자연스럽게 주식을 오래 보유하기 힘들어하는 투자자가 있습니다. 이러한 사람들은 누가 굳이 가르쳐주지 않아도 심리적으로 편한 매매를 찾으려 할 것이고, 단기 매매를 하려 할 것입니다. 이 중에서 성향이 조금 더 공격적이라면 스캘핑을 할 가능성이 높습니다.

그리고 국내의 경우 전체 시장이 갈 만하면 미끄러지는 특징이 있는데 주식 보유로 인한 손실 때문에 "차라리 주식 보유로 인한 리스크를 피하자"라며 피치 못하게 스캘핑에 뛰어드는 투자자도 있습니다. 국내 테마주의 경우 고점에서 본격적인 하락이 시작되면 마이너스 30% 손실은 금방 발생합니다.

스캘핑에 대해서 조금 더 구체적인 설명 부탁드립니다.

국내에서는 주식을 보유하지 않아야 리스크를 방지하고 수익을 얻을 수 있다는 것 자체가 아이러니합니다. 이러한 관점에서 이야기를 풀어보도록 하겠습니다.

스캘핑은 특별한 목표와 성향 그리고 시장의 박스권 같은 특징으로 인해 스캘핑을 선호하거나 대안으로 사용된다고 앞에서 말씀드렸습니다. 그런데 많은 사람이 당일 시장이 종료되고 주식을 보유하는 것에 대한 리스크는 목표한 대로 잘 지키지만 장중에 발생하는 리스크에 대해서는 잘 대응하지 못합니다. 대표적인 것으로 레버리지 사용 문제와 잦은 종목 교체 그리고 뇌동 매매 같은 것인데요. 잦은 종목 교체와 뇌동 매매는 바늘과 실 같은 것입니다. 그 이유를 말씀드리겠습니다.

당일 첫 매매는 아마도 전일 주가의 움직임을 잘 알고 있는 종목으로 선정해서 매매할 것입니다. 왜냐하면 주가의 상승 이유나 현재가창의 움직임을 잘 아는 종목이 모르는 종목보다 수익을 올릴 확률이 경험상 높기 때문입니다. 그래서 대부분 처음 매매는 수익으로 시작하는 경향이 강합니다. 이후 수익을 계속 높이려는 본능 때문에 이리저리 종목을 찾아다니게 되고, 주가의 순간 움직임이 상승 쪽으로 급등하는 듯하면 바로 종목을 교체하여 매매를 시도합니다. 그런데 현실적인 어려움이 있습니다.

현재가창에서 매도 물량, 매수 물량, 체결창에서의 숫자 움직임에 어떤 패턴이 있어 눈에 쉽게 보인다면 바로 매매가 가능합니다. 하지만 대부분 숫자의 움직임은 혼조를 보이면서 주가가 상승하므로 선뜻 매수에 나서지도 못합니다. 그러다가 조금 시간이 지나면 혼조 상승하던 것이 매도세는 약해지고 매수세는 점점 강해지면서 의미 있는 매물대를 강하게 돌파하려는 지점이 있습니다. 이때는 마음속의 불안감이 빠르게 욕심으로 전환되면서 굳이 매수하려고 하지 않았는데 나도 모르게 매수 클릭을 하게 됩니다.

국내 시장이 계속 상승하고 개별주 또는 테마주가 계속 상승 추세를 만들면서 상승하면 이 지점에서 매수해도 문제가 없습니다. 하지만 국내 시장은 그렇지 못하기 때문에 매수 이후 주가가 급락하는 것을 확인하는 시간은 몇 초가 걸리지도 않습니다. 결국은 수익보다는 손실이 발생할 확률이 높습니다.

보통 잦은 종목 교체로 순간적인 본능에 의해 고점에서 매수하면 그다음의 행동은 정해져 있습니다. 매수 이후 순간적인 주가의 급락으로 손절매 타이밍을 놓치고 버티다가 큰 손실을 입게 됩니다. 그래서 제가 항상 하는 말 중 하나가 성공하려면 '눈에 보이는 만큼만 매매하라'입니다.

'눈에 보이는 만큼 매매하라'는 어떤 의미입니까?

투자자가 처음 어느 정도 기간 실전 매매를 하다 보면 시행착오를 겪으며 깨닫는 것이 있습니다. 주로 평소 주가의 움직임을 잘 아는 종목을 장 시작 이후 주가의 변동성이 커질 때 매매하면 수익을 얻을 확률이 높다는 것입니다. 그리고 그 외에는 잘될 수도 안 될 수도 있다는 것입니다. 예외적인 부분은 일부 종목 또는 테마주가 과열되어 하루 종일 추종 매수세가 지치지 않고 유입될 때는 주가가 눈에 보이게 상승 추세를 만들면서 급등하기 때문에 수익으로 연결시키기 어렵지 않습니다. 그러면 여기서 '눈에 보이는 만큼의 매매'가 무엇인지 간략하게 정리해드리겠습니다.

스캘퍼의 눈에 보이는 매매란 평소 주가의 상승 이유를 알고 있으며, 장 초반 거래량이 많고 순간 변동성이 커질 때 이를 이용한 매매라고 말할 수 있습니다. 많은 사람이 "그런 것이 눈에 보이나요?"라고 질문하면서 "어떻게 하면 그렇게 될 수 있을까요?"라고 방법에 대해 물어봅니다. 그러면 저의 대답은 간단합니다. '연습이 되어 있지 않아서'입니다.

종목을 선정할 때는 항상 시장에서 제일 인기 있는 종목 위주로 분석하고 현재가창을 관찰합니다. 그다음에도 마찬가지입니다. 이런 식으로 시장에서 제일 인기 있는 종목으로 계속 보다 보면 주가를 오르게 하는 원인과 추종 매수세의 움직임을 어느 정도 알게 됩니다. 그리고 현재가창에서 매수, 매도 물량의 움직임이 눈에 들어오게 되면서 매매를 좀 더 쉽게 하게 됩니다. 시장 인기주는 시간이 지나면서 계속 교체되겠지만, 거래량과 변동성의 움직임은 현재가창에서 어느 정도 움직임에 공통점이 있기 때문에 종목이 교체되더라도 전과 같은 매매를 계속할 수 있습니다.

주가의 흐름을 알고 하느냐, 모르고 하느냐는 스캘핑에 있어 굉장히 중요한 부분입니다. 그리고 이는 하루 전반에 걸쳐서 다 알게 되는 것은 아니고, 장 초반 거래량과 순간 변동성이 커질 때만 성공 확률이 높다는 것을 기억하기 바랍니다.

 ## 현재가창만을 가지고 매매가 가능하다는 것이 정말인가요?

결론적으로 되는 사람도 있고 안 되는 사람도 있습니다. 경험적으로 눈과 손 그리고 판단이 빠르면서 결론이 정해지면 주저 없이 매수, 매도, 손절매를 칼같이 하는 사람은 현재가창만을 보면서 스캘핑 매매를 해도 성공 가능성이 있습니다. 이런 부류의 사람들은 동물적인 감각으로 들어갈 때와 나올 때를 알고 있고, 어떻게 해야 생존하는지를 알고 있기 때문입니다. 이들도 생존확률을 높이기 위해서는 종목을 선정할 때 시장 인기주 중심으로 합니다. 시장 인기주를 매매해야 먹을거리가 많아지기 때문이죠. 우스갯소리인데요. 이런 식으로 성공한 사람들의 혈액형을 계속해서 물어보고 있는데, 대부분 B형 아니면 O형이고 상대적으로 A형이

나 AB형은 적었습니다.

현재가창의 구성을 살펴보면 대부분 매수 잔량, 매도 잔량 그리고 실시간 체결창으로 짜여 있습니다. 주가가 오를 때의 움직임을 살펴보면 주가가 상승하려면 매도 1호가의 잔량을 매수세가 먹고, 매수 1호가에 안정적인 매수 잔량을 쌓아야 합니다. 그래야 보는 사람 입장에서 순간 안정적이게 되고, 매도세는 매도를 보류하게 될 것입니다. 이런 식으로 계속 반복되면 주가가 상승하게 됩니다. 반복되는 속도가 빠르면 주가의 기울기가 급하게 그려지며 상승합니다. 이런 흐름은 장 초반에 자주 있고, 일부 종목이 과열되어 추종 매수세가 지치지 않고 계속 들어올 때 만들어집니다. 현재가창 매매는 눈이 어지러울 정도로 주가가 빠르게 움직일 때 기회가 많아지므로 이때를 공략하지 못하는 사람이라면 도전하지 않는 것이 좋습니다.

이런 구간이 끝나면 매도 1호가 또는 2·3호가 물량을 매수세가 먹더라도 바로 매도 물량이 다시 쌓이면서 주가가 오르는 듯하다가 미끄러지는 구간이 많아 어려움을 겪게 됩니다. 이럴 때는 어떤 방법을 사용하더라도 매매의 성공률을 높이기 어렵기 때문에 현재가창 매매자는 쉬어가는 것이 정답입니다.

스캘핑 매매의 매수, 매도, 손절매에는 어떤 원리가 들어가 있나요?

일반적으로 매매 기법이라고 하면 무엇인가 절대적인 것이 있어 이 종목 저 종목에 모두 대입해도 실패하지 않고, 수익을 계속 얻을 것이라는 생각으로 지금도 계속 찾아다니는 투자자를 어렵지 않게 볼 수 있습니다. 매매 기법이란 절대로 그런 것이 아닙니다. 기술적 분석의 여러 지표만 해도 전체 시장이나 종목의 주가 움직임에 연속성이 있으면 맞아 떨어지는 것이 많아지지만, 연속성이 없으면 그렇지 않는 것을 볼 수 있습니다. 어찌 보면 국내 시장에서는 홀짝과 같은 것일 수 있습니다. 스캘핑 매매 기법만 하더라도 사용자의 능력이나 전체 시장의 흐름에 따라 수익의 크기가 달라지는 것입니다. 정해진 것을 그냥 종목에 대입하고 지켜본다고 해서 좋은 결과가 나오는 것은 아닙니다.

스캘핑 매매 기법의 매수는 상승할 때는 눌림목을 이용하고, 하락할 때는 충분히 떨어져서 자율반등이 나올 구간을 이용합니다. 매도는 보통 1파 상승으로 마무리하는 것이 원칙인데, 어느 정도 경지에 올라선 투자자라면 당시 분위기에 따라 2파 상승 또는 3파 상승까지 기다리기도 합니다.

손절매는 매수 이후 주가가 멈춰 있거나 재차 하락 징후가 보인다면 뒤도 돌아보지 않고 손절매를 합니다. 재매매의 경우 매도 이후 주가가 바로 급등하려고 하거나 눌림 후 재상승하려고 하면 재빨리 매매를 다시 반복하면 됩니다. 그리고 이 모든 것은 매매하는 종목의 주가가 빠르게 움직이면서 거래량이 많을 때라는 전제가 붙습니다.

주가가 천천히 움직이고 거래량도 별로 없는 구간에서 매매하는 것은 스캘핑이 아닌 추세 매매Trend trading나 포지션 매매Position trading 같은 것입니다. 이러한 것들은 아무리 연습해도 긍정적인 공통점을 찾기 어려워 매매에 별로 도움이 되지 않습니다. 꼭 구분하길 바랍니다.

스캘핑 매매 기법이 이렇게 만들어진 데에는 크게는 주식 보유로 인한 리스크를 회피하고 당일에도 여러 가지 위험이 많습니다. 때문에 수익을 얻을 수 있는 구간만을 특정하여 보이는 만큼, 즉 1파 상승으로 매매를 마무리하는 것입니다. 짧게 설명되었지만 핵심은 이 부분이라고 할 수 있습니다.

 **말씀을 들어보니 수익을 얻을 수 있는 시간이나 구간 외에는 리스크가 증가하는데, 이에 대해 자세한 설명 부탁드립니다.**

스캘핑의 매매 기회는 거래량이 많고 순간 변동성이 커지면서 상승 추세를 만들 때 매매하기 제일 좋은 조건이며, 장 초반에 많이 나타난다고 여러 번 말씀드렸습니다. 보통 스캘핑 고수들은 오전 10시 이내에 하루 대부분의 수익을 얻고, 그 이후에는 리스크를 관리합니다. 고수라고 해도 10시 이후나 매매 구간 이외에서 매매를 하게 되면 어떠한 일들이 벌어지게 되는지 말씀드리겠습니다.

장 시작 이후 관심을 가지고 있던 종목들의 좋은 구간이 다 지나가면 그때부터는 주가가 멈추거나 하락하면서 거래량도 줄어들고 주가의 단기 움직임도 완만해집니다. 고수들은 본능적으로 '이제 더 이상 매매가 불가능하구나'라고 생각해 매매를 쉽니다. 그런데 사람의 생각이란 항상 마음먹은 대로 되는 것은 아닙니다. 전날 아주 크게 수익을 얻은 경우는 '오늘도 수익을 많이 얻을 수 있겠지' 하는 막연한 기대감이 욕심을 불러일으킵니다. 그래서 10시 이전에 큰 수익을 얻지 못했는데도 이후 불만족으로 계속 매매하게 됩니다. 그리고 출근하기 전에 집에서 조금이라도 언짢은 일이나 운전 중에 사소한 시비라도 있었다면 매매 원칙을 지킬 정신이 붕괴되어 시간 관리나 매매 원칙을 소홀히 하여 좋지 않은 결과를 만듭니다. 10시 이전에 수익이 마이너스가 발생한 경우도 마찬가지입니다. '나는 항상 플러스형 인간인데 말도 안 되지!' 라는 생각으로 10시 이후에도 수익을 복구하려고 열심히 매매하지만 대부분 좋은 결과를 얻기 어렵습니다. 매매하기 좋지 않은 시간대에 본인의 정신이 이미 무너져 있기 때문입니다.

정신이 무너진 사람이 하는 행동은 보통 한 가지로 귀결되는데, 그것은 바로 급등하는 종목을 계속해서 찾아다니는 것입니다. 급등하는 종목을 잘만 잡으면 손실을 바로 만회하거나 큰 수익을 얻을 수 있기 때문이죠. 그러나 큰 문제가 존재합니다. 장중에 어떤 이슈로 주가가 단기간에 급등하는 종목을 발견하여 현재가창을 들여다보면 주가가 상승하고 있지만 매수 타이밍을 찾기가 쉽지 않습니다. 그것은 매도세와 매수세의 움직임에 따른 주가의 움직임이 본인의 매매 원칙 안에 들어오지 않게 움직이기 때문입니다.

이렇게 되면 결론은 한 가지입니다. 매수를 하고 싶은데 매수를 참다 보면 자연스럽게 의미 있는 큰 매도 물량을 매수세가 강하게 소화할 때 자신도 모르게 자동 매수 클릭을 하게 됩니다. 저는 이것을 단기적인 뇌동 매매 구간이라고 하는데요. 경험적으로 성공 3, 실패 7 정도로 성공 확률이 높지 않습니다. 그리고 정신이 밝지 않은 상태에서 매수했기 때문에 순간 급락하는 경우 매도나 손절매의 부재로 큰 손실을 입을 확률이 높습니다.

혹자는 이렇게 말하기도 합니다. "당일 상승하는 종목이 얼마나 많은데 부정적으로 얘기를 하십니까?" 이 말에 저는 이렇게 얘기합니다. "당일 오르는 종목이 주가 상승 시 연속성을 가지고 상한가 근처까지 상승 추세를 만들 것을 확신하고 있으며, 오르는 이유를 확실히 알고 있습니까?" 사실 당일 주가가 누구나 알아채도록 상승 추세를 만들면서 오르고, 정직하게 매매 타이밍을 제공하는 종목은 많지 않습니다.

결론적으로 매매 원칙을 지키기 어려운 시간 또는 구간에서는 유한한 능력을 지닌 트레이더가 분석의 어려움과 욕심, 집착 같은 심리적 갈등으로 리스크가 커질 수 있다고 말할 수 있습니다.

자주 접하는 위험과 위험 관리에 대한 노하우가 있으면 말씀해주세요.

트레이더가 매매를 하다 보면 전체 시장, 기업 내부, 트레이딩과 관련해서 위험이 생기는데요. 트레이딩과 관련해서 말씀드리겠습니다. 트레이딩을 하다 보면 각각의 트레이더들은 잘하는 부분과 잘못하는 부분에 대해 어느 정도 윤곽이 나타나는데, 잘못하는 부분이 대부분 위험으로 다가오게 됩니다. 추격 매수, 손절매 부재, 물타기 같은 위험과 심리에 따른 탐욕, 공포, 집착, 미련 같은 감정에 의해 순간 지배를 받아 계좌가 점점 위험해지는 경우가 있습니다. 추격 매수와 손절매 부재 그리고 물타기 같은 것은 트레이딩 기술의 부족함으로 인해 발생하는 위험으로, 매매 원칙을 늘 기억하고 매매에 임하면 어느 정도 예방할 수 있습니다. 정신을 집중하지 못해 평정심을 잃어버린 채 다시 실수를 반복하여 위험이 발생한 경우는 더 큰 위험을 방지하기 위해 저마다 하는 행동이 있습니다. 누구는 평정심을 찾기 위해 컴퓨터를 끄고 사무실을 벗어나거나, 컴퓨터 등 집기를 순간 화가 나 부수기에는 금전적으로 손해가 크므로 자기 손으로 자기 뺨을 계속 때리면서 반성하는 사람도 있습니다. 이러한 행동은 트레이딩이 계속되면 경험적으로 손실이 눈덩이처럼 계속 커진다는 것을 알고 있기 때문에 어쩔 수 없이 생존하고

자 몸부림치는 것으로 보면 됩니다. 그런데 이런 방법이 효과는 좋습니다.

문제는 그럼에도 불구하고 '돈을 벌어야 하는데'와 같은 집착과 '이 종목 내가 계속 지켜본 건데 어느새 이렇게나 많이 상승했어!' 하면서 미련 때문에 심리적으로 계속 쫓기면 평정심을 지키려 해도 잘되지 않습니다. 결국은 마음이 조급해져 쫓아가는 뇌동 매매를 하게 됩니다.

제가 이 상황을 넘는 방법을 추천해드리겠습니다. 데이 트레이더라면 '오늘만 날이 아니다. 내일도 시장은 열리고 1년 뒤에도 열린다'라는 생각으로 마음을 다잡고 '시장에서 뺏어가는 것은 어쩔 수 없어. 시장을 이기려고 하지 말자'라는 체념 아닌 체념으로 감정을 추스릅니다. 유한한 능력의 트레이더가 변수가 많은 시장에서 깡통을 방지하려면 무엇보다도 자기 자신을 잘 다스리는 관리 능력이 필요합니다.

 ## 스캘퍼도 고수익이 가능한가요?

누구나 모두 도전해서 고수익을 얻는 것은 아니지만 기술 습득이 빠르고 자기 관리가 되는 사람의 경우 고수익이 가능합니다. 이런 사람들은 보통 2년 이내에 기술과 자기 관리 능력을 키우고 수익은 계속 우상향합니다. 스캘퍼의 고수익 기준은 따로 없지만 원금 대비 매달 100% 이상의 수익을 얻으면 고수익을 얻었다고 합니다. 이는 원금이 몇백~몇천만 원인 경우이고요. 원금이 억대로 늘어나면 전체 시장이나 종목의 과열 정도에 따라 수익도 달라져 100% 이상의 고수익을 얻기도 하고, 그 이하를 얻기도 합니다. 그러나 시장이 우호적이지 않더라도 마이너스 수익은 잘

나지 않습니다.

여기서 원금 늘리는 방법을 말씀드리겠습니다. 투자 초기에 성공한 사람이 작은 성공에 우쭐하여 갑자기 원금을 키워 깡통을 차거나 돌아가지 않아도 될 길을 멀게 돌아가는 것을 많이 봐왔기 때문입니다. 방법은 이렇습니다. 초기 원금이 100만 원이라면 매달 100% 이상의 수익을 3개월 연속해서 얻어야 합니다. 그러면 100만~200만 원 원금의 사용 능력이 몸에 배게 됩니다. 이때 초기 100만 원보다 20~50% 원금을 늘려 120만 원 또는 150만 원 정도로 투자를 하게 되면 시장이 나쁘지 않는 한 200만 원까지는 원금이 금방 불어나게 됩니다.

원금을 늘렸을 때 일단 수익을 내면서 그 이상의 수익에 도전하는 것과 감당하지 못할 금액으로 늘려 매수와 매도할 때 심리적으로 불안하게 매매를 하는 것과는 이후에 수익 측면에서 천양지차의 결과를 낳게 됩니다. 이후에도 늘린 원금으로 3개월 연속 100% 이상의 수익을 얻는다면 전과 마찬가지로 20~50% 원금을 늘려서 다시 시작하면 됩니다. 이런 식으로 반복하다 보면 어느 날 원금이 억대 이상으로 불어날 수도 있습니다.

 **스캘퍼로 성공하고 싶은 사람들에게 한 말씀 해주세요.**

스캘핑으로 성공한 사람들의 특징을 먼저 살펴보는 것이 좋습니다. 그래야 처음 접하는 기법에 대해 비교도 해보고 힌트도 얻을 수 있을 것입니다.

처음 주식투자를 시작하면 누구나 시행착오를 겪게 되는데, 성공한 스캘퍼는 안 되는 부분을 빨리 고치려고 하고 그 기간도 일반적인 투자자보다 짧습니다. 예를 들면 뇌동 매매, 물타기, 급등하는 종목으로 잦은 종목 교체, 당일 풀 매매, 심리적으로 무너진 날 복수 매매 같은 것들은 본능적으로 누가 시키지 않아도 알아서 잘합니다. 그런데 이런 것들은 대부분 큰 손실을 부르는 것이어서 금지해야 합니다. 성공한 스캘퍼들은 원칙 매매 또는 자제력 부분에서 남들과 다른 능력이 있는 것 같습니다.

돈 때문에 매매에 쫓기지 말아야 합니다. 예전에 젊은 청년들이 크지 않은 원금으로 목표를 정하고 회전율을 높이는 매매를 했는데, 월말로 갈수록 매매의 결과가 좋지 않았습니다. 이유는 매달 들어가는 생활비, 세금, 품위 유지비 같은 것들로 인해 마음이 초조해져 매매 원칙을 지킬 수 없었기 때문입니다. 그래서 간단하게 주문을 했습니다. 돈에 쫓기지 말고, 정신력을 높여서 매매 원칙을 잘 지킬 수 있는 환경에 본인을 가두어야 한다고 말입니다. 그것은 바로 알바 또는 직장을 구하는 것입니다. 나중에 시간이 지나서 그 청년들을 다시 만나 보니 대부분 스캘핑으로 성공해 있었습니다.

스캘핑은 높은 정신력과 강인한 체력이 필요합니다. 현재가창에서 빠른 판단과 그에 따른 반사적인 행동이 필수적이기 때문입니다. 제 경우에는 나이가 들면서 투자를 다변화시켜 지금은 강인한 정신력과 체력이 전과 같지 않아도 투자에 별 무리가 없습니다. 하지만 초기 스캘핑을 열심히 한 시절에는 고도의 집중력은 기본이고 운동도 꾸준히 했습니다. 그리고 술과 담배는 하지 않습니다.

출구 전략이 있어야 합니다. 시간이나 열정 그리고 돈을 투자했더라도 결과가 좋지 않을 수 있습니다. 주식투자는 절대적인 것이 아니고 선택적인 것이므로 꼭 주식 한 곳에 인생의 모든 것을 걸고 무리하게 할 필요가 없습니다. 투자를 시작하기 전에 부모, 자식 또는 배우자에게 어느 정도의 원금으로 투자할 것이고, 나중에 잘되지 않을 경우 투자하지 않겠다는 투명한 약속 정도는 필요하다고 봅니다.

최근 데이 트레이딩이 투자자 사이에서 일반화된 느낌입니다. 스캘핑 외에 이에 대한 노하우가 있으면 알려주세요.

과거보다 현재에 주식 인구와 예탁금이 눈에 띄게 증가하다 보니 데이 트레이딩을 하는 인구도 많이 늘어났을 것이라고 생각합니다. 카페나 유튜브에서 데이 트레이딩과 관련된 내용이 많아진 것이 증거이겠죠. 그러나 많은 투자자가 목표를 세우고 데이 트레이딩을 하지만 결과가 그리 좋지만은 않은 것 같습니다. 그래서 목표를 달성하기 위한 방법에 대해 말씀드리겠습니다.

데이 트레이딩의 목적은 기본적으로 '당일 수익, 당일 청산'을 목표로 하루 중 주가의 변동성을 이용하여 매매하는 것입니다. 스캘핑 매매처럼 초 단위로 매매할 수도 있고, 주가 변동폭의 상한선을 이용하는 상한가 따라잡기, 포지션 매매, 추세 매매, 급락주 매매, 테마주의 1등 주를 기준으로 2등 주를 매매하는 기법들이 있습니다.

매매 기법은 어떤 비밀이 있어 그 자체가 엄청난 것은 아니고, 책이나 인터넷에서 어느 정도 검색만 해도 기법의 대부분을 알 수 있습니다. 중요한 것은 언제 사용하느냐와 같은 매매 타이밍과 숙련도 그리고 매매할 때 심리적으로 발생할 수 있는 모든 변수를 관리할 수 있는 자기 관리 능력입니다.

매매 타이밍은 매매 기법에 맞는 주가의 일정 구간에서 반복적인 연습이 필요합니다. 충동적으로 순간 주가에 홀려 뇌동 매매를 해서는 안 됩니다. 높은 정신력을 유지하여 매매 원칙에 맞게 정해진 매수와 매도의 최적 타이밍을 찾는 노력을 해야 합니다. 이런 식으로 계속해서 반복하면 좋은 결과를 얻을 수 있습니다.

숙련도는 최적의 매매 타이밍을 잡으려는 노력을 계속하면 높아지긴 합니다. 하지만 전체 시장이 강세장이거나 일부 테마주나 개별주의 상승이 굉장히 크게 나타날 때가 연습하기 좋은 환경으로, 이때 많은 연습을 하면 숙련도가 높아집니다. 수익을 얻으면서 기술을 연마하는 것과 수익이 들쭉날쭉하여 긴가민가한 가운데 연마하는 것은 결과에 엄청난 차이를 보입니다.

자기 관리 능력은 '데이 트레이더가 시장에서 계속 성공할 수 있는가?'의 기준이 될 수도 있습니다. 매매 타이밍은 원금이 투자되고 수익과 손실이 금세 결과로 나타나며, 계속 움직이므로 심리적으로 돈에 대한 탐욕이나 손실이 난 원금에 대한 집착이 극대화되어 정상적인 매매를 방해할 수 있습니다. 탐욕, 공포, 집착, 미련, 과신 같은 것들은 사람인 이상 언제든지 사로잡힐 수 있고 없어지는 것이 아니므로 이러한 것들을 극복하고 재발을 방지하기 위해 특별한 노력이 필요합니다.

주변에 데이 트레이딩으로 성공했다가 어느 날 사라진 사람들의 스토리를 보면 답은 간단했습니다. 시장 상황이 나쁜데 '내가 매달 버는 규모가 있지'라는 생각으로 이길 수 없는 시장을 이기려고 했기 때문입니다. 무모하기도 하고 탐욕스럽기도 하고 자신을 과신했기에 나타난 행동인 것입니다.

마지막으로 데이 트레이딩은 시행착오 기간이 조금 길어지더라도 철저히 원칙에 의한 매매를 해야 합니다. 많은 데이 트레이더가 여러 가지 방법으로 도전했다가 과정이 잘못되거나 시장이 좋지 않아 손실이 계속되면 한 번 또는 단기간에 원금을 회복하려고 잦은 종목 교체나 그럴듯한 움직임을 보이는 종목을 선정하고 올인All in한 후 주가가 급등하기만을 기다립니다. 그러나 매매 원칙에 의한 매매 타이밍을 준수하지 않고, 시기나 종목 선정도 기준에 맞지 않은 경우가 허다하여 좋은 결과를 기대하기 어렵습니다.

주가가 크게 급등하는 경우를 따라잡는 매매로는 추세 매매를 예로 들 수 있습니다. 이는 고수들이 시장과 종목의 움직임을 분석하다가 '지금이다!'라는 마음의 울림을 들었을 때 가끔씩 사용하는 매매 방법입니다. 시장 분석이나 종목 분석이 부족한 일반 투자자들은 추세 매매로 수익을 얻기 어렵습니다. 추세 매매는 특히 언제 매도해야 하는지를 고민해야 하는데, 일반 투자자들은 아주 크게 시세를 얻지 못하면 매도하려고 하지 않습니다. 그러다 시세가 급락하면 손실은 온전히 본인의 몫이 됩니다. 그래서 추세 매매는 개인적으로 절대 권하지 않습니다.

가치투자도 직접 하시나요?

네, 물론입니다. 하지만 우리가 익히 알고 있는 기존의 방법과는 약간 다릅니다. 기존의 방법은 내재가치가 시장가치보다 싸면 매도하고, 내재가치가 시장가치보다 비싸면 매수한다고 배웠습니다. 그러나 우리 주식시장의 경우 명확히 설명하기 어려운 이유로 가치투자가 생각보다 쉽지 않은 환경입니다. 간단하게 설명해드리면 종합주가지수가 박스권 상단에서 더 이상 상승하지 못하고 하락하는 경우 외국인의 순매도를 코리아 디스카운트로 설명하며 주가 하락의 원인으로 분석합니다. 하지만 주가가 하락하는 것에는 아무도 책임지지 않습니다. 그동안 여기저기서 좋은 주식이라며 강력 매수해야 한다고 했지만, 막상 시장이 하락하면 언제 그랬냐는 듯 조용히 숨죽이며 시장을 지켜보곤 합니다.

언론에서 주식에 대한 긍정적인 기사가 많이 나오는 시점은 항상 종합주가지수가 고점 부근대로, 이때는 과거의 자료에서 쉽게 찾아볼 수 있어서 덩달아 개인들의 매수세가 이어집니다. 문제는 종합주가지수가 박스권 상단에서는 시장이 어느 정도 과열되어 외국 주요 기업과 비교하면 저평가되었다고 매수를 추천합니다. 그리고 시장이 크게 급락하여 공포가 지배하면 지금은 펀더멘털로 설명하기 어렵다며 손절매할 시기는 아니라며 애매한 대답을 내놓곤 합니다. 다시 말하면 박스권 상단에서는 더 상승할 수 있으니 매수하라고 하고, 바닥권에서는 너무 저렴하니 손절매하지 말고 매수하라는 것입니다. 결국 국내 주식은 항상 저평가되어 있으니 어느 지점에서건 무조건 매수해도 된다는 결론을 얻을 수 있습니다. 그러나 이러한 결론이 해피엔딩으로 끝나려면 지금의 삼성전자처럼 수십 년간 계속해서 외형이 성장하며 이익이 계속 우상향해야 합니다. 이러한 세계적 기업이 국내에 얼마나 있는지 굳이 설명하지 않아도 알 것입니다.

성장주의 경우도 가치투자가 생각보다 쉽지 않습니다. 역대 정부마다 저마다 큰 그림을 그리며 비전을 제시합니다. 하지만 해당 기업의 기술 경쟁력 수준과 각종 규제 그리고 정책의 지속성이 결여되어 자본이 유입되지 않아 주가가 상승하다가 하락하는 경우가 다반사였습니다. 제 경우도 이러한 일들을 겪으며 가치투자를 여러 각도에서 시도해보니 결론은 효율적인 것 하나만 선택하는 것이 낫다는 생각이 들었습니다. 그래서 요즘은 가치투자를 조금은 편하게 하고 있습니다.

　방법은 아주 간단합니다. 시절마다 떠오르는 대장주가 있습니다. 이전 주도 대장주가 삼성전자[005930], SK하이닉스[000660]였다면 지금은 언택트 관련 대장주로 카카오[035720], 네이버[035420] 등이 있고, 바이오 헬스케어에서는 셀트리온[068720] 등이 있습니다. 일부 종목은 시장의 상승과 하락에 상관없이 상승하기도 합니다. 하지만 대부분의 대장주는 전체 시장이 하락하면 같이 하락하고, 반등하면 같이 반등하는 경향을 보입니다. 저는 이러한 움직임을 기준으로 시장의 바닥권에서 대장주를 매수하고 고점권에서 매도합니다. 국내 시장이 장기 박스권을 만들고 있기 때문에 아직까지는 유효한 방법입니다. 그리고 이를 잘 활용하기 위해서는 전체 시장에 영향을 미치는 주요 국가와 국내의 정치, 경제 기사를 충분히 이해하며 스스로 확률이 높은 예측을 할 수 능력을 키워야 합니다. 이 방법은 결과가 바로 눈앞에 보이지 않기 때문에 뜬구름 잡는 것처럼 느껴질 수도 있습니다. 그러나 시간이 지나면 노력은 배신하지 않는다는 사실을 알 수 있을 것입니다.

　최근에 저는 아주 긴 호흡으로 보고 있는 종목이 하나 있습니다. 사실은 주식이 아니라 금인데요, 분할 매수하고 있는 기간이 1년이 넘어가고 있습니다. 금은 금리도 없고 배당도 없어서 글로벌 펀드들이 주로 5% 이하로 담고 있습니다. 하지만 지금 전 세계 주요 국가 경제 상황은 저성장, 저물가, 저금리의 상황으로 침체된 경기를 좀처럼 해결하기 어려운 상황입니다. 그리고 미·중 무역전쟁, 코로나19의 리스크가 존재하여 금 가격의 상단을 예단하기 어려운 상황입니다. 그래서 저는 주식투자에서 수익이 나면 일부는 금 계좌로 이체하여 분할 매수하고 있습니다.

2020년 초 시장에는 새로운 투자자가 특별히 많이 진입했습니다. 이를 어떻게 보시나요?

이전까지 개인 투자자의 매매 패턴을 종합주가지수 고점과 바닥 부분에서 나타나는 특징으로 설명하면, 고점 부근에서는 순매수하고 바닥 부분에서는 공포 심리로 순매도를 보였습니다. 하지만 지금은 과거와는 다른 움직임을 보이고 있습니다. '동학개미운동'이라고 하여 외국인의 매도세를 개인들이 다 받아내고, 시장의 안전판 역할을 하는 기관을 대신하여 시장을 지탱하고, 오히려 전고점까지 종합주가지수를 견인하였습니다. 지금의 시장참여 투자자들은 역사적으로 한 번도 가보지 않은 길을 가고 있다고 보면 맞을 것 같습니다. 2020년 1~7월까지의 순매수 금액은 43조 원에 이르고 투자자 예탁금도 전년도 20조 원대에서 현재는 40조 원대로 크게 늘어난 상태입니다.

한 번도 가보지 않는 길을 가고 있는 이때 몇 가지 짚고 가야 할 부분이 있습니다. 일단 전통적인 가치투자자는 코로나19 사태로 인해 산업이 빠르게 재편되고 있기 때문에 수혜를 받고 있는 종목인지 아닌지를 판단하여 향후 대응할 필요가 있어 보입니다. 또한 파생상품인 ETF 중에 인버스×2(일명 곱버스) 같은 상품에 투자하고 있다면 국내 시장에 영향을 미치는 국내외 정치·경제 주요 기사들을 꼼꼼히 체크해야 합니다. 그래야 시장이 급변할 때 리스크 관리나 수익을 극대화할 수 있습니다.

마지막으로 특별한 목표나 주식 보유로 인한 리스크를 회피하고자 단기 매매를 선호하는 투자자는 당일 요동치는 주가의 움직임을 쫓아다녀서는 절대 수익을 얻을 수가 없습니다. 물고기를 잡을 때도 마찬가지로 환경에 따라 그물로 잡을 것인지, 아니면 낚싯대로 잡을 것인지를 정하고 물고기를 유인하거나 물고기가 많은 곳에서 숙련된 기술로 잡습니다. 주식도 정해진 매매 원칙 내에서 매매 구간을 기다렸다가 기회가 오면 숙련된 기술을 사용하여 수익을 얻는 것입니다. 무작정 시세를 쫓는 행위는 주식투자 초보 시절에 흔히 누구나 다 경험하는 시행착오입니다. 그런데 몇 년이 지난 후에도 똑같은 실수를 반복하면서 성공하지 못하는 투자자가 의외로 많다는 데 저는 항상 놀랍니다. 한 번 시행착오를 겪었으면 무엇이 문제이고 나아갈 바가 무엇인지 빠르게 깨닫고, 강인한 정신력으로 지치지 말고 정진해야 합니다. 이를 실천하기 어렵다면 단기 투자를 중단하는 것이 현명한 행동일 것입니다.

2 김형준

시장의 모든 투자자를 위한 성공 원칙

	닉네임	보컬
	나이	40대
	직업	전업 트레이더
	거주 지역	서울
	주력 기법	급등주 돌파 눌림목 매매 / 우량주 낙폭 과대 스윙 매매 변동성 장일 때 코스피200선물 및 종목선물 매매 실적과 테마를 이용한 매매 / 시장 주도주 돌파 매매 저평가된 시장 성장성 주식 장기 투자 배당주 투자 / 단기 낙주 단기 매매

블로그 [Blog]

blog.naver.com/shuder

출간도서

《실전투자의 비밀》
《실전투자 절대지식》

2006년 제2회 CJ투자증권 실전투자대회 백군 리그 3위 수익률 300%
2007년 제3회 CJ투자증권 실전투자대회 백군 리그 2위 수익률 728%
2008년 제4회 CJ투자증권 실전투자대회 청군 리그 2위 수익률 338%
2009년 제1회 미래에셋 실전투자대회 2천 리그 우수상 수익률 170%
2009년 키움왕중왕 실전투자대회 300 리그 1위 수익률 429%
2010년 제2회 미래에셋 실전투자대회 1천 리그 3위 수익률 190%
2010년 키움왕중왕 실전투자대회 3천 리그 3위 수익률 140%
2011년 미래에셋 실전투자대회 1천 리그 1위 수익률 295%
2014년 키움증권 실전투자대회 3천 클럽 3위 수익률 113%
2016년 미래에셋 실전투자대회 1억 리그 1위 수익률 173%
2017년 키움증권 실전투자대회 3천 리그 1위 수익률 150%
2018년 KB투자증권 실전투자대회 1억 리그 2위 수익률 330%
SBS CNBC의 〈투자불변의 법칙 필살기〉 출연
미래에셋증권, 하이투자증권 초청강연

보컬이라는 닉네임을 사용하는 트레이더로 실전투자대회에서 무려 12번 입상하였다. 그중 4번은 1위를 차지했고, 대회 최고 수익률 728%라는 기록을 소유하고 있는 베테랑 트레이더이다. 이렇게 무시무시한 경력을 소유하고 있는 그도 처음부터 주식투자를 잘했던 것은 아니다. 상상할 수도 없는 어려움을 극복하고 지금의 위치에 올라섰다. 대학을 졸업하고 막 시작한 사회생활 초년 시절 함께 일하던 선배와 객장에서 주식을 사며 본격적으로 투자를 시작했다. 당시 100만 원 정도의 월급을 받다가 수천만 원의 투자 수익을 얻으며 2000년 2월부터 본격적인 트레이더의 생활을 시작했다. 하지만 청년의 패기만 가득했고 분석도 없이 무모함에 자만심까지 더한 트레이딩으로 3개월 만에 소위 깡통을 차고 다시 취업을 했다. 당시 상장만 하면 무조건 상한가를 기록하던 신규주에 눈을 돌려 다시 투자했는데, 모든 것을 포기할 만큼 엄청난 빚을 지고 힘든 생활을 했다. 밥을 굶을 만큼 어려운 시절 주식투자에 대해 다시 생각하며 재기에 노력하였고, 결국 다시 일어서며 스스로의 역사를 다시 쓰게 되었다. 보컬 트레이더는 한 달에 10억 원을 벌거나 하루에 3억 5,000만 원을 벌었을 때보다 6개월 동안 연속으로 하루도 손실을 내지 않았을 때와 모든 빚을 청산하고 1억 원을 현금으로 만들었을 때가 가장 행복한 순간이었다고 회상한다. 그 이후 자신의 실력을 확인하고 증명하기 위해 실전투자대회에 참가하였고, 지금의 노련한 트레이더로 다시 탄생하게 되었다.

그는 늘 '시장에 겸손하라'는 당부를 잊지 않는다. 보컬 트레이더는 자신이 긴 어둠의 터널을 뚫고 나올 수 있었던 것은 원칙에 입각한 트레이딩을 했기 때문이라고 강조한다. 시장의 초심자는 늘 원칙을 세워야 한다. 주식투자는 결코 쉬운 게임이 아니며, 트레이딩은 운으로만 할 수 있는 영역이 아니다. 만약 운으로 수익을 얻었다고 해도 한 번의 손실로 시장에게 수익을 모두 내어주어야 하는 곳이라고 말한다. 피나는 노력이 따라야 운을 잡을 수 있고 자신만의 기법, 원칙, 마인드 삼박자를 갖추는 것이 중요하다고 조언한다.

보컬 트레이더는 늘 결과로 자신을 증명한다. 그래서 그의 말에는 무게감이 있다. 시장의 수많은 개인 투자자가 파란만장한 인생을 경험했던 그에게 영향을 받아 작은 매매 인사이트를 얻어 더 나은 트레이딩을 하길 바란다.

— 김형준

 **일반적으로 트레이딩할 때 어떤 기법을 주로 사용하시나요? 여러 기법이 있겠지만 주로 좋아하는 기법을 있을 듯합니다.**

트레이딩이란 주식, 채권, 선물 등의 금융 자산을 매수/매도하는 것을 말합니다. 주식을 중심으로 이야기해보겠습니다. 트레이딩에도 여러 가지 종류가 있습니다. 데이 트레이딩Day trading은 보통 당일에 모든 거래를 청산하여 오버나이트Overnight 포지션으로 열어두지 않는 것을 말합니다. 특히 데이 트레이딩은 리스크가 있더라도 당일 변동성이 큰 움직임을 보이는 종목을 많이 매매합니다. 빠른 진입과 청산을 하기 위해서 항상 거래량이 많은 종목을 매매합니다.

스윙 트레이딩Swing trading은 데이 트레이딩과 보유 기간의 차이가 있습니다. 트레이더는 짧은 시간에 큰 변동성을 갖는 주식을 빠르게 찾고 판단해야 합니다. 스윙 트레이더는 보통 매수 후 하루에서 일주일 정도 보유하고 청산하는 경우가 많을 것이라고 생각합니다. 데이 트레이딩과 달리 길게는 일주일 정도 보유하기도 하므로 종목 선택 시 신중해야 합니다.

포지션 트레이딩Position trading은 호흡이 길다고 할 수 있습니다. 보통 포지션 트레이더는 주식을 몇 주에서 몇 달, 길게는 1년 이상 보유합니다. 주식의 전체 상황에 영향을 미치지 않는 한 그 추세를 완전한 이탈하는 경우가 아니라면 길게 보유하는 매매를 포지션 트레이딩이라고 할 수 있습니다.

일반적으로 트레이딩의 종류는 이렇게 나눌 수 있습니다. 저의 경우에는 단기적인 것에 관심이 많아 데이와 스윙 트레이딩을 섞어 매매합니다. 만약

포지션 트레이딩을 한다면 회사의 가치, 재무구조, 성장성 그리고 경영진의
경영 능력, 현재 시가총액 등을 보면서 매매합니다.

사실 저의 매매 스타일은 변하고 있습니다. 과거의 저는 투자금의 규모가
크지 않아서 종목 선택에 제한이 많지 않았습니다. 그러나 투자금이 커질수
록 단기 매매의 경우 거래량이나 거래 대금이 큰 종목 위주로 찾게 됩니다.
물론 시드머니가 적더라도 단기 매매는 거래 대금이 큰 종목을 트레이딩하
는 것이 옳다고 생각합니다.

단기 매매 방식 한 가지를 말하자면 거래 대금과 거래량이 수반될 때 기존
의 저항선을 큰 거래 대금과 거래량으로 뚫는다면 관심을 갖습니다. 그 이후
에는 대체로 주가가 새로운 방향으로 향할 때가 많습니다.

그림 1. 케이피에스 일봉 차트

— 김형준

2020년 2월 10일 케이피에스[256940] 차트를 보면 전고점을 강하게 뚫은 것을 볼 수 있습니다. 그것도 500억 원 정도의 거래 대금으로 이동평균선을 뚫었습니다. 제 기준으로 기존의 저항선을 강하게 돌파할 때의 최소 거래 대금은 500억 원입니다.

그런데 다음 날 주가가 올라갈 때 매수하면 물리는 경우가 있습니다. 따라서 2020년 2월 10일 케이피에스처럼 저런 형태의 음봉이 나오면 매수합니다. 주가가 바로 올라가면 적당한 수량을 매수하지 않고, 조정이 나올 때 큰 수량을 매수하는 경우가 많습니다. 쉬운 말로 '지르는' 것입니다. 〈그림 2〉의 다음 날 분봉 차트를 보면 아침부터 바로 강한 매수세와 함께 주가가 급등한 것을 볼 수 있습니다.

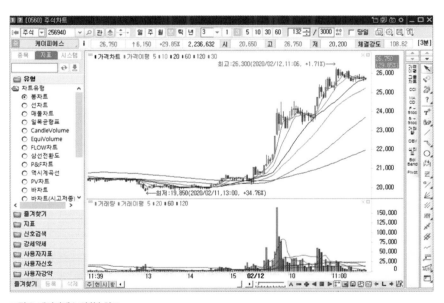

그림 2. 케이피에스 3분봉 차트

그림 3. 국영지앤엠 일봉 차트

2019년 12월 20일 국영지앤엠[006050]의 일봉 차트를 보면 전고점에서 거래 대금 1,000억 원을 터뜨리면서 상한가까지 끌어 올렸습니다. 그다음 십자도지가 나오고 거래량이 줄어들더니 다시 급등 랠리가 시작되었습니다. 이종목군 같은 경우 3~4일간 힘들게 만든 후 급등한 종목입니다. 이낙연 총리의 테마로 엮였기 때문입니다. 2020년 총선을 앞두고 있던 시점이어서 과감하게 몰아갈 수 있었던 종목이었습니다.

간혹 캔들이 동그라미 속의 모양처럼 나온다면 강하게 뚫었던 종목의 섹터와 테마가 살아 있는지 살펴봐야 합니다. 주식은 차트에서 거래량과 거래 대금만으로 판단하여 매매하는 것이 아닙니다. 종목의 특성과 재무제표, 섹터, 성장성, 테마 등 모든 것을 면밀히 살펴봐야 합니다. 간혹 이슈가 끝나버린 단발성 테마에서 유사한 모양의 캔들이 나온다면 베팅 금액을 크게 줄이

— 김형준

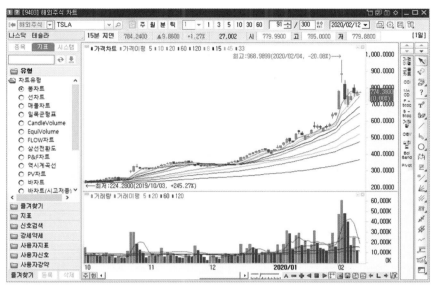

그림 4. 미국 테슬라 일봉 차트

는 편이 낮습니다.

주식은 꿈을 먹고 사는 살아 있는 생명체 같습니다. 예를 들어 미국 주식 중 테슬라(TSLA) 종목은 6개월 만에 거의 3~4배 이상 가격이 올랐습니다. 물론 기업의 가치가 6개월 만에 3배 이상 상승한다는 것은 비정상이라고 할 수 있습니다. 하지만 주식은 꿈을 먹고 삽니다. 그러므로 성장성이라든지 미래 가치 등도 매우 중요합니다.

저는 안정적인 회사를 매수하기도 합니다. 좋은 주식을 찾다 보면 저PER 또는 저PBR을 보이는 회사들도 많습니다. 주식시장에서 주가는 미래 가치를 선반영하여 가격이 오르는 경우도 많습니다. 따라서 지금 현재보다 미래에 가치가 있는 회사의 주가가 많이 오르는 경향이 있습니다. 중·장기적인 관점에서 보아도 마찬가지입니다.

가장 수익률이 높았던 종목은 무엇이었나요? 그리고 그 종목을 매매한 이유는 무엇인가요?

2019년도에 에스모[073070]라는 종목에서 하루 만에 큰 수익을 올린 기억이 있습니다. 그 당시 하한가를 세 번이나 맞고 있었던 종목이었습니다. 최대주주 매도와 CB 발행 때문에 심한 낙폭도 나왔습니다. 물론 이런 부류의 종목을 과감히 매수한다는 것은 결코 쉬운 일이 아닙니다. 당시에도 투기에 가까운 종목이었으니까요. 대주주가 매도하고 적자폭이 컸지만, 관리 종목도 아니었고 4년 연속 적자기업도 아니었습니다. 특정한 큰 악재가 있다기보다는 수급이 잘못되었다고 판단했습니다.

사실 주식시장에서 제일 무서운 것은 횡령이나 배임으로 인한 거래정지입니다. 이러한 사유는 일반인 투자자가 아무리 공시를 찾아봐도 알 수 없습니다. 참고로 매년 3월 감사보고서 시즌에는 부실한 회사라고 판단되는 종목은 매매하지 않습니다. 3월 15일까지 감사보고서가 나오지 않은 회사는 아무리 우량한 회사라도 매매하지 않습니다. 우량 회사이지만 감사보고서가 늦다는 것은 뭔가 이상하다는 생각이 들기 때문입니다.

시간별	일자별	차트	외국인/기관	거래원	신용	시황	종목시황	매수	매도	정정	취소		
에스모	종가		전일대비	등락률	거래량		거래대금	체결강도	시가		고가	저가	
2019/10/08	2,250	▼	45	-1.96	75,503,176	73,370,533,325		84.62	2,250		2,500	2.11	
2019/10/07	2,295	▼	5	-0.22	60,487,114	38,719,456,135		81.81	2,320		2,425	2.15	
2019/10/04	2,300	▲	100	+4.55	137,639,192	32,588,032,260		92.25	2,320		2,540	2.23	
2019/10/02	2,200	▲	315	+16.71	427,868,596	15,243,959,545		123.08	1,320		2,395	1.32	
2019/10/01	1,885	↓	805	-29.93	4,140,868	7,812,975,990		1,000.00	1,885		1,885	1.88	
2019/09/30	2,690	↓	1,150	-29.95	27,131,912	75,312,065,800		174.13	2,690		2,995	2.69	
2019/09/27	3,840	↓	1,640	-29.93	8,766,058	39,327,165,970		63.75	5,400		5,450	3.84	
2019/09/26	5,480	▲	150	+2.81	2,423,354	13,240,363,200		93.65	5,380		5,590	5.31	
2019/09/25	5,330	▼	270	-4.82	1,913,579	10,445,104,430		37.91	5,620		5,640	5.33	
2019/09/24	5,600		0		4,347,444	24,819,404,960		60.75	5,790		5,870	5.58	
2019/09/23	5,600	▲	90	+1.63	1,539,496	8,547,999,260		96.21	5,510		5,600	5.50	

그림 5. 에스모 일자별

— 김형준

그림 6. 에스모 일봉 차트

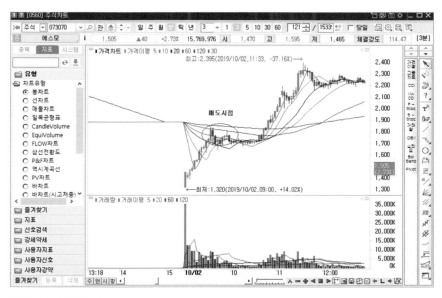

그림 7. 에스모 3분봉 차트

하지만 당시 에스모의 경우 횡령이나 배임 등의 이슈가 없었기 때문에 주가가 떨어진다는 생각은 들지 않았습니다. 가격 측면에서 충분히 이점이 있었고, 남들이 팔 때 매수해야 수익을 낼 수 있다는 생각에 과감하게 매수했습니다. 회사의 기본 가치라는 근본이 있다는 가정하에 상장 폐지 종목도 이 정도로 주가가 떨어진다는 것은 비이성적이라고 생각했습니다. 일단 매수 시점에서 버텼습니다. 그러다 보니 분명하게 빨간불이 들어올 것이라는 생각이 들었습니다. 그동안 낙폭이 심했던 터라 전일 종가를 뚫는다면 분명 더 큰 상승이 나온다고 생각했습니다.

3분봉 차트가 주춤거릴 때 매도했습니다. 다만 첫 하한가에서 하한가 따라잡기 매매는 조심해야 합니다. 이 종목의 경우 세 번 정도의 하한가를 기록했고, 기술적 반등도 나올 만한 자리였습니다. 결과적으로 하루 수익률 27% 정도면 만족스러웠습니다. 주식은 과학이 아닙니다. 그때그때의 상황에 맞게 베팅할 줄 알아야 합니다.

지금까지 트레이딩을 해오며 가장 기억에 남는 종목은 무엇인가요?

사람들은 대부분 기쁨을 주는 일보다 아픔을 주는 일을 잘 기억합니다. 저도 잊을 수 없는 기억이 있습니다. 주식투자를 하는 사람에게 '깡통'이란 단어보다 더 아픈 것은 없을 것입니다. 저도 깡통을 차봤고, 깡통을 차도록 만든 종목이 있습니다. 바로 DSR제강[069730]이 그 주인공입니다.

아직도 잊을 수 없는 2003년 1월, 당시에는 주식에 관한 지식이 초보 수준

— 김형준

이었습니다. 그날도 데이 트레이딩을 하면서 신규주 세 종목을 매수했습니다. 시가에 매수했는데 상한가를 가거나 바로 위로 오르는 회사들이 많았습니다. 그렇게 세 종목을 500만 원씩 매매하며 계속 수익을 냈습니다. 계속 수익을 내고 있었기 때문에 큰 의심 없이 대출을 최대 한도로 받았습니다. 여기저기에서 돈을 빌리고 끌어와 2억 원을 만들었습니다. 그리고 나서 시가에 풀 베팅했는데 순간 급락이 나왔습니다. 곧장 최대 미수로 총 5억 원어치를 매수했습니다. 그러나 하한가로 직행했습니다. 하한가에서라도 손절매했어야 했는데 그렇게 하지 못했습니다.

그다음 날 하한가에 손절매하고 나니 손안에 5,000만 원가량만 남았습니다. 쉽게 말해 눈을 감았다가 뜨니 5억 원이 5,000만 원이 되어 있었던 것입니다. 그 순간 남은 돈이라도 지켜야 했는데, 모든 것이 불완전한 시절이었던 터라 그 돈도 지키지 못했습니다. 하루 종일 뇌동 매매를 하고 나니, 손에 남은 돈은 고작 1,000만 원에 불과했습니다. 그래서 그 종목은 제가 지금까지도 절대 잊지 못하는 종목입니다. 당시 감당하지도 못할 금액으로 매수했기 때문에 손절매를 하지도 못했고, 원금의 대부분이 날아가 버리니 공포심에 던질 수밖에 없었습니다. 이는 손절매가 아니라 자포자기에 가까웠던 것입니다.

종목을 선정할 때 특별한 기준이 있나요?

저는 거래량과 거래 대금을 중요하게 생각합니다. 결과적으로 비슷한 맥락이지만 거래 대금을 더 중요하게 생각합니다.

주가가 1,000원인 주식이 100만 주 거래량을 기록하는 것과 주가가 1만 원인 주식의 100만 주 거래량은 의미가 다릅니다. 거래량은 똑같이 100만 주라고 해도 거래 대금에서 차이가 큽니다. 하지만 반대로 거래 대금이 크다면 거래량도 자연스럽게 많을 수밖에 없는 이치입니다.

저는 거래 대금 50위 정도 종목을 선정합니다. 하지만 트레이더의 성향에 따라 많게는 100위까지 우선적으로 봐도 좋습니다. 이 중에서 ETF를 빼고 시장 중심주 위주로 추립니다. 새로운 테마, 갑자기 등장하는 테마들의 종목은 다음 날도 힘있게 가격이 쭉쭉 올라갈 확률이 높습니다.

식상한 테마주는 주가가 조금 오르다가 다시 밑으로 떨어져 내리는 현상도 보입니다. 특히 아주 작은 거래 대금으로 상한가를 만들거나 어떤 이슈 없이 올라간 종목들은 다음 날에 떨어질 확률이 높습니다.

이렇게 선정한 종목들을 눈여겨보고 있다가 주가가 잠시 쉬어가는 눌림목 구간에서 매매합니다. 데이트레이더는 포지션트레이더와 비교해 상대적으로 시간의 가치를 아끼려는 사람들입니다. 거래량이 없는 종목을 선택한다면 시간이 지나도 매매 실력이 늘지 않습니다. 이동평균선은 트레이더를 속일 수 있지만, 거래 대금은 결코 속일 수 없기 때문에 신뢰할 수 있습니다.

데이 트레이딩이나 스윙 트레이딩을 할 때 회사의 기본적 분석이 필요한가요?

데이 트레이딩이나 스윙 트레이딩을 할 때도 일단 간단하게라도 기본적 분석을 해야 하며, 어느 정도 괜찮은 종목군들 중에서 추세가 살아 있는 종목을 선정해야 합니다. 저는 스윙 트레이딩을 할 때 회사의 펀더멘털에 문제가 없지만 단기간의 악재로 급락이 나온 종목군을 선정할 때가 많습니다. 데이 트레이딩을 할 때도 습관적으로 기본적 분석을 한 후 매매하는 편이 좋습니다. 믿기 어렵겠지만 매매하고 있는 도중에 갑자기 횡령이나 배임 뉴스가 나와 거래정지를 당하는 경우도 있습니다. 부실한 회사라면 트레이딩을 피하는 편이 차라리 나은 선택입니다. 일반적으로 단기로 트레이딩을 할 때는 기본 거래량과 거래 대금이 많은 종목이어야 하고, 시장 중심주인지 판단해야 합니다. 눌림목과 5일 이동평균선을 타는 종목인지도 살펴보는 것이 좋습니다.

스윙 트레이딩을 할 때는 오버나이트를 해야 하므로 회사의 정보를 더 살펴봐야 합니다. 섹터의 분위기를 살피고 해당 종목의 회사가 전환사채 Convertible Bond를 발행하거나 추가 상장할 가능성이 있는지 등을 확인합니다. 스윙 트레이딩의 경우에도 일주일 내외의 짧은 매매는 기본적인 추세를 보고 기술적으로 들어가는 사람이 있고, 저항을 뚫은 다음 조정이 나올 때 매수하는 사람도 있습니다. 어떤 형태의 스윙이든, 예를 들어 갑자기 추가 상장 전환사채(CB) 물량이 나온다면 당황할 수밖에 없습니다. 그러므로 내가 왜 이 회사를 매수했는지 정도는 알아야 합니다.

눌림목 매매의 경우에도 분할 매수가 필요합니다. 눌림목을 깨면 전체적으로 하락할 수도 있으므로 1차, 2차 매수 계획을 세우는 것이 필요합니다. 그리고 특정 가격이 깨지면 손절매한다는 원칙을 정하는 방법도 좋습니다. 매매하기 괜찮은 종목이라고 판단했을 때는 저항선을 뚫었을 때 매수했더라도 저항선이 다시 무너진다면 원칙대로 던지고 재진입하는 방법이 더 나은 판단이라고 생각합니다.

매수하기 전에 반드시 유의하는 점(거르는 종목의 기준)이 있다면 말씀해주세요.

일단 회사가 부실할 경우 웬만하면 종목을 걸러 가급적 매매하지 않습니다. 불가피하게 매매한다고 하더라도 절대 오버나이트를 하지 않습니다. 그리고 3월 감사보고서 시즌에는 각별히 유의합니다. 우량한 회사라도 감사보고서가 제때 나오지 않는 종목은 매매하지 않습니다. 아무리 우량한 회사라고 해도 감사보고서가 늦게 나온다는 것은 무엇인가 문제가 있을 가능성이 있기 때문입니다. 가끔 우량하다고 여겼던 회사도 감사보고서에 부정적 의견 거절이 나오는 경우도 있습니다.

승률이 특별히 높은 매매법이 있으신가요?

시장에서 최근 관심이 있는 시장 중심주 중에 호재가 살아 있고, 테마가 살아 있는데 양봉이 두 개 나왔을 경우 그다음 날 매매할 때가 많이 있습니다. 저점을 잘 잡으면 장중에 한 번 오르는 경우가 많습니다. 강한 종목은 움직임이 크기 때문에 이런 매매를 할 수 있는데, 초보가 하기 쉬운 매매는 아닙니다. 무서운 구간에서 거래량이 최고로 터질 때 발생하는 변동성을 노려야 하는데, 타점을 잡는 것이 쉽지 않습니다.

호가창, 3분봉 차트, 30분봉 차트를 모두 참고해서 매매합니다. 3분봉 차트의 경우 봉 하나가 몇 분 만에 10% 요동을 치기도 합니다. 올라가는 줄 알고 매수하면 한 번에 곤두박질치고, 그러면 겁을 먹고 손절매합니다. 가격이

— 김형준

떨어질 때 매수했는데 더 떨어져서 손절매하고, 다시 가격이 올라가는 것 같아 매수하면 그때부터 방향을 바꿔서 쭉 떨어지는 것을 보며 공포심에 또 손절매합니다. 그러므로 바닥에서 팔고, 고점에서 사는 엇박자를 타지 않도록 조심해야 합니다. 저도 초보 시절에는 엇박자 매매를 많이 했습니다.

가급적 오후 장에서는 매매를 하지 않는 것이 좋습니다. 저의 경우 투매로 나오는 물량을 잘 잡는 편이지만, 오후에는 무조건 손절매를 각오하고 들어갑니다. 초보 투자자는 오후에 투매로 나오는 종목의 매매를 자제하고, 가급적이면 오전에 과감하게 매매해야 합니다. 오후 장에서는 한두 번의 매매로 오전의 수익을 모두 잃을 가능성이 있습니다.

 ## 손절매의 기준은 무엇인가요?

제가 손절매를 크게 했던 경우는 보통 뇌동 매매를 했을 때입니다. 누구나 그렇겠지만 저도 과거에 뇌동 매매를 하고 손절매하는 일을 많이 반복했습니다. 지금은 매수할 때 미리 생각을 합니다. 만일 매수한 종목의 가격이 떨어질 경우 물타기를 할 것인지, 손절매를 할 것인지 미리 생각해두는 일련의 과정을 거칩니다.

단기 트레이딩의 경우 몇 번을 반복해도 모자랄 만큼 손절매가 정말 중요합니다. 일반인 투자자들 중 단기로 생각해서 매수했는데 가격이 떨어져 울며 겨자 먹기로 중장기가 되는 경우가 많습니다. 끝까지 버틴다는 의미의 속어를 써가며 자신의 매매를 합리화하는 경우를 많이 볼 수 있습니다. 일반 투자자 중에 이러한 생각으로 매매하는 분이 있다면 다시 진지하게 고민해봐야 합니다. 특히 전업 트레이더라면 손절매는 매우 중요합니다. 맨 처음 자신이 생각한 가격 이상으로 떨어진다면 가차 없이 손절매해야 한다고 생각합니다. 예를 들어 5일 이동평균선을 깨면 던진다든지, 딱 하루만 보고 매수했다면 그다음 날까지 오르지 않을 경우 던진다든지, 특정 가격을 하한선으로 정하고 그 가격 이하가 되면 단호하게 결단을 내려야 합니다.

돌파 매매를 시도했을 경우도 마찬가지입니다. 매수할 때 생각했던 가격을 돌파하지 못하고 머뭇거리면, 특정 가격을 정해놓은 후 해당 가격 이하로 떨어지면 손절매해야 합니다. 이러한 생각을 미리 머릿속에 넣어두고 트레이딩에 임하는 것이 좋습니다. 그래야 손실은 최소한으로 줄이고 수익을 얻는 트레이딩이 가능합니다.

 ### 뇌동 매매를 하지 않기 위해서는 어떻게 해야 하나요?

저도 뇌동 매매를 합니다. 톱 트레이더라고 해서 뇌동 매매를 하지 않는 것은 아닙니다. 그러나 이를 극복하는 일은 상당히 어렵습니다. 어이없게 손실을 보면 누구나 빨리 복구하고 싶은 심리가 발동합니다. 그러면 평소처럼 매매할 종목이 자신의 레이더에 걸리지 않습니다. 게다가 조금 더 참았다가 매수해야 하는 상황에서 나도 모르게 빨리 매수해버리는 일이 발생합니다. 빨리 수익을 얻기 위해서 평소의 타이밍보다 성급하게 매수하고, 막상 주가가 멈칫하다가 떨어지면 손절매하는 상황이 연출됩니다. 쉽게 말해 매매가 완전히 꼬여버리는 것입니다. 그래서 아침에 매매를 실수했다면 '오늘은 내가 좀 잘못된 듯하다'라고 인정한 후 밖에

— 김형준

나가 바람이라도 쐬며 HTS에서 멀어지는 편이 훨씬 더 나은 선택입니다. 저도 과거에 20일 연속으로 수익을 내다 뇌동 매매 한 번으로 모두 날려버린 경험을 여러 번 했습니다. 그만큼 스스로를 잘 컨트롤한다는 것은 어렵습니다. 매매 기법을 익히는 것보다 자신을 다스리는 일이 훨씬 어렵습니다.

마인드 컨트롤이 어렵다면 주식투자는 도박과 비슷해집니다. 도박장에서 돈을 잃으면 손을 털고 일어나야 하지만, 계속해서 하는 것과 마찬가지입니다. 추세는 무너지고 있는데 어딘가에서 돈을 끌어와 매매하고, 마음이 급해지니 베팅 금액도 커집니다. 이렇게 되면 결과는 불 보듯 뻔합니다. 나도 모르게 이 종목, 저 종목 가리지 않고 주문을 넣을 때 뇌동 매매를 하고 있다는 점을 인식하고 멈춰야 합니다. 이를 방지하려면 철저한 원칙으로 매매해야 합니다. 사람들은 대부분 스스로 뇌동 매매하고 있다는 사실을 알고 있지만 고치지 못할 뿐입니다. 차라리 책상 위에 돈을 쌓아두고 매매하는 것도 좋습니다. 뇌동 매매로 돈을 잃을 때마다 잃은 만큼 치워버리면 시각적으로 금방 자각할 수 있습니다. 주식시장은 당신이 살아 있는 동안 매일 열립니다. 그러므로 단 하루 만에 승부를 보려는 생각을 버려야 합니다.

손절매 후 어떤 마음으로 다시 트레이딩에 임하셨나요?

손절매를 크게 했을 경우에는 항상 계좌를 캡처해놓습니다. 왜냐하면 다음 번에 똑같은 실수를 반복하지 않기 위해서입니다. 다음 〈그림 8. 매매일지 1〉은 5일 이동평균선 매매를 했던 기록입니다. 5일 이동평균선 매매를 하더라도 매매 패턴이라는 것이 있는데, 탐욕으로 정

종목명	잔고수량	잔고평균단가	금일매수 수량	평균단가	매수금액	금일매도 수량	평균단가	매도금액	매매비용	손익금액	수익률
조선내화	0	0	400	98,050	39,220,000	400	96,825	38,730,200	123,978	-613,778	-1.56
금호산업	0	0	5,179	14,407	74,618,650	5,179	15,042	77,902,900	248,936	3,035,295	4.05
에이프로젠 KIC	0	0	0	0	0	41,073	3,520	144,582,325	463,796	-10,315,542	-6.66
한화케미칼우	0	0	2,166	14,880	32,231,400	2,166	14,705	31,851,800	101,943	-481,545	-1.49
기가레인	0	0	15,000	2,481	37,225,000	15,000	2,513	37,705,000	120,517	359,394	0.96
전파기지국	0	0	20,000	3,967	79,350,000	20,000	4,127	82,540,000	263,820	2,926,180	3.68
한진칼	10,278	41,297	12,278	41,220	506,106,500	22,646	40,855	925,208,250	2,967,467	-60,445,988	-6.13
디알젬	13,366	13,798	78,710	13,878	1,092,359,500	65,344	14,233	930,056,700	2,973,346	19,155,815	2.10
아시아나IDT	0	0	23,755	24,031	570,875,950	23,755	24,026	570,757,000	1,826,353	-1,945,313	-0.34

그림 8. 매매 일지 1

상적인 사고를 하지 못하게 되는 경우가 있습니다. 예를 들어 거래량이 실린 5일 이동평균선 매매를 할 때 오버나이트는 항상 감당할 수 있을 만큼만 하자는 원칙이 있습니다. 그러나 나도 모르게 오버나이트를 많이 하게 되고, 어설프게 시가가 갭 하락한다고 더 매수했다가 손절매를 했던 경우입니다.

저의 매매일지는 소위 '폭탄' 맞은 기록만 있습니다. 저는 수익을 냈을 때보다 실수했을 때 반드시 기록합니다. 그 후 왜 이런 일이 발생했는지 복기하는 과정을 거칩니다. 사람이 살면서 실수를 할 수 있습니다. 그러나 똑같은 실수를 반복하여 계속한다면 그 사람은 살면서 계속 동일한 실수를 할 가능성이 높습니다. 특히 실수임을 알면서도 잘못된 습관을 고치지 못한다면 돈이 걸린 주식시장에서는 경쟁력이 현저하게 떨어지게 됩니다. 정말 해서는 안 될 잘못된 습관이라면 지금이라도 고치는 것이 소중한 돈을 지키는 지름길입니다. 큰 손실이 난 매매 일지를 본다는 것은 매우 괴로운 일입니다.

— 김형준

그림 9. 매매 일지 2

종목명	잔고수량	잔고평균단가	금일매수 수량	금일매수 평균단가	금일매수 매수금액	금일매도 수량	금일매도 평균단가	금일매도 매도금액	매매비용	손익금액	수익률
하이트진로홀딩스	1,005	9,920	26,687	10,115	269,950,700	25,682	10,436	268,027,650	722,577	7,323,924	2.81
하이트진로홀딩스우	0	0	3,833	17,255	66,138,700	3,833	17,837	68,369,950	184,313	2,046,921	3.09
모나미	7,407	3,820	40,000	3,823	152,950,000	32,593	3,874	126,288,815	340,720	1,298,149	1.04
신성통상	191,639	1,311	237,105	1,311	310,900,975	45,466	1,325	60,242,450	162,539	463,075	0.77
3S	1,500	3,250	1,500	3,250	4,875,000	0	0	0	0	0	0.00
에이치엘비생명과학	0	0	0	0	0	10,000	7,011	70,116,580	189,652	-3,573,072	-4.85
두올산업	30,000	2,034	932,161	2,123	1,979,489,970	902,161	2,160	1,949,567,535	5,259,475	25,838,321	1.34
대양루션	0	0	0	0	0	10,620	6,442	6,446,960	17,396	25,704	0.40
마이크로컨텍솔	0	0	0	0	0	5,000	3,352	16,762,500	45,185	529,815	3.26
디지탈옵틱	0	0	0	0	0	4,486	690	3,095,340	8,344	18,572	0.60
아이스크림에듀	8,879	12,431	71,283	12,864	916,996,450	62,404	12,131	757,024,850	2,048,438	-51,641,285	-6.39
컴퍼니케이	0	0	18,401	9,311	171,338,290	18,401	9,405	173,064,630	467,040	1,259,274	0.73

그림 10. 매매 일지 3

종목명	잔고수량	잔고평균단가	금일매수 수량	금일매수 평균단가	금일매수 매수금액	금일매도 수량	금일매도 평균단가	금일매도 매도금액	매매비용	손익금액	수익률
유니온	0	0	82,031	4,769	391,219,280	82,031	4,837	396,817,335	1,069,379	4,528,593	1.15
율촌화학	0	0	10,000	14,250	142,500,000	10,000	14,420	144,206,700	389,139	1,317,561	0.92
모나리자	2,056	3,895	12,500	3,894	48,675,000	10,444	3,934	41,090,480	110,584	313,006	0.77
아가방컴퍼니	0	0	69,334	3,572	247,664,140	69,334	3,625	251,404,735	678,252	3,062,955	1.23
GV	0	0	12,142	2,021	24,544,265	12,142	2,046	24,845,895	67,034	234,601	0.95
흥호	14,948	1,056	14,948	1,056	15,795,400	0	0	0	0	0	0.00
에스모	41,500	6,187	46,500	6,181	287,425,000	5,000	6,180	30,900,000	83,430	166,570	0.54
이아이디	0	0	844,057	321	271,626,354	844,057	335	283,288,833	763,089	10,899,359	4.00
마니커에프앤지	0	0	219,950	9,567	2,104,420,350	219,950	9,253	2,035,365,720	5,501,981	-74,556,595	-3.53
노바텍	0	0	4,000	16,962	67,850,000	4,000	17,109	68,439,800	184,702	405,098	0.60
폴리토	0	0	3,000	17,983	53,950,000	3,000	18,150	54,450,000	146,953	353,047	0.65

하지만 힘들어도 봐야 합니다. 큰 손실을 입었다는 것은 잘못된 매매를 했다는 증거이기 때문입니다. 솔루션은 멀리 있지 않습니다. 두 번 다시 똑같은 실수를 하지 않으면 그만입니다. 쉽지 않지만 저는 그렇게 해오고 있습니다.

〈그림 9. 매매 일지 2〉와 〈그림 10. 매매 일지 3〉의 경우 신규주 매매를 크게 하여 손실이 난 경우입니다. 개인적으로 신규주 매매 원칙이 있습니다. 유통 물량, 공모가, 업종 섹터, 경쟁률, 추격 매수, 감당할 수 있는 매수 규모 등입니다. 이 매매 일지는 충동 매매의 결과라고 할 수 있습니다. 뼈아픈 기록입니다. 다시 한번 강조하지만 신규주 매매를 할 때 저의 원칙은 유통물량, 공모가, 업종 섹터, 경쟁률을 확인하고, 추격 매수를 조심하는 것, 그리고 반드시 감당할 만큼만 매수하자로 정리할 수 있습니다.

마니커에프앤지[195500]를 충동 매매한 적이 있습니다. 상한가를 갈 것이라 생각하고 +20%에 많은 수량을 매수했고, 가격이 조금 떨어졌을 때 어설픈 물타기 매수를 했습니다. 그 후 크게 손절매했습니다. 그 당시 왜 손절매했는가 생각해보면 답은 명확합니다. 한마디로 나의 모든 매매 원칙을 깨버렸기 때문입니다. 어떻게 생각하면 당연한 결과라 할 수 있습니다.

아이스크림에듀[289010]를 매매한 것도 기억에 남습니다. 크게 인기가 없던 업종이었고, 경쟁률도 좋지 않았습니다. 공모가는 같은 섹터 PER 기준으로도 고평가되어 있었습니다. 공모가보다 그냥 떨어졌다고 막 덤볐다가 당한 케이스입니다.

다시 생각해도 쓰라린 기억은 뒤로 하고, 이런 식으로 크게 손절매를 하면 다음부터 똑같은 실수를 하지 않기 위해 무진장 애를 씁니다. 반성하고 복기를 많이 합니다. 만약 크게 손절매했다면 저처럼 실수를 복기하고 자신의 매매를 지속해서 들여다봐야 합니다.

종목 선정이 잘못되었는지, 진입과 청산의 시기가 잘못되었는지, 또는 외

— 김형준

일자	매수금액	매도금액	매매비용	손익금액	수익률
기간 매수금액	124,324,841,503	총 매매비용	335,507,095	총 손익금액	1,265,978,201
기간 매도금액	125,202,048,665			총 수익률	1.02
2020/07/27	2,677,021,000	1,944,592,350	5,242,972	25,386,330	1.32
2020/07/24	1,602,734,820	1,406,431,005	3,795,362	4,632,537	0.33
2020/07/23	1,374,830,640	2,118,373,620	5,713,922	41,977,645	2.02
2020/07/22	3,247,098,050	2,545,788,635	6,868,827	38,929,614	1.55
2020/07/21	1,538,660,020	1,371,037,383	3,682,238	33,913,674	2.54
2020/07/20	1,161,827,150	1,494,543,795	4,032,137	22,566,986	1.53
2020/07/17	1,350,639,020	2,077,993,230	4,354,096	38,647,580	1.90
2020/07/16	1,630,626,070	1,375,040,470	3,708,454	32,179,116	2.40
2020/07/15	905,843,400	729,296,420	1,968,067	5,662,936	0.78
2020/07/14	1,333,702,720	1,851,809,785	4,996,615	19,872,135	1.08
2020/07/13	1,637,492,890	1,398,196,806	3,770,304	49,710,332	3.69
2020/07/10	1,402,247,360	1,341,279,280	3,618,391	22,042,812	1.67
2020/07/09	1,408,638,030	1,291,319,900	3,483,797	19,499,683	1.53
2020/07/08	1,273,522,420	1,380,939,155	3,501,434	29,571,364	2.19
2020/07/07	1,083,024,018	1,112,753,380	3,002,878	8,860,795	0.80

· 기간별 매매일지는 2017년 1월 1일부터 조회 가능합니다.

MA2769 다음 데이터가 존재합니다. [11_11]

그림 11. 3개월 매매 일지

부 변수인지 혹은 자신의 실수인지 등의 문제를 찾고 연구해야 합니다.

다시 말하지만 실수는 누구나 할 수 있습니다. 그러나 실수의 반복은 주식시장에서 가장 어리석은 짓입니다. 반드시 손절매의 원칙을 정하고 매매하길 바랍니다.

시장의 지수 움직임에 따라 대응 방법이 다른가요? 즉 상승장과 하락장에는 각각 어떻게 대응하시나요?

상승장에서는 오버나이트를 꽤 하는 편입니다. 왜냐하면 상승장일 경우 다음 날 시가가 조금 높게 출발할 가능성이 높기 때문입니다. 하락장에서는 오버나이트를 조금하거나, 거의 하지 않는 편입니다. 군이 오버나이트를 하지 않더라도 다음 날 싸게 살 확률이 높다 보니 오버나이트를 고집해서 할 필요가 없습니다. 예를 들어 상승장에서는 차트나 거래량이 마음에 들었을 때 프로그램 매수가 들어오면 더 과감하게 매수합니다. 하락장에서는 순간 급락이 나올 때 낙주를 잡아서 매매한다든지 포지션이 달라지겠죠.

주식시장은 예측의 영역도 중요하지만 대응의 영역이 진짜 중요합니다. 자신이 분석해서 특정 종목을 매수했는데 오르지 않았을 때 오기를 부리며 계속해서 붙잡고 있는 경우가 있습니다. 절대 근거 없는 오기를 부려서는 안 됩니다. 시장에 순응하는 자세가 필요합니다. 주식시장은 고집으로 이길 수 있는 곳이 아니라는 점을 명심해야 합니다.

 ## 트레이더로서 리스크 관리는 어떻게 하시나요?

리스크를 관리하는 몇 가지 원칙이 있습니다.

첫째, 오버나이트를 할 때는 항상 감당할 수 있을 만큼만 들어갑니다. 돈을 베팅할 때는 평소의 생활에 영향을 주지 않는 한도 내에서 분수껏 해야 합니다. 아기 분유 값을 투자해서는 안 된다는 것입니다.

둘째, 매수할 때는 항상 회사 분석을 합니다. 장기는 당연한 소리고, 단타나 스윙으로 들어갈 때도 적용됩니다. 갑자기 횡령이나 배임 같은 이슈가 터져 거래정지를 당할 수도 있다는 사실을 염두에 두어야 합니다. 자신에게 일어나지 않은 일이었다고 해서 그 일이 발생하지 않는다는 법은 없습니다.

셋째, 매매 시나리오를 짭니다. 주식을 매수 후 곧장 가격 상승이 없다는 가정을 하고 물타기, 손절매를 포함해 물타기 후 어떻게 할지에 대한 행동 계획을 세우거나, 최대 몇 시간이나 며칠을 보유할 것인지도 생각합니다.

넷째, 미수와 신용은 최대한 자제하되, 확실한 근거가 있을 때만 사용합니다. 이때도 손절매를 염두에 두어야 함은 당연합니다. 미수와 신용으로 이익이 극대화될 수도 있지만, 반대로 손실을 더 크게 만들 수도 있습니다. 한 번의 판단 착오로 큰 손실이 나면, 나도 모르게 뇌동 매매로 이어져 더 큰돈을 잃을 수도 있다는 점을 꼭 기억해야 합니다.

 **일반인 투자자가 말하는 소위 '기법'이란 것에 대해서 어떤 생각을 갖고 있으신가요?**

데이 트레이딩으로 수익을 내고 싶어 하는 사람이 있다고 가정해봅시다. 보통 시중에 나와 있는 책을 통해서 또는 누군가에게 특정한 매매 패턴을 배우려고 합니다. 일반 사람들이 말하는 기법이라는 것은 특정한 패턴을 다소 간략화해서 공식처럼 보이도록 만든 것입니다. 이는 결코 수학 공식이 아닙니다. 그러나 누군가가 발견한 매매 패턴을 찾는 시도가 무의미하지는 않습니다. 다만 그 매매 방식이 나와 맞는지, 혹은 내가 할 수 있는 것인지, 자기 체득할 수 있는 것인지 등을 소액 투자로 끊임없이 연습해봐야 합니다. 그 '기법' 안에는 셀 수 없는 수많은 응용이 있습니다. 이러한 영역의 정보는 체계화하기도 어렵고, 일부를 체계화한다 하더라도 시시각각 변하는 시장에서 대응의 영역은 또 다른 문제이기 때문입니다. 즉 특정 기법을 자기 체득하기 위해서는 소액을 투자하여 모든 방법을 다 동원해서 연습해야 합니다. 대략 80% 이상 승률을 보인다면 비로소 어느 정도 자신의 기법으로 만들었다고 볼 수 있습니다.

피나는 연습을 했는데도 자신의 기법으로 체득할 수 없다면, 깨끗하게 포기하고 다른 방법을 찾아야 합니다. 어떤 매매법은 충분히 좋아 보이지만 자신에게 전혀 맞지 않는 방법일 수 있습니다. 누구에게나 똑같이 적용할 수 있는 매매법이란 세상에 없습니다. 때때로 사람들에게 소문난 주식 매매법 강의가 있습니다. 처음에 딱 들어보면 뭔가 마음에 들고, 그럴듯한 이야기를 할 수도 있습니다. 그런데 듣기에만 괜찮은 강의일 수도 있다는 것을 기억해야 합니다. 또 어떤 강의는 노력만 하면 황금알을 낳은 기법을 알려줄지도 모릅니다. 즉 기법 강의를 입시 과외에 비유한다면 문제의 핵심과 노하우를 조금 더 편하게 배울 뿐이지, 모든 것은 스스로 검증하고 공부해야 합니다. 누군가 옆에서 대신 해줄 수 있는 것이 아닙니다.

제가 트레이딩을 시작할 때는 기법이란 개념도 없었고 누가 알려주지도 않았습니다. 유튜브는 당연히 존재하지도 않았습니다. 그래서 스스로 하나씩 공부할 수밖에 없었습니다. 당시에는 HTS에 있는 정보들을 모조리 봤습니다. 계속 매매하다 보니 시장 경험치가 쌓였고, 나름대로의 매매법도 구체화되었습니다. 지금은 공부할 수 있는 자료가 방대합니다. 누구나 열심히 하면 제가 시작했을 때보다 훨씬 편하게 주식투자를 할 수 있을 것입니다.

스스로 기법들을 찾아낸 후 실전에서 어떤 과정을 거쳐 적용하셨나요? 그리고 그 과정이 얼마나 힘들었나요?

처음에 기법이란 형태를 만들었을 때입니다. 분봉 차트에서

— 김형준

30분봉 차트를 세팅해놓고, 급등주들이 순간 급락이 나올 때를 타점으로 잡기 위해 구상했습니다. 그런데 급등주는 갑자기 하한가로 떨어질 수 있는 위험이 있었습니다. 이 매매법은 수익을 잘 내더라도 하루 만에 벌었던 수익을 모두 토해낼 수 있었습니다. 그 당시에는 하루에 밥도 한 끼만 먹었습니다. 그때를 회상하면 너무나도 힘들었던 시기였습니다.

예전에는 돌파 매매도 다소 이해가 어려운 자리에서 했었고, 급락주도 꼭 무서운 자리에서 매수했던 기억이 납니다. 그리고 변동성이 매우 큰 주식만 매매했었습니다. 그 당시의 저는 실력도 마인드도 없는 사람이었습니다. 과연 돈을 벌 수 있었겠습니까? 빨리 돈을 많이 벌고 싶은 욕심이 독이 되었던 것입니다.

이후 모든 것을 하루 만에 끝내려는 마음을 내려놓고, 눌림목 매매 위주로 전환하면서 살아나는 계기가 되었습니다. 이때부터 이전의 위험한 매매 방법도 더 세밀하게 다듬어나갔습니다. 주식시장에서 '기법'이란 것도 필요하지만, 정답인 기법은 없다는 것을 명심해야 합니다.

기법을 찾는 또는 찾으려고 시도하는 사람에게 해주고 싶은 말씀이 있으신가요?

계속해서 말씀드리지만, 주식시장은 살아 움직이는 생명체와 같습니다. 수학처럼 공식이 있는 시장이 아닙니다. 어느 날 자주 맞던 매매법이 맞지 않는 경우가 있습니다. 시장이 변화하듯이 기법도 시장에 맞게 변화시켜야 합니다. 기법을 맹신해서는 안 됩니다. 그 맹신이 손절매를 하지 못하게 만들고, 오히려 자신을 더 힘들게 만들 수도 있습니다. 자신의 기법이 잘 맞지 않는다면 왜 그러한 현상이 나타나는지 좀 더 분석하고 변화시켜야 합니다. 결론은 동일합니다. 조급함을 버리십시오.

성공하는 트레이더가 되기 위한 조건은 무엇이라고 생각하십니까?

조건이라기보다는 사실 많은 노력을 해야 한다고 봅니다. 주위를 살펴보면 차근차근 한 단계씩 올라가는 트레이더가 있고, 많은 고생을 한 다음 올라가는 트레이더가 있습니다. 저는 많은 고생을 겪은 후 올라온 트레이더입니다. 저처럼 고생을 많이 하지 않기를 바랍니다. 고통 속에서 많은 걸 배운다고 하지만 현실 세계에서는 쉽지 않습니다.

주식시장은 어떠한 학문보다 많은 공부를 해야 하는 곳입니다. 돈이 오고가는 주식시장에 일확천금만 꿈꾸고 그냥 뛰어드는 개미 투자자들이 많습니다. 세상에 공짜로 주는 돈은 없습니다. 기술적 분석과 기본적 분석, 시황 분석 등 많은 걸 공부해야 합니다.

또한 주식시장을 감각으로 느껴야 합니다. 주식시장은 수학처럼 정답이 있는 곳이 아닙니다. 예를 들어 현재의 재무제표가 너무 좋으면 그것만 보고 매수합니다. 하지만 그때부터 주식은 떨어질 확률도 높습니다. 주식은 꿈을 먹고 사는 생명체와 같습니다. 그래서 미래의 가치도 중요하게 생각해야 합니다. 수학처럼 정답을 만들려는 트레이더는 실패할 확률이 높습니다. 가끔은 남들이 사기 싫어하는 자리에서 사기도 하고, 남들이 사고 싶은 자리에서

— 김형준

팔기도 해야 합니다. 스스로 종목을 보고 '아, 이건 오르겠다'라는 느낌의 감각을 키우는 것이 중요합니다.

누구나 강조하겠지만 마인드 컨트롤이 가능해야 성공할 수 있습니다. 트레이더 중에 매매를 잘하다가 한순간에 망가지는 트레이더를 많이 보았습니다. 예를 들어 매일 매매해서 조금씩 계속해서 수익을 내다가 어느 날 실수해서 꽤 크게 손실이 보았다면, 그날은 조심히 매매해야 합니다. 그때 잃은 돈을 모두 복구하기 위해 뇌동 매매를 한다면 수익을 내었던 돈마저 다시 반납하게 됩니다. 마인드 컨트롤이 되지 않으면 브레이크 없는 폭주 열차처럼 돌변해서 그날 돈을 다 잃을 수 있습니다. 주식투자를 하면서 자신만의 원칙을 지킬 수 있는 마인드는 꼭 필요합니다.

트레이딩을 잘하는 사람은 어떤 사람인가요?

원칙을 지키면서 꾸준하게 실력이 우상향하는 사람입니다. 주식시장은 매일 열립니다. 중간중간의 위기는 누구에게나 한 번씩 찾아옵니다. 그 위기를 잘 탈출하고 리스크 관리를 잘하면서 꾸준하게 수익을 내다가 기회가 왔을 때 크게 벌면 됩니다. 이렇게 하는 트레이더가 잘하는 트레이더라고 생각합니다.

롤모델(또는 스승)이 되는 투자자가 있습니까? 있다면 누구이며, 이유는 무엇입니까?

추세 매매의 대가로 불리는 제시 리버모어입니다. 다만, 한 가지 그에게는 안타까운 점이 있습니다. 돈을 벌 때는 크게 벌었지만, 네 차례의 파산과 마지막은 불행한 삶으로 마무리했습니다. 그 점이 안타깝습니다.

 ## 톱 트레이더임에도 자신의 트레이딩에서 부족한 점이 있습니까?

아직도 가끔 느낌이 왔을 때 과감한 베팅을 하지만, 분명이 크게 간다고 생각했으면서도 수익 실현을 너무 빨리 한다는 점에서 아직 부족하다고 느낍니다. 매도가 특히 어렵습니다. 매수를 하고 수익을 얻었지만 더 큰 수익을 기대하고 버티다가 다시 떨어지면 그 상황 자체에 스트레스를 받습니다. 그래서 저는 분할 매도를 합니다. 저도 매도한 뒤에 급등을 보이는 종목이 많았습니다. 하지만 수익을 얻었다면 그 자체로 시장에 감사하는 마음을 가집니다. 결국 손해를 본 것은 아니니까요. 일반인들도 어떤 종목을 매수했을 때 1%, 2% 수익이 나면 팔고 싶은 욕구가 강하게 듭니다. 이익을 실현하고 싶은 충동을 느끼는 것은 모든 사람이 똑같습니다. 재미있게 비유하자면 순수한 소녀 같은 마음입니다. 어쩔 수 없습니다. 그래서 스스로를 연마해야 합니다.

저는 베팅 금액이 적으면 잘 버팁니다. 그런데 크게 베팅한 경우에는 1~2% 차이로 수익의 크기가 확 달라지기 때문에 분할로 수익을 실현하는 편입니다.

— 김형준

트레이딩을 지속하는 심리적인 근간은 무엇입니까?

단도직입적으로 돈을 벌기 위한 목적이 제일 큽니다. 그 외에는 좀 더 편안한 삶과 좀 더 자유롭고 여유로운 삶을 살 기 위해서입니다.

성공적으로 트레이딩을 마쳤을 때에는 어떤 기분이 드시나요?

과거에는 성공적으로 트레이딩을 마쳤을 때 정말 기분이 좋았습니다. 내일도 또 성공적인 트레이딩을 할 것이라는 생각에 하루하루가 기다려졌습니다. 힘든 삶을 겪고 난 후 트레이딩을 성공적으로 마쳤을 때는 정말 짜릿한 감정을 느꼈습니다. 솔직히 말하자면 지금은 옛날 같은 짜릿한 감정이 느껴지지는 않습니다. 다만 '오늘 매매도 잘 마쳤구나'라며 안도합니다.

트레이딩을 하면서 가장 기쁜 순간은 언제였습니까?

예전 이자를 포함해서 3억 원의 빚을 갚고, 현금으로 1억 원을 만들었을 때입니다. 이때가 주식에 투자하면서 제일 짜릿한 시간이었습니다.

손절매 후 심리의 변화가 있으신가요?

과거에는 다른 종목으로 복구하려는 심리가 강해 이 종목, 저 종목으로 들어가서 오히려 손실을 보는 경우가 많았습니다. 지금은 손절매를 하더라도 종목 선택에 변화가 없습니다. 그냥 원칙대로 매매할 뿐이죠.

트레이딩을 하면서 슬럼프가 찾아왔을 때에는 어떻게 대처하시나요?

2003년 이후 저에게는 슬럼프가 두 번 찾아왔습니다. 월 단위로 손실을 입은 때는 17년 동안에 딱 한 번 있었습니다. 서브프라임 모기지 사태, 글로벌 금융위기 당시 지수가 2,100포인트에서 900포인트까지 떨어졌습니다. 하지만 그때에도 월 단위로 손해를 입은 적은 없습니다. 슬럼프가 왔을 때도 월 단위로는 손실을 본 경우가 없었지만, 딱 한 번 그때 크게 손실을 봤습니다. 정보주를 매매할 때였습니다. 그래서 그 이후 다른 사람으로부터 전해진 정보주가 귀에 들어오면 대부분 걸러내고 매매합니다.

자신에게 세력주나 정보주가 입수되었다면 먼저 냉정하게 분석해야 합니다. 최소한 스스로 분석해서 매매해야 하지만, 대부분 아무 분석도 하지 않고 매수합니다. 그러면 결과는 불 보듯 뻔합니다. 주식에 투자할 때 팔랑거리는 귀는 도움이 되지 않습니다. 많은 정보주를 확인해보면 개미를 꾀어 자신들의 물량을 넘길 생각으로 이야기를 퍼뜨립니다. 일반인들은 금방이라도

— 김형준

부자가 될 것 같은 마음에 정보를 믿고 매매합니다. 여기서 자신의 확신에 브레이크를 걸어야 합니다. '나에게 이런 고급 정보가 들어올까?'라고 물어봐야 합니다. 일반적으로 그런 일은 없다고 생각해야 합니다.

2019년 미래에셋 실전투자대회가 열렸습니다. 그런데 예전과 다르게 1억 리그에서 딱 1억 원만으로 매매해야 했습니다. 다른 증권사 계좌를 한 개 더 이용해 같은 종목을 매매하면 참여계좌가 되어 대회에서 입상할 수 없게 되었습니다. 그래서 이번에는 '그래, 딱 1억 원으로 매매하자'고 결심했고, 12일 동안 1억 원 이상의 수익을 거두었습니다. 수익률은 100%를 넘었고, 실시간 순위도 1위를 차지했습니다. 그런데 이때 차근차근 매매했으면 그만인데 무리하게 수익률을 올리려다 다음 날 오전에 어이없이 5,000만 원을 날려버린 후 뇌동 매매를 하게 되었습니다. '에라, 모르겠다'라는 심정으로 매매하다가 이후 3일 동안 1억 원의 수익이 모두 날아갔습니다. 그 뒤 대회 입상을 포기하고 여유롭게 매매했고, 그러자 마음에 안정이 찾아왔습니다. 이때도 아마 슬럼프 중 한 번이 아니었나 생각합니다.

실전투자대회에 참가한 이유가 무엇인가요?

처음 제가 대회에 나간 이유는 과연 '내 실력이 어느 정도 되는가'를 확인해보고 싶은 마음이었습니다.

트레이딩 감각을 유지하는 본인만의 방법이 있나요?

'자만하지 말고 시장에 겸손해라.' 이 말을 매일 다짐합니다.

심리가 무너졌을 때 어떻게 행동하시나요?

오이도에 머물렀던 시절이 제일 힘들었을 때라 심리가 무너질 것 같으면 오이도에 가서 바다를 보고 옵니다.

트레이더가 반드시 가져야 할 심리의 덕목이나 원칙은 무엇인가요?

다시 강조하지만 기법보다 중요한 것은 자신만의 원칙입니다. 원칙을 꼭 지키려고 노력해야 합니다.

실전투자대회에 참가하면서 배운 점은 무엇인가요?

대회에 나가면 나도 모르게 탐욕스럽게 변합니다. 그건 당연할 수밖에 없습니다. 짧은 대회 시간 동안 큰 수익률을 거두려면 당연히 공격적으로 변할 수밖에 없습니다. 대회 입상을 하려면 레버

— 김형준

리지를 수시로 사용하게 되고, 그 와중에 포지션을 잘못 잡으면 더 크게 손실을 볼 수 있습니다. 공격적인 자세로 일정 자금을 가지고 매매하면서 마인드 컨트롤을 한다는 것은 쉽지 않습니다. 그래도 성과를 냈다는 사실은 어려운 조건 속에서도 마인드 컨트롤을 잘했다는 뜻이므로, 이런 부분은 스스로 칭찬해주는 것이 좋다고 생각합니다.

실전투자대회에 참가하려는 사람들에게 해주고 싶은 말씀이 있으신가요?

대회에 나가서 욕심을 부리지 않고 차분하게 했으면 좋겠습니다. 주식투자를 하면서 한 번 정도는 대회에 나가보는 것도 좋은 경험입니다. 상위권 입상자들이 어떤 매매를 했는지 볼 수 있는 기회이기도 합니다. 하지만 실력과 마인드가 없는 상태에서 탐욕을 부리면서 매매한다면 절대 대회에 참가하지 않았으면 합니다.

전업투자에 대해서는 어떻게 생각하십니까?

저는 전업투자를 반대합니다. 직장생활을 하면 매달 꾸준히 돈이 들어옵니다. 하지만 전업 트레이더는 주식 하나만 보고 살아야 합니다. 갑자기 몇 달 동안 돈을 잃게 되면 전업 트레이더는 마음이 조급해지고 초조해집니다. 그럴 때 크게 손실을 보게 됩니다. 전업 트레이더는 어느 정도 성공할 때까지 항상 살얼음판 위를 걸을 수밖에 없는 숙명입니다.

주식시장은 직장인이나 평범한 일반인이 재테크하듯 참여할 수 있는 시장이라고 생각하십니까?

대한민국이 망하지 않는 이상 괜찮은 시장이지 않을까요? 코로나19로 인해 주가가 폭락했을 때 개미 투자자가 엄청나게 주식시장에 들어왔습니다. 예전의 IMF, 리먼 브라더스 사태도 짚어보면 좋겠습니다. 사람들이 주식시장을 바라보는 시선이 예전에 비해 상대적으로 많이 바뀌었다고 생각됩니다. 엄청나게 떨어졌다 반등하는 모습을 보면서 부동산 수익률보다 괜찮은 투자가 아닐까라고 생각합니다. 그러나 일반인들은 이상한 주식에 손을 댑니다. 코스닥에서는 상장 폐지된 종목이 수두룩합니다. 때문에 평소에 장기 투자할 만한 가치가 있는 회사들을 살펴보는 것이 좋습니다.

초보 투자자나 시장에 진입하려는 초보자에게 어떤 조언을 해주고 싶습니까?

주식시장은 돈이 살아 움직이는 곳입니다. 그 어떤 학문보다 공부를 많이 해야 하고, 시장 경험치도 많이 필요하다고 생각합니다. 하지만 일반 투자자들은 주식시장에 접근할 때 어떠한 대비도 없이 무작정 뛰어듭니다. 주식은 도박이나 홀짝 게임이 아닙니다. 경제와 시황을 기본적으로 알아야 하고, 각종 악재들이 나왔을 때 어떻게 대처하는지도 배워야 합니다. 각 회사의 기업 정보를 살펴보고 차트를 통한 기술적 분석도 할 줄 알아야 합니다. 토익 시험이나 각종 자격증, 공무원 시험 등을 치르기 위해서는 열심히 공부하면서 정작 더 많은 공부가 필요한 주식투자는 왜 그렇게 하지 않는지 의문스럽습니다.

누군가가 추천했다고 해서 그 회사에 대해 알아보지도 않고 무작정 주식을 매수해놓고서 주가가 떨어지면 손해를 봤다며 남 탓을 합니다. 주식투자는 매수 버튼을 클릭하는 순간, 전적으로 자신의 책임입니다. 어떤 사람들은 돈을 꽤 벌었다고 말합니다. 한 사람의 성공 스토리가 만들어지면, 일반 사람들의 귀에는 성공 신화만 들립니다. 과연 그것이 모두 사실일까요? 그 사람이 아무런 준비 없이 시장에 들어와 큰돈을 번 후에도 투자를 계속한다면, 조금 과장해서 99.99%의 확률로 벌었던 돈을 다시 토해내게 될 것입니다. 그만큼 주식시장은 어떤 학문보다도 많은 지식과 경험이 필요하다는 것을 명심해야 합니다.

 **많은 사람이 단기에 큰돈을 벌고 싶어 합니다. 그래서 단기 트레이딩에 대한 관심이 높은데요. 소위 단타로 수익을 얻으려는 사람에게 전하고 싶은 말씀이 있으신가요?**

사람들의 심리는 오묘하고도 재미있습니다. 어떤 주식의 주가가 급격하게 오르고 있다고 가정해봅시다. 주가가 꽤 많이 오른 시점에서 매수했는데 또 가격이 오릅니다. 급등 전 가격과 비교해보면 두 배가 넘게 오른 것이고, 이

렇게 오른 가격에서 다시 50%가 넘게 올라갑니다. 그럼 이미 많이 올랐다는 것을 알면서 혹은 무서워하면서도 또 매수합니다. 그런데 그 순간 고점을 잡게 됩니다. 이때 사람의 심리는 재미있습니다. 급격히 오르고 있는 주식을 그대로 둔다면 과연 단기간에 끝을 모르고 오를 것이라고 생각하십니까? 하고 싶은 말의 요지는 단기 트레이딩으로 돈을 벌고 싶더라도 '기업의 본질 가치'는 반드시 확인해야 한다는 것입니다.

코로나19라는 바이러스로 단기간에 주목받은 마스크 원자재 회사가 있습니다. 과거 고점이 약 3,500원 정도였다가 코로나19 사태 이후 7,000원 정도로 올랐는데, 대략 두 배 정도 오른 것입니다. 그렇다면 코로나19 이전 상황에서의 매출을 근거로 영업이익의 두 배를 초과할 수도 있다고 가정해볼 수 있습니다. 차트의 행보를 떠나서 기본적 분석을 통해 마스크의 판매가 얼마나 되는지 근거를 찾아보면, 주가가 100% 올랐다는 사실은 아직 주가가 덜 오른 것이라고 생각해볼 수 있습니다. 이러한 결론 도출이 틀릴 수도 있습니다. 그러나 기업의 본질 가치를 제대로 확인한다면 단기 트레이딩을 하더라도 훨씬 자신감 있고 적극적으로 할 수 있습니다.

특정 회사의 주가 위치를 봤을 때 단기적으로 눌림목이라고 판단된다고 생각해봅시다. 이때 아무리 단기 매매를 추구한다고 해도 그 회사의 가치와 미래를 제대로 알면 훨씬 과감하게 투자할 수 있습니다.

대다수의 사람은 저에게 그저 기술적 분석만 물어봅니다. '어떤 기법이 있을까, 어떤 기법으로 돈을 벌었는가'에 관한 질문을 합니다. 비약하자면 특정 회사의 본질 가치는 아무도 묻지 않습니다. 주식회사란 주주들이 그 주식을 사서 나중에 회사의 결실을 나누는 곳입니다. 차트 분석이 잘못되었다는 뜻

— 김형준

이 아닙니다. 기술적 분석에 시간을 투자하는 만큼 기본적 분석도 철저히 해야 단기 트레이딩으로도 크게 성공할 가능성이 있다는 것입니다.

순서를 한 번 바꾸어보면 어떨까요? 회사의 본질 가치를 먼저 알고 나서 기술적 분석을 한 후 베팅한다면 돈을 벌 수 있습니다. 시간이 조금 더 걸리더라도 단기 트레이더로 성장하기 위해서는 반드시 필요한 일입니다. 일반 투자자들도 회사 분석을 해야 시장에서 돈을 잃을 확률이 줄어듭니다.

우리나라 주식시장이 더 발전하려면 어떻게 변화해야 한다고 생각하십니까?

공매도를 없애야 된다고 생각을 합니다. 만약 공매도를 허용한다면 개인 투자자들도 공평하게 할 수 있어야 합니다.

우리나라 투자 문화에 대해서 어떻게 생각하십니까?

우리나라는 규제가 너무 많습니다. 공매도는 규제하지 않으면서 주가가 올라갈 때는 투자주의, 경고, 단기 과열 식으로 지정합니다. 그런데 주가가 내려갈 때는 그런 규제가 있나요? 주가가 오르는 것이 싫은 것일까요? 반대로 주가가 하락할 때도 뭔가 장치가 필요하다고 생각합니다.

트레이딩으로 얻은 수익은 어떻게 관리하십니까?

A등급 채권에 투자합니다. 주식은 고위험 투자라서 주식으로 버는 돈은 안전하게 은행 금리보다는 높은 A등급을 받은 회사채에 주로 투자합니다.

글로벌 급락장에 대비하여 개인들은 어떤 준비를 해야 할까요? 본인은 어떻게 대비할 생각이십니까?

단기, 스윙 트레이더이든 장기 투자자이든 항상 현금이 있어야 합니다. 주식에 모든 현금을 몰아넣었는데 진짜 큰 급락이 와서 매수해야 하는 시점이 되었을 때 매수할 자본이 없다면 정말 바보 같은 상황이 됩니다. 주식투자에서는 리스크 관리가 매우 중요합니다. 저는 당일 매매를 다소 강하게 하지만, 오버나이트를 할 때는 주식 자금에서 25% 이상은 거의 넘기지 않습니다. 항상 위기는 기회라는 생각을 갖고 주식시장에 접근하면 좋습니다.

트레이딩 시 바보 같은 실수를 저질러 웃음이 나온 경험이 있습니까?

물론 있습니다. 매수를 매도로 착각해서 매매한 것만 해도

— 김형준

대략 50번은 되는 듯합니다. 실수로 잘못해서 시장가 매수를 한 적도 있습니다. 이런 실수를 하면 어이없게 돈을 잃은 것이므로 매우 흥분하게 됩니다. 이때 뇌동 매매가 발동하고 오히려 더 큰 손실을 입을 수 있습니다. 이를 꼭 조심해야 합니다.

소위 시장에 '작전'이라는 것이 실제하고, 이것이 트레이딩에 영향을 미친다고 생각하십니까?

만약 작전이란 것이 있다면, 작전에 의해 주가는 올라갑니다. 그러면 그때 탑승해서 큰 폭락이 나올 때 빠져나오면 되겠죠. 저의 경우 오히려 트레이딩에 도움이 됩니다.

주포나 세력이라 불리는 실체를 인정하십니까? 또는 이를 이용하는 트레이딩이 효과가 있다고 생각하십니까?

주포나 세력보다는 거래량과 거래 대금을 주로 봅니다. 주포나 큰 세력이 있다면 일단 거래 대금을 많이 터뜨리게 되겠죠. 거기서 변동성이 생길 때 트레이딩을 하면 되므로 이것도 오히려 도움이 됩니다.

마지막으로 하고 싶은 말씀이 있으신가요?

주식시장은 절대 공짜로 당신에게 돈을 주는 곳이 아닙니다. 많은 공부와 경험치가 필요합니다. 이 책을 보는 독자들은 반드시 이 험난한 주식시장에서 승리하기를 바랍니다. 마지막으로 제가 매매할 때 지키는 원칙입니다. 한 번씩 읽어보면 도움이 될 것입니다.

| 투자 마인드 1 | 주식투자를 할 때는 여유 자금으로 해야 한다.

주식시장은 조급하면 지는 게임입니다. 빚을 진다는 것은 마음이 조급해져서 이길 수가 없는 상태를 의미합니다. 빚을 지는 순간 인생이 파탄으로 간다는 것을 명심하세요.

| 투자 마인드 2 | 종목이 없을 때는 매매를 쉬어야 한다.

데이 트레이더들은 매일매일 벌어야 한다는 압박감에 자신이 사고 싶은 종목이 안 보이는데도 억지로 매매하다가 손실을 입을 때가 많습니다.

| 투자 마인드 3 | 주식시장에서는 항상 겸손해야 한다.

어느 날 갑자기 주식 매매가 잘되어 돈을 벌게 되면 '아, 주식시장 쉽구나. 이젠 난 쉽게 돈을 벌 수 있어'라는 생각이 들 수 있습니다. 이때 더 큰 손실을 보게 되는 경우가 많습니다. 돈을 벌수록 시장에 겸손해져야 합니다.

| 투자 마인드 4 | 어느 정도 돈을 벌면 수익을 출금하고 그 돈으로 주식보다 안전한 재테크를 한다.

— 김형준

주식은 고위험 자산입니다. 큰돈을 벌 수도 있지만 큰돈을 잃을 수도 있습니다. 1억 원에서 10억 원으로 수익을 올리려면 1,000%의 수익을 내야 합니다. 하지만 10억 원에서 5억 원으로 반토막이 나면 50% 손실을 입은 것입니다. 주가는 오르기는 어렵지만 내려가는 것은 한순간입니다.

| 투자 마인드 5 | **오버나이트를 할 때는 절대 미수를 사용하지 않는다(주식 자본금의 30% 정도만).**

항상 오버나이트는 조심해야 합니다. 장이 끝나고 악재가 나올 수도 있습니다. 그럴 때 미수를 한계까지 사용해 매수했다면, 한순간에 반토막 나는 것도 쉽다는 것을 알아야 합니다.

| 투자 마인드 6 | **단기 매매는 거래량이 많고 거래 대금이 큰 종목을 매매한다.**

| 투자 마인드 7 | **항상 매매법은 변화가 필요하다.**

주식시장은 움직이는 생명체와 같습니다. 자신의 매매법이 어느 날 맞지 않는다면 그것을 응용해야 합니다. 계속 고집을 부리는 순간 손실이 납니다. 주식 투자자는 유연해야 합니다.

| 투자 마인드 8 | **작전주 정보는 나에게 들어오는 순간 쓰레기다.**

진짜 작전하는 종목들의 정보가 일반인의 귀에 들어온다는 것은 그들의 물량을 떠넘기기 위한 것일 뿐입니다.

| 투자 마인드 9 | **HTS에 뜨는 찌라시를 조심하자.**

가끔 HTS 기사를 보면 무슨 특징주라 지칭하여 자극적인 헤드라인을 올리는 경우가 있습니다. 이를 보고 따라서 매수할 경우 주가가 오를 확률은 20%도 안 됩니다. 찌라시 기사의 주식을 사고 싶다면 차라리 좋은 공시가 올라올 때 매매하세요. 그건 수익을 얻을 확률이 50%는 되니까요.

투자 마인드 10 | **탐욕을 부리지 말자.**

사람은 욕심을 가진 동물이어서 어느 순간 자신도 감당이 안 될 만큼 욕심이 생깁니다. 오버슈팅(상품이나 금융자산의 시장가격이 일시적으로 폭등, 폭락하는 현상)에 베팅을 했을 때 주가가 하락하면 손절매도 못 하다가 큰 손실을 볼 때가 많이 있습니다. 저도 항상 주식시장에 접근할 때 주의하려고 노력합니다.

투자 마인드 11 | **쉬는 것도 투자라는 걸 알아야 한다.**

장이 너무 엉망이거나 슬럼프가 올 때는 잠시 쉬는 것도 괜찮습니다. 주식시장은 365일 열립니다. 이럴 때 잠시 쉬었다가 매매하면 오히려 더 잘될 때가 많습니다.

투자 마인드 12 | **투자는 항상 자기 책임이다.**

'이 종목 진짜 5배 간다, 정말 이 회사 좋아진다'라는 식의 말을 인터넷이든 지인에게서 한 번쯤 들어봤을 것입니다. 이를 듣고 매수해서 손실이 나면 남 탓을 합니다. 저에게 누군가 이렇게 말하면 저는 직접 분석을 해본 후 매수합니다. 절대 무작정 사지 않습니다. 주식시장에서 남 탓을 하는 사람은 성공하기 어렵습니다.

— 김형준

| 투자 마인드 13 | **기업분석과 공시는 꼭 확인해봐야 한다.**

어떤 종목을 매수했는데 유상증자나 추가 상장도 모르는 사람이 태반입니다. 추가 상장 때 주식 물량이 쏟아져서 손실을 보는 사람이 있습니다. 이는 공시만 읽어봐도 당하지 않을 손해입니다. 또한 전환사채의 경우도 분기 보고서에 모두 나와 있습니다. 항상 기업을 분석하세요.

| 투자 마인드 14 | **매수할 때 한 번 더 생각하고 매수하라.**

내가 이 종목을 매수할 때 과연 원칙에 입각해서 샀는지 한 번 더 생각해본 후 사면 손실을 줄일 수 있습니다.

| 투자 마인드 15 | **현금이 최고의 종목이다.**

기회는 항상 누구에게나 찾아옵니다. 하지만 기회가 왔을 때 사람들은 현금이 없다고 합니다. 주식시장에서 삼성전자보다 더 우량한 회사는 현금이라고 생각합니다. 언젠가 기회가 왔을 때 매수할 수 있는 현금을 확보하세요.

| 투자 마인드 16 | **손절매는 언제든지 할 수 있다.**

단기 매매뿐만 아니라 기업분석이나 회사 가치를 분석하고 매수했을 때도 손절매를 합니다. 업황이 나빠지거나 원하는 방향으로 주가가 움직이지 않을 경우도 마찬가지입니다. 단기 매매에서 큰 손실을 작은 손실로 막는 것도 돈을 번 것이나 마찬가지입니다. 이왕이면 손실을 보지 않을 종목을 선택하는 것이 제일 중요합니다.

주식시장에 들어오면 자신은 돈을 벌 수 있다고만 생각하고, 정작 아무런 준비를 하지 않는 사람들이 있습니다. 그러나 주식시장은 학문과 달리 실제로 돈이 오가는 곳으로 결코 호락호락 돈을 벌 수 있는 곳이 아닙니다. 수학처럼 정답을 찾으려 하면 오히려 더 고통스러울 수 있습니다. 그러니 여러분은 이렇게 투자했으면 합니다.

투자를 여유롭게 하세요.

주식시장은 마음이 편해야 이길 수 있는 게임입니다. 저도 과거에는 누군가에게 쫓기듯 매매한 적이 있습니다. 그러다보니 오히려 손실에 손실을 거듭하고 결국 파멸을 맛보았습니다. 마음이 불편할 때는 당장 매매를 멈추세요. 과거에 저는 6개월 정도 매매를 멈춘 다음 마음에 평온을 되찾은 후 다시 매매를 잘할 수 있었습니다.

단순하게 하세요.

어떤 종목을 매수하려고 하다가도 스스로 확신이 없어 매수 버튼을 누르지 못합니다. 그러다가 주가가 올라가면 나도 모르게 추격 매수를 하게 됩니다. 또한 투자 방식에 대해 너무 깊게 생각하지 마세요. 우리는 경제학 공부를 하는 것이 아닙니다. 자신에게 잘 맞는 몇 가지 매매법만 열심히 익혀도 밥은 먹고살 수 있습니다 그리고 주식시장이 변화할 때마다 자신의 매매법에도 변화를 주면 됩니다. 모든 종목을 다 먹으려 하지 마세요.

남들과 똑같이 해서는 돈을 벌기 힘듭니다.

가끔은 남들이 매수를 외칠 때 매도를 해야 하고, 남들이 매도를 외칠 때

— 김형준

매수해야 할 경우도 있습니다. 대한민국 주식시장에서 돈 버는 사람의 수는 얼마 되지 않습니다. 이러한 투자 행위가 결코 쉬운 일이 아니기 때문입니다. 대형주는 외국인과 기관이 장악하고 있고, 코스닥은 어느 순간 횡령, 배임, 감자, 유상증자 등의 위험에 둘러싸여 있습니다. 기술적 분석, 기본적 분석을 마스터한다고 해도 어렵습니다. 왜냐하면 주가는 공부한 대로 움직이지 않기 때문입니다. 그래서 때로는 운도 필요합니다. 하지만 그 운도 노력하는 사람에게만 오는 것입니다. 운으로만 돈을 벌었다면 금방 모두 날릴 가능성이 큽니다. 저도 IT 붐 당시에 벌었던 돈을 3개월 만에 모두 날렸습니다. 하지만 지금은 하락장이 와도 오히려 더 단단합니다.

모든 주식 투자자가 행복한 투자를 꿈꾸는 날이 오기를 바라면서 이야기를 마칩니다.

3 강창권

**차트 분석을 통한 스캘핑과
시황 매매로 최고의 수익을 올리다**

	닉네임	밀레
	나이	50대
	직업	전업 트레이더 '다된다 트레이닝스쿨' 대표 강사
	거주 지역	부산
	주력 기법	스캘핑, 시황 매매, 시간외단일가 매매 재료주 상한가 따라잡기, 테마주 매매

홈페이지

www.005930.co.kr (다된다 트레이닝 스쿨)

인스타그램

s63.77(밀레), **chapssal84**(찹쌀이), **captain.100**(캡틴)

출간도서

《수익 내는 주식 매매 타이밍》,
《하루 만에 수익 내는 실전 주식투자》

2002년 한국투자증권 2천 리그 실전투자대회 1위 수익률 252%

2008년 한국투자증권 명장 리그 실전투자대회 1위 수익률 583%

2009년 한국투자증권 명장 리그 실전투자대회 2위 수익률 913%

2010년 미래에셋증권 1억 리그 실전투자대회 1위 수익률 342%

2011년 미래에셋증권 1억 리그 실전투자대회 2위 수익률 145%

2016년 미래에셋증권 1억 리그 실전투자대회 2위 수익률 160%

'다된다 트레이닝스쿨' 대표 강사

밀레라는 닉네임을 사용하는 트레이더로 젊은 시절 지방에서 컴퓨터 학원을 운영했다고 한다. 28명이었던 수강생을 3년 만에 1,000명까지 늘였던 사업적 경험으로 사회생활 초창기에 남들이 부러워할 만큼 운영을 잘했다고 한다. 이때가 1999년으로 후배가 주식투자를 권유해 LG투자증권이라는 종목에 3,000만 원을 투자했고, 이틀 만에 10%의 수익을 내며 시장에 발을 들여 놓았다. 2002년 한국투자증권 실전투자대회에서 252%의 수익률로 우승하게 되면서 인생의 전환점을 맞았다. 당시의 우승은 실력보다 운이 따른 것이었는데, 자신감 하나로 지인의 돈 5억 원을 월 3부 이자 지급 조건으로 운용했다고 한다. 연 1억 8,000만 원의 이자에 생활비까지 더해 3년 만에 소위 '깡통'을 찼고, 잘 나가던 학원도 매각했다. 이때 은행 대출금을 포함해 총 7억 원이라는 큰 빚을 지며 인생이 180도로 달라졌다. 가장의 역할은 고사하고 술을 마시지 않으면 잠들지 못하는 생활을 이어나가다가 자녀와 아내를 위해 다시 주식 공부를 시작했다. 2004년에는 결국 신용불량자가 되었고, 더 이상 물러설 곳이 없어 그해 10월 마지막 남은 400만 원으로 하루하루 절박한 마음으로 실전투자에 임했다.

철저한 원칙 매매로 1년도 안 된 2005년 8월, 약 5,000%의 수익률을 기록하며 2억 원의 수익을 거두면서 다시 일어날 수 있었다. 무조건 수익이 나면 지킨다는 습관을 목숨같이 생각하며 매매했고, 2007년에는 모든 빚을 청산한 후 2008년부터 다수의 실전투자대회에서 입상해 현재의 위치에 올라섰다. 2018년 《하루 만에 수익 내는 실전주식투자》와 2020년 《수익 내는 주식 매매 타이밍》이란 책을 발간하고 현재 다된다트레이닝 스쿨에서 제2의 인생을 설계하며 제자 양성에 힘을 쓰고 있다.

살다 보면 누구나 힘들고 암울한 시절은 있다. 그 상황을 슬기롭게 극복하기 위해 희망을 가지고 최선을 다해 노력한다면 꼭 '성공'을 이룰 수 있다는 믿음을 전한다. 인스타그램을 통해 다양한 투자자와 소통하고 있으며, 지금도 늘 실전에서 수익으로 존재를 증명하고 있다. 돈을 벌기 위한 목적보다 강의를 통한 제자 양성을 통해 큰 보람을 맛보고 있으며, 두 번째 인생의 막을 올리는 중이다.

"자신에게 알맞은 투자 방법을 만들고, 때가 올 때까지 기다리는 사람이 성공한다."

— 강창권

일반적인 트레이딩 시 어떤 기법을 주로 사용하시나요?

1999년 주식시장에 입문한 후 아무것도 모르고 처음으로 접한 매매가 스캘핑Scalping이었습니다. 하루에 셀 수 없이 매수하고 매도하는 것이 스캘핑입니다. 매일 수익을 정산하면서 곧장 현금화하여 폭락하는 시장이 오더라도 리스크를 최소로 줄일 수 있는 기법입니다. 저는 아직도 수익을 내는 유용한 기법 중 하나로 스캘핑을 사용하고 있습니다. 시장의 이슈 종목들을 위주로 투자 금액의 30% 이내에서 오버나이트 포지션을 취합니다. 저는 처음 주식투자를 시작하면서부터 지금까지 단기 매매가 습관처럼 몸에 배어 있습니다. 때문에 장기 투자는 제 스타일에 잘 맞지 않고 신경 써야 할 것이 많기 때문에 평소에 거의 하지 않습니다.

주식투자는 자신이 처한 상황과 위치에 따라 매매 스타일을 정해야 한다고 생각합니다. 전업으로 투자하거나 장중에 모니터링을 계속할 수 있는 환경을 마련한 분들은 스캘핑이나 데이 트레이딩을 시도할 수 있습니다. 반면에 직장에 나가 생업에 집중해야 하는 바쁜 분들은 스윙 트레이딩을 하는 것이 좋습니다.

주식투자에 성공하기 위해서는 시장의 큰 흐름을 읽을 줄 알아야 합니다. 상승 장세에는 스윙 투자를 해도 수익을 볼 수 있지만 하락장에 직면하면 모든 주식을 매도하고 현금화한 후 시장을 관망하면서 바라볼 줄도 알아야 합니다. 직장에 다니면서 MTS로 테마주를 스캘핑 매매를 하는 분들도 있습니다. 하지만 테마주는 장중에 급등락이 심하게 나타나기 때문에 수익을 지키고 손실을 최소화하려면 미리 스톱로스Stop-loss 기능을 숙지해서 매수 후에는 반드시 수익과 손실 구간에 스톱로스를 걸어두는 것이 현명한 매매 방법입니다.

어떤 방법으로 스캘핑 매매를 할 수 있나요? 그리고 MTS로 트레이딩을 잘하는 것이 가능할까요?

스캘핑이란 어떤 종목을 매수해서 1~3% 정도의 수익을 내고 매도하는 기법 중 하나입니다. 1분당 20억 원 이상의 대량 거래가 터지는 종목으로 스캘핑을 하면서 추세 매매를 잘한다면 장중 10% 이상의 수익을 올릴 수도 있습니다. 종목 선정은 당일 주식시장에서 이슈가 되면서 거래량이 급증하는 종목을 매매해야 수익을 볼 수 있습니다. 많은 초보 투자자는 현재가 체결창에서 빨간불을 보고 체결량이 빠르게 급증하면 자신도 모르게 마우스를 클릭하는데, 기술적 분석을 모르고 지나친 추격 매수를 하게 되면 매번 손절매를 하는 경험을 하게 될 것입니다.

만약 지금 여러분이 스캘핑을 해야겠다고 마음먹었다면 또는 지금 스캘핑을 하고 있는 분이라면 매수한 후 손실률 3% 이내에서 과감하게 손절매할 수 있는 분들만 도전하는 것이 좋습니다. 손절매를 하지 못하면 계좌에 계속 종목들만 쌓이게 되고, 결국 백화점식으로 종목을 보유하게 될 것입니다. 종목을 매수한 후 아니다 싶을 때 기계적으로 손실률 2~3% 이내에 무 자르듯 싹둑 자를 수 없다면 스캘핑 매매를 하지 않는 것이 좋습니다.

대부분의 직장인 투자자는 장이 시작되는 9시에 회사에서 회의나 업무 때문에 MTS로 시초가를 모니터링할 수 없을 것입니다. 아침에 매매할 수 없다면 종가베팅 매매나 시간외단일가 매매 기법 등을 연구해서 투자하는 방법을 조언하고 싶습니다. 결국 자신에게 가장 적합한 투자 기법을 찾는 것이 중요합니다.

　제가 주식 강의를 하면서 봤던 사례 중에 초기 투자 원금 1,000만 원으로 MTS 매매를 통해 하루에 100만 원에서 300만 원 정도의 수익을 내는 직장인 투자자들이 있었습니다. 그 제자들이 어떤 매매 기법으로 시장에 접근하는지 살펴보니, 대부분 오후 시간에 종가 베팅 내지 시간외단일가에서 종목을 매수해서 다음 날 시초가 부근에 매도하는 기법을 많이 사용하고 있었습니다. 자신이 처해 있는 현실에 따라서 매매 기법을 최대한 연구해서 실전 매매에 적용한다면 주식의 신세계를 맛보게 될 것입니다.

본인이 가장 큰 수익률을 냈던 종목과 그 경험에 대해 말씀해주세요.

　단기에 가장 큰 수익률을 냈던 한 종목이 특별히 기억납니다. 신규 상장주인 녹십자랩셀[144510]이란 종목이 2016년 6월 23일에 첫 상장을 했습니다. 주식의 유통 물량도 많지 않았고, 당시 바이오주에 대한 기대감으로 가득 차 있던 상황이었습니다. 녹십자랩셀은 상장 첫날에 공모가 대비 100% 상승한 3만 7,000원의 시초가가 형성되었고, 곧바로 상한가인 4만 8,100원까지 30% 급등했습니다. 매매 첫날부터 공모가보다 100% 높은 가격인데도 몇백만 주의 매수가 들어오는 것을 보고, 저는 레버리지까지 조금 더한 20여억 원으로 4만 8,100원의 상한가에 4만 1,100주를 매수 주문했습니

당일매매일지	기간매매일지	**종목별 기간매매일지**	종목별 기간상세	해외주식매매일지

계좌번호 170-▮▮▮▮▮▮ 강창권 비밀번호 ***** ARS 매매일 2016-06-24 ~ 2016-06-24 ☑매매비용포함
☐종목번호 006800 미래에셋대우 [조회] [다음]

기간 매수금액	157,172,060	총매매비용	7,701,590	총 수수료	259,440	총손익금액	306,502,480
기간 매도금액	2,416,298,480			총 제세금	7,248,846	총 손익률	14.53%

No	종목명	기간 중 매수			기간 중 매도			매매비용	손익금액	수익률	수수료	제세금
		수량	평균단가	매수금액	수량	평균단가	매도금액					
1	삼화전기	0	0	0	2,500	5,100	12,750,520	40,753	197,417	1.57	1,270	38,240
2	디에스티	40,000	447	17,900,000	0	0	0	0	0	0.00	2,680	0
3	엘컴텍	17,000	2,512	42,712,060	17,000	2,703	45,955,000	146,726	3,096,214	7.22	8,860	137,865
4	에스티큐브	3,000	8,643	25,930,000	4,000	9,011	36,044,360	115,303	1,589,057	4.61	6,610	108,129
5	지엔코	3,000	2,710	8,130,000	3,000	2,795	8,385,000	27,615	227,385	2.79	2,460	25,155
6	메디프론	0	0	0	2,000	7,000	14,000,000	44,819	-244,819	-1.72	1,400	42,000
7	녹십자랩셀	1,000	62,500	62,500,000	41,100	55,940	2,299,163,600	7,326,374	301,637,226	15.10	236,160	6,897,457

그림 1. 하루 3억 원의 최고 수익을 낸 녹십자랩셀

다. 이날 하루 거래량이 18만 주가량 되었는데, 저 나름의 빠른 주문이 성공해서 4만 주 정도를 매수할 수 있었습니다. 그다음 날 시초가는 +16% 정도로 출발했고, 시초가 부근부터 분할 매도하여 3억 정도의 수익을 냈습니다.

제가 주식투자를 하면서 하루 만에 최고로 많은 수익을 낸 금액이었습니다. 대부분의 일반 투자자는 '이렇게 하루 만에 큰 수익을 낸다면 도대체 어떤 기분일까'라며 궁금할 것입니다. 사실 약간 홍분되기도 하고 무언가를 성취했다는 감동이 있었습니다. 하지만 그렇다고 하늘을 날아갈 듯한 그런 기분은 아니었습니다.

흔히 주식시장을 전쟁에 비유하여 치열한 전투의 장으로 설명합니다. 저는 이러한 시장에서 21년이란 세월을 울고 웃으면서 수많은 실전투자대회에도 참가해보고 산전수전을 겪으며 많은 매매를 해왔습니다. 하루에도 주식 거래로 몇천만 원의 수익을 낼 때도 있지만, 반대로 잃기도 합니다. 우스갯소리로 '터졌다'라고 표현하는 손실을 보기도 하는 것입니다. 이러한 과정 속에서 많은 내성이 생기게 됩니다. 그래서 이런 매매를 할 때의 감흥은 생각하는 만큼 크지 않습니다.

— 강창권

주식시장에서 하루하루의 성적에 따라서 일희일비—喜—悲해서는 절대 이 시장에서 롱런하기 어렵다고 봅니다. 어느 날 큰 수익이 났고, 반대로 큰 손실이 났더라도 본인 스스로가 감정을 그때그때 감당해야 합니다. 크게 수익이 나는 날에는 속으로 한 번쯤 기분 좋은 표현을 하고, 크게 손실이 나는 날에는 술을 마시며 지인들에게 하소연할 필요도 없습니다. 남들이 여러분의 손실을 보상해줄 것도 아니기 때문에 '내가 많이 아프다'라는 것을 겉으로 표현을 하기보다 항상 자신의 내면에서 삭히며 해결하는 능력을 길러야 진정한 고수의 반열로 올라갈 수 있습니다.

시황 매매도 주력 기법이라고 하셨는데, 시황 매매를 시작하기 위해서는 어떤 준비가 필요할까요? 기억에 남는 시황 매매 사례가 있으신가요?

대부분 시황 매매를 처음 따라 하면 무조건 100% 손실을 보게 됩니다. 스캘핑 매매를 하는 투자자들 중 시황 매매를 하는 사람들도 많을 것입니다. 하지만 시황 매매를 처음 할 때 매번 손실을 보는 가장 큰 이유는 HTS에 기사가 올라오기 전 그 재료를 담은 정보 소식지, 일명 찌라시가 각종 메신저를 통해 이미 모든 증권가에 확산되고, 그것을 이용한 선취매 세력들의 사전 매집이 있기 때문입니다. 처음에는 엄청나게 손실을 보거나 수익을 내면서 많은 경험을 통해 조금씩 성장해나가는 매매 기법입니다. 따라서 시황 매매를 처음 경험하는 투자자라면 소액으로 부단히 많은 연습을 해야 합니다. 그리고 그런 경험이 계속 쌓일수록 조금씩 투자 금액을 늘려가는 것이 좋습니다.

이 사례로 국일제지가 기억에 남습니다. 저는 종합시황창을 보면서 좋은 기사 내용이 나오는 종목을 공략하는 시황 매매를 주특기로 하는 편입니다. 오랜 세월 시황 매매를 하다 보니 뉴스의 내용을 읽지 않고 제목만 보면서 곧바로 매수 버튼을 누르고, 현재가창을 보면서 1초 정도의 시간에 매수세가 '강하다, 약하다' 또는 선취매가 '있다, 없다'를 순식간에 판단합니다. 만일 '아니다' 싶으면 3초 이내에 과감하게 손절매를 해야 합니다.

2019년 8월, 당시 그래핀Graphene 관련 종목들이 시장에서 뜨거운 반응을 보였습니다. 그리고 종합시황창에서 국일제지의 자회사가 '그래핀 제조기술 미국특허 등록 승인'이란 제목으로 기사가 나온 것을 확인했습니다. 기사의 제목만 보고 곧장 20만 주 정도의 물량을 5번에 걸쳐 분할 매수했습니다. 당시에는 그래핀이란 단어만 나와도 주식시장에서 뜨겁게 반응하던 시기였습니다. 기사 제목만 보고 순간 현재가창에서의 체결 강도나 느낌으로 매수 주문을 해야 했습니다. 그리고 단 2분 만에 4% 정도의 수익을 얻었습니다. 그 짧은 순간에 약 5,000만 원가량의 수익을 내고 매도했습니다. 워낙 짧은 시간에 얻은 큰 수익이라 더욱 기억에 남습니다. 당시 그래핀이라고 하면 시장

당일매매일지	기간별매매일지	기간종목별매매일지	기간종목별상세	월별손익현황	전일대비평가손익	일자별평가손익

| 170- | ∨ 강창권 | **** | 기준일 2019/08/05 | ☑ 매매비용포함 | □ 매수에 대한 매도 | 기간별 | 종목별 | 합 | 도움말 | 조회 |

금일 매수금액	1,517,859,705	출금가능금액	241,793,150	예수금	241,793,150	총 매매비용	5,047,155
금일 매도금액	1,871,852,414	D+1 정산금액	132,932,127	D+1 추정예수금	374,725,277	총 손익금액	47,033,113
금일 정산금액	348,945,554	D+2 정산금액	-198,255,120	D+2 추정예수금	176,470,157	총 수익률	2.58

종목명	잔고수량	잔고평균단가	금일매수 수량	금일매수 평균단가	금일매수 매수금액	금일매도 수량	금일매도 평균단가	금일매도 매도금액	매매비용	손익금액	수익률
일지테크	0	0	7,000	4,968	34,780,000	7,000	4,952	34,667,120	93,595	-206,475	-0.59
마니커	0	0	0	0	0	20,000	828	16,578,279	44,760	-227,969	-1.36
에이치엘비	0	0	1,128	28,707	32,382,100	1,128	28,275	31,894,200	86,140	-574,040	-1.77
체시스	0	0	0	0	0	2,000	1,600	3,200,000	8,639	-89,079	-2.71
셀컴텍	0	0	21,265	1,588	33,783,400	21,265	1,569	33,368,400	90,114	-505,114	-1.49
이글벳	0	0	0	0	0	2,676	5,420	14,503,920	39,155	-106,047	-0.73
유니온머티리얼	0	0	9,000	2,946	26,520,000	9,000	2,935	26,419,360	71,337	-171,977	-0.65
제일바이오	0	0	0	0	0	827	3,820	3,159,640	8,517	-12,152	-0.38
홈캐스트	0	0	0	0	0	906	4,915	4,452,990	12,029	-171,054	-3.69
에이치엘비생명과학	0	0	7,116	7,206	51,282,640	7,116	7,160	50,951,120	137,580	-469,100	-0.91
국일제지	20,000	5,180	200,180	5,626	1,126,322,350	220,180	5,835	1,284,790,020	3,462,759	49,844,914	4.04
쌍방울	20,000	1,345	50,000	1,327	66,350,000	30,000	1,385	41,550,000	112,002	1,987,998	5.03

그림 2. 국일제지 매매 일지

— 강창권

에서 스캘핑 매매를 하는 투자자들이 강력 매수하던 시기여서 매수세가 아주 좋았던 것으로 기억합니다.

Q 시황창에는 수많은 뉴스가 스쳐 지나가는데, 어떤 종목을 캐치해서 매매해야 할까요?

시황 매매의 핵심은 신호포착설정에서의 '키워드'입니다. 제가 주로 사용하는 미래에셋대우증권을 예를 들어보면 카이로스 HTS에서 설정→통합환경설정→체결/보안/공유설정→신호포착설정→뉴스알람 설정에서 매수 조건/매도 조건을 전부 삭제합니다. 그리고 종합시황창에서 본인이 중요하다고 생각하는 키워드를 넣습니다. 당일 거래량이 급증하면서 이슈가 되는 종목들 중 +3% 이상 상승하면 특징주란 단어로 기사가 나오게 됩니다. 예를 들어 서울경제에서는 [SEN]이란 단어로 기사가 표출됩니다. 따라서 종합시황창 검색 키워드를 특징주, SEN, 세계 최초, 항암, 임상 성공, 코로나19, FDA, 수소차 등 이렇게 설정해두고, 이 키워드가 종합시황창에 나오면 매매 신호 소리가 울리도록 설정해둡니다. 이 소리가 나면 바로 시황창에서 특징주 또는 뉴스 제목만 보고 곧장 매수 클릭을 해야 합니다. 그러나 초보자들은 절대로 어설프게 따라 하면 안 되는 매매입니다.

그렇다면 스캘핑을 위해 종목 선정을 하는 본인만의 기준은 무엇인가요?

스캘핑을 하는 투자자들은 전일 주식시장 장 마감 이후부터 당일 아침까지 밤새 주식 시세에 영향을 줄 수 있는 뉴스를 찾아서 관련 종목의 공략을 준비해야 합니다.

저는 좋은 뉴스가 나온 종목들 중 10% 이상 시초가 갭 상승으로 출발하는 종목은 스캘핑 대상에서 제외하는 편입니다. 좋은 뉴스가 나온 종목들은 대부분 시장에서 스캘퍼들이 인지하고, 시초가에 많은 매수세가 물리게 됩니다. 때문에 갭 상승을 크게 하고 나면 절대 수익을 낼 수 있는 구간이 나오지 않게 됩니다.

시초가가 높게 형성되면 전날 매수했던 투자자들은 이익 실현을 하고 싶은 욕구가 생기게 될 것입니다. 그리고 대부분 시초가가 10% 이상 출발하는 종목은 정적VI(정적 변동성완화장치, 종목별 가격이 전일 종가 기준 10% 이상 변동 시 2분간 단일가 매매로 전환됨.)가 발동되어 9시 2분 30초 부근에서 시초가가 형성될 것입니다. 1분봉 차트에서 시초가 시작 이후 음봉 캔들이 연속 3개 정도 나타나는 종목들 중 9시 20분에 20분 이동평균선이 수렴할 때쯤 20분 이동평균선 부근에서 캔들이 지지된다고 판단되면 그때 공략하는 것이 좋습니다.

— 강창권

시초가 매매가 결코 쉽지 않은 듯한데, 일반 투자자들이 주의할 점은 무엇일까요?

여러분도 많이 경험해봤겠지만 시초가가 높게 상승해서 출발하는 종목은 수익이 날 확률보다 손실을 볼 확률이 훨씬 크다는 것입니다. 초보자들은 매일 시초가에 사서 물리면서도 똑같은 행동을 반복하고 있는 것으로 보입니다. 시초가 매매에서 가장 중요한 것은 10% 이상 갭 상승 출발하는 종목보다는 2~5% 정도 갭 상승 출발해서 거래량이 많아지면서 밀어 올리는 종목 위주로 선정해야 수익이 날 구간이 생긴다는 것입니다. 10% 이상 큰 갭 상승으로 출발했는데, 시초가에 매수해 많은 손실을 보게 되었다면 지금 당장 투자 패턴을 바꾸는 것이 좋습니다.

전문 트레이더들이 상승률 상위 리스트를 보고 매매하는 특별한 이유가 있나요? 혹은 스캘핑에 적합한 종목들이 그곳에 있다면, 어떤 특성 때문인가요?

장이 시작되고 나면 대부분의 트레이더는 상승률 상위를 보고 매매하게 됩니다. 그런데 초보자들은 너무 크게 오른 종목보다는 전일 대비 거래량이 터지는 종목 위주로 매매하는 것이 좋습니다. 거래량이 많이 터진다는 것은 시장에서 그만큼 인기가 있는 시장 주도주라는 의미이기 때문입니다. 특히 직장을 다니면서 MTS로 매매하는 투자자들은 9시 3분 이내에 전날 동시간대 대비 300% 이상 거래가 급증하는 종목과 양봉의 캔들로 주가가 상승하는 종목을 빨리 캐치해서 공략해야 수익을 낼 수 있습니다.

키움증권 MTS로 예를 들어 살펴보면, 키움분석 화면에서 〈실시간조회순위〉라는 화면이 나오는데, 당일 시장에서 가장 이슈가 되는 종목이 실시간 조회순위에 올라오기 때문에 여기에 나오는 종목들을 눌림목 구간에서 매수해 매매해야 수익을 낼 확률이 높아집니다.

그림 3. 갤럭시폴드에서 키움증권 MTS 화면

실제로 트레이딩을 실행하기 전 해당 종목을 매매하기로 결심하는 일련의 과정이 있다면 무엇인지요?

장이 시작되기 전 간밤에 나온 뉴스들을 꼼꼼히 살펴봅니다.

— 강창권

'이 정도 뉴스로 시장에서 어느 정도의 파급력으로 주가가 반응할까?'를 고민해보고 9시가 되기 전 예상체결가를 봅니다. 시초가가 너무 높게 형성되면 매매하지 않습니다. 반복해서 말하지만 아무리 좋은 재료라 할지라도 시초가가 10% 이상 또는 20% 이상 갭 상승 출발하게 되면 크게 수익 구간이 나오지 않기 때문에 이런 종목들은 제외합니다.

저는 철저하게 차트를 분석해서 매매합니다. 따라서 분봉 차트에서 거래량과 주가의 조정 기간, 일정한 기간의 파동을 거치면서 수급이 몰리는 종목 중 일봉 차트가 양호한 종목 위주로 스캘핑을 하는 편입니다. 주로 코스닥 테마주 위주로 스캘핑 매매를 하는데, 1분봉 차트를 보면서 매매하고 있습니다. 당일 시장에서 좋은 뉴스로 거래량이 증가하는 종목 위주로 매매하며 분차트와 호가창을 보면서 진입할 매수/매도 타점을 찾습니다.

일반인들은 코스닥 테마주를 많이 매매합니다. 하지만 테마주의 특성상 장중 급등락이 심하고, 단기간에 주가가 50% 이상 상승한 섹터의 테마주는 단기 고점에 임박했다는 것을 꼭 기억해야 합니다. 그리고 무릎에서 매수해서 어깨에서 매도한다는 마음으로 적당히 수익도 챙길 줄 알아야 합니다. 때문에 장 시작을 모니터링할 수 없는 직장인들에게는 정말 권하고 싶지 않은 것이 테마주 매매입니다. HTS로 스캘핑 매매를 하는 투자자라면 1분봉 차트를, 어쩔 수 없이 일을 하면서 직장에서 MTS로 매매하는 투자자라면 3분봉 차트를 보면서 매매하기를 권합니다.

종목을 발굴하기 위한 본인만의 전략이나 포인트가 있나요?

전업 트레이더의 경우에는 종합시황창에 나오는 뉴스를 보고 종목을 찾는 연습을 하라고 권하고 싶습니다. 저는 21년 동안 주식투자를 하면서 시황 매매를 주로 했기 때문에 모든 종목을 시황창에 나온 뉴스를 보고 발굴한다고 봐도 무방합니다. 물론 초보자들이 하루에도 수백 개의 기사가 지나가는 종합시황창을 처음부터 집중해서 본다는 것은 엄청나게 피곤하고 힘든 일일 것입니다. 하지만 방법을 찾아야 합니다.

앞에서도 말했지만, 자신이 원하는 키워드를 넣어서 알람 소리를 설정해 두면 계속 집중하지 않아도 쉽게 원하는 뉴스를 캐치할 수 있습니다. 기능을 잘 활용하는 것도 실력입니다.

MTS로 매매하는 직장인 투자자들은 이런 시황 매매 자체가 불가능하지만, 시장에서 현재 거래량이 터지면서 상승하는 종목이 왜 움직임이 있는지 정도는 종목 뉴스창을 통해서 빨리 파악하면서 대응하는 것이 좋습니다. 직장인 투자자들은 시황 매매나 테마주 매매는 가급적 자제하는 것이 좋습니다. 최근 2주 이내에 거래량이 터지면서 상한가에 한 번 진입한 종목 중 2주 정도 조정한 종목을 위주로 이동평균선 눌림목에서 매수하되, 반등이 나올 때 방망이를 짧게 잡고 수익을 낼 수 있는 매매를 하는 것이 좋습니다.

SNS에서 다른 사람들이 큰 수익을 내면 나도 그런 기법을 따라 하고 싶어집니다. 그런데 막상 따라 하면 큰 손실을 보게 됩니다. 그러므로 본인이 각자의 일상에서 매매할 수 있는 시간에, 자신에게 가장 적합한 기법을 찾아 자신 있는 매매를 하는 것이 성공할 확률이 가장 높습니다. 굳이 다른 사람들의 매매 기법을 모방할 필요도 없고, 내가 가장 자신 있고 가장 잘할 수 있

— 강창권

는 매매 기법으로 실전에 임하기를 바랍니다.

실전에서 매수하기 전에 반드시 체크하는 점은 무엇인가요?

코스닥 테마주 같은 경우 주가에 영향을 줄 만한 뉴스가 인터넷 매체에 나오게 되면 1차적으로 좋은 재료를 빨리 검색한 사람이 매수를 하고, 그다음은 찌라시를 돌리는 일명 메돌이(메신저를 돌리는 사람)에게 전달되어 그들이 2차적으로 주식을 매수합니다. 그 이후 일반인들에게 뉴스의 찌라시가 뿌려지게 되는 구조입니다. 증권가 찌라시를 돌리는 메돌이들은 적게는 몇백 명에서 많게는 만 명 가까운 회원들에게 메신저를 돌립니다. 그러므로 메신저를 통해 찌라시가 돌려지는 순간, 주가는 들썩이게 됩니다. 그중에서 기자들이 좋은 내용의 뉴스에 특징주라는 헤드라인을 달고 기사를 쓰게 되면서 증권사 HTS로 나오게 됩니다.

특징주 기사가 나오면 전국의 수많은 스캘퍼가 기사의 제목과 내용을 보고 매매를 하게 되고, 거래량이 급증하는 이런 종목들이 주식시장에서는 당일 이슈가 되는 시장 주도주가 되는 구조라고 볼 수 있습니다. 기사가 나오기 전 찌라시가 돌면 주가는 어느 정도 상승하게 되고, 그 이후 마침내 특징주 기사가 나오게 되면 수급이 좋은 오전 9시에서 10시 사이에는 강한 매수세를 유발하기도 합니다.

이때 종합시황창에서 아무리 좋은 기사가 나온다고 하더라도 일단 선취매 세력이 있는지 살펴봐야 합니다. 분봉 차트를 보고 5분 내에 +3% 이상 주가가 미리 올랐다고 하면 누군가 기사 내용을 알고 선취매했다고 추측해볼 수 있습니다. 그러므로 좋은 내용의 뉴스가 나온다 하더라도 주가가 미리 상승해 있다면 미리 매수한 세력들의 총알받이가 되기 쉽습니다. 즉 어느 정도 시세가 올랐다고 판단되는 경우에는 공략 종목에서 제외하는 것이 좋습니다.

트레이딩할 때 본인만의 특별한 루틴이 있나요?

새벽 5시 30분에 일어나 미국 다우지수와 나스닥지수 차트, 크루드 오일Crude Oil 차트를 체크하면서 하루 일과를 시작합니다. 그리고 아침 7시쯤에 컴퓨터 앞에 앉아서 오늘 종목을 움직일 수 있는 기사들을 검색해봅니다. 미래에셋대우증권 계좌로는 8시 20분에 전일 시간외단일가에서 상승한 종목 위주로 장전시간외 주문을 넣고, 키움증권 계좌로는 8시 29분 57초에 장전시간의 매수 주문을 넣습니다. 장이 시작되고 9시부터 10시까지는 초집중 상태로 매매에 임하고, 이후 주가의 변동폭이 크지 않는 오전 11시부터 오후 1시 사이에는 점심도 먹고 차도 한 잔 마시면서 긴장을 풉니다.

주식투자를 한두 해만 할 것은 아니기 때문에 하루 종일 모니터 앞에서 호가창만 보다 보면 체력이 많이 소진됩니다. 좀 더 벌려는 욕심과 탐욕 때문에 오랫동안 모니터를 본다고 절대로 많은 수익을 거둘 수 있는 것도 아닙니다. 되레 잦은 매매를 하다 보면 벌었던 수익을 다 잃게 됩니다. 저는 2000년대 초 30대 후반의 나이에 젊은 혈기로 피나는 노력을 했습니다. 조건검색식

─ 강창권

이 없었던 그 시절에는 무모한 도전처럼 보였겠지만 하루에 차트를 1,000개씩 돌려보기도 했습니다. 지금은 조건검색식을 활용할 수 있기 때문에 자신만의 특화된 종목을 찾는 노하우와 매매 타점 등을 찾아서 확실한 시간에만 매매해야 합니다.

오후에는 2시 30분에서 3시 30분까지가 주가가 가장 활발하게 움직이는 시간입니다. 이때부터 세력들은 종가 베팅 종목을 골라서 저점에 매집해서 3시 이후 주가를 조금씩 우상향으로 들어 올리게 됩니다. 이 중 일봉 차트가 좋고 재료가 있는 종목의 경우 장후시간외 호가에서 매수세가 몰리게 되면서 시간외단일가 매매에서 상승하게 됩니다. 2005년부터 시작된 시간외단일가 매매는 오후 3시 30분 정규시장을 마감하고 4시 10분부터 10분 단위로 오후 6시까지 총 12회의 매매가 이루어지며 상하한가 폭은 ±10%입니다. 시간외단일가에서도 거래량이 증가하면서 크게 상승하는 종목도 있고, 수급과 재료에 의해 +10% 상한가에 진입하는 종목들도 있습니다.

여기서 한 가지 팁을 말씀드리겠습니다. 대부분 그런 것은 아니지만 개인적인 경험으로 시간외단일가 매매에서 상승하는 종목의 주가 조정 시간대는 오후 4시 50분에서 5시 10분으로, 평균적으로 이때 상승 종목을 가장 저점에서 매수할 수 있습니다. 시간외단일가에서 상한가로 마감하게 되면 대부분 다음 날 +10~20% 정도 갭 상승으로 출발하게 될 확률이 큽니다. 따라서 시간외단일가 매매 시 분명한 '재료'가 있어 상한가에 진입하는 종목을 매수해 다음 날 시초가 부근에 매도하면 수익을 얻을 확률이 있습니다. 그래서 시간외단일가 매매를 하는 투자자들이 점차 늘어나고 있는 추세입니다.

꼬리가 몸통을 흔든다는 말이 있듯이 시간외단일가에서 상승하게 되면 다음 날 장전시간외(아침 8시 30분~8시 40분) 호가에서 매수가 들어오게 되고,

반대로 시간외단일가에서 주가가 하락하면 다음 날 장전시간외 매매에서 매도세가 나오게 되어 시초가가 하락 출발하게 되는 경향이 있습니다. 여기서 포인트는 주식 투자자라면 적어도 내 종목이 시간외단일가 가격이 어떻게 되었는지 확인한 후에 다음 날을 대비하는 것이 현명하다. 시초가 매매를 하지 못하는 직장인 투자자라면 종가 베팅 또는 시간외단일가 매매를 연구해서 수익을 낼 수 있는 나만의 기법을 만드는 것이 좋습니다.

시간외단일가 매매에 대해 좀 더 구체적으로 실전투자 사례를 설명해주세요.

2020년 3월 25일 오후 5시 부근에 〈매일경제신문〉에서 이뮨메드에 대한 기사가 나왔습니다. 기사 제목은 '코로나 치료 청신호, '중증 환자 5명 효과 봤다'였습니다. 이런 기사가 인터넷 매체에서 나오면 투자자들은 검색을 통해 뉴스를 접하게 되고, 이 호재성 기사를 본 투자자들이 시간외단일가에서 매수하면서 주가는 상승하게 됩니다. 이 기사로 시간외단일가에서 이뮨메드 관련주인 SV인베스트먼트[289080]와 마크로젠[038290]이 상한가로 진입하게 되었습니다.

필자도 이날 두 종목을 시간외단일가 상한가에 매수하여 다음 날 시초가 부근에 매도했습니다. 마크로젠은 16.66%의 수익률을 냈지만, SV인베스트먼트의 경우 당일 한 번 매도했다가 다시 몇 번 매매하여 5.95% 수익률로 표기가 되었는데 이 종목은 다음 날 시초가가 상한가로 출발했습니다. 이들 종목에서 보듯 시간외단일가에서 좋은 재료가 있어 상한가에 진입한 종목들은 대부분 다음 날 시초가가 전날 시간외단일가의 상한가보다 추가로 상승해서 출발합니다. 때문에 시간외단일가에서 상한가에 진입하는 종목은 소액이라도 매수해서 꾸준히 연습해야 합니다.

주식투자를 하려면 열정과 노력은 기본이고, 매매를 할 때 자신만의 확실한 매매 루틴을 만들어야 합니다. 직장을 다니면서 오전에는 바빠서 시간이 없고, 오후에만 어느 정도 짬을 낼 수 있다면 시간외단일가 매매 기법이 실전적으로 유용한 투자 기법이 될 수 있을 것입니다. 사실 시간외단일가 매매에 대한 내용은 어떤 책에도 없고, 강의를 하는 사람도 없습니다. 정규시장 시간 이후에 이루어지는 시간외단일가 매매는 오랜 세월 많은 투자 경험이 있는 투자자라면 잘할 수 있을 것입니다. 초보 투자자라면 시간대별 거래량을 체크해보면 최소 거래량으로 체결되는 타임이 최적의 매수 포인트임을 알 수 있을 것입니다.

종목명	잔고수량	잔고평균단가	금일매수 수량	금일매수 평균단가	금일매수 매수금액	금일매도 수량	금일매도 평균단가	금일매도 매도금액	매매비용	손익금액	수익률
마크로젠	0	0	0	0	0	4,000	39,175	156,700,000	420,802	22,379,198	16.66
나노엔텍	0	0	0	0	0	1,000	4,570	4,570,000	12,355	-262,355	-5.43
큐로컴	0	0	30,566	1,960	59,909,360	30,566	1,897	58,000,910	156,783	-2,065,233	-3.44
SK바이오랜드	0	0	2,000	21,400	42,800,000	2,000	21,400	42,800,000	115,560	-115,560	-0.27
YBM넷	0	0	14,483	6,483	93,894,720	14,483	6,539	94,717,050	255,642	566,689	0.60
미래에셋벤처투자	0	0	14,644	2,130	31,203,870	14,644	2,108	30,880,930	83,397	-406,339	-1.30
메가엠디	0	0	14,879	3,480	51,786,945	14,879	3,496	52,029,525	140,443	102,137	0.20
프로스테믹스	7,000	4,477	38,000	4,412	167,672,405	31,000	4,365	135,339,170	365,547	-1,358,227	-0.99
휴마시스	0	0	92,404	2,624	242,504,675	122,404	2,528	309,507,130	835,252	2,992,205	0.98
신라젠	0	0	2,822	10,800	30,477,600	2,822	10,900	30,759,800	82,999	199,201	0.65
코디엠	0	0	81,585	342	27,902,070	81,585	344	28,145,807	75,960	167,777	0.60
EDGC	0	0	0	0	0	11,561	9,968	115,244,390	309,627	14,932,113	14.89

그림 4. 시간외 단일가 상한가 매수, 마크로젠 익일 수익률

종목명	잔고수량	잔고평균단가	금일매수 수량	평균단가	매수금액	금일매도 수량	평균단가	매도금액	매매비용	손익금액	수익률
큐로컵	0	0	30,566	1,960	59,909,360	30,566	1,897	58,000,910	156,783	-2,065,233	-3.44
SK바이오랜드	0	0	2,000	21,400	42,800,000	2,000	21,400	42,800,000	115,560	-115,560	-0.27
YBM넷	0	0	14,483	6,483	93,894,720	14,483	6,539	94,717,050	255,642	566,689	0.60
미래에셋벤처투자	0	0	14,644	2,130	31,203,870	14,644	2,108	30,880,930	83,397	-406,339	-1.30
메가엠디	0	0	14,879	3,480	51,786,945	14,879	3,496	52,029,525	140,443	102,137	0.20
프로스테믹스	7,000	4,477	38,000	4,412	167,672,405	31,000	4,365	135,339,170	365,547	-1,358,227	-0.99
휴마시스	0	0	92,404	2,624	242,504,675	122,404	2,528	309,507,130	835,252	2,992,205	0.98
신라젠	0	0	2,822	10,800	30,477,600	2,822	10,900	30,759,800	82,999	199,201	0.65
코디엠	0	0	81,585	342	27,902,070	81,585	344	28,145,807	75,960	167,777	0.60
EDGC	0	0	0	0	0	11,561	9,968	115,244,390	309,627	14,932,113	14.89
아이스크림에듀	0	0	161	8,790	1,415,190	161	8,900	1,432,900	3,862	13,848	0.98
SV인베스트먼트	0	0	39,831	3,515	140,005,965	69,831	3,470	242,362,725	652,869	13,603,891	5.95

그림 5. 시간외 단일가 상한가 매수, SV인베스트먼트 익일 수익률

손절매의 기준은 무엇인가요? 그리고 어떤 경우에 손절매 하셨나요?

어떤 매매를 하느냐에 따라서 손절매의 기준이 정해진다고 생각합니다. 스캘퍼라면 최소 1~3% 이내에서 과감하게 손절매할 수 있어야 합니다. 스윙 트레이더라면 하면 종목을 매수한 후, 예를 들어 손실 기준을 15% 정도로 정했다면 자신이 정해둔 손절 라인이 깨지면 과감하게 자를 수 있어야 합니다. 하지만 대부분 투자자는 손실이 나면 그대로 방치합니다. 매수해서 손실이 난다는 말은 매수 포인트가 잘못된 것이라고 볼 수 있습니다. 그런데 이 경우 대부분 추격 매수를 해서 고점에서 덜컥 매수하는 경우가 많습니다. 손절매를 하지 않기 위해서는 거래량이 없으면서 횡보할 때 최대한 저점에서 주식을 매수해야 합니다.

제가 주식 강의를 하면서 설문조사를 해보면 대부분의 투자자가 가진 가장 큰 문제점은 손절매를 하지 못한다는 것입니다. 자신의 성격이 우유부

단해서 정말 손절매를 하지 못하겠다고 생각하는 투자자라면 자신의 의지를 따르지 말고 시스템의 힘을 빌려 보라고 말하고 싶습니다. 모든 증권사의 HTS와 MTS에는 특정한 가격 또는 가격대에서의 수익과 손실을 매매 조건으로 미리 설정할 수 있는 '스톱로스와 트레일링 스톱' 기능이 탑재되어 있습니다. 이런 기능을 활용해서 주식을 매수한 후 몇 % 정도의 수익이 나면 매도하고, 몇 %의 손실이 나면 매도하라고 가격을 지정해두면 여러분이 회사에서 일하는 동안에도 시스템이 미리 설정한 조건 값에 따라 수익을 지키고 손실을 피하는 매매를 자동적으로 처리합니다. 그러므로 반드시 이런 기능을 미리 공부해서 실전에 활용해보길 바랍니다.

시황 매매를 하면서 부조리한 상황을 경험한 적이 있으신가요?

시황 매매를 하다 보면 가끔 좋은 기사들에 현혹되는 종목들이 있기 마련입니다. 이 재료는 상한가를 갈 수 있다는 느낌으로 접근한다면 자신도 모르는 새 매도 수급을 모두 받아버리는 경우가 있습니다. 시황 매매를 하면서 매번 느끼는 것이지만 세상에는 공평한 게임은 없다고 생각합니다. 어느 기자의 기사가 종합시황창 화면에 나오기 전에 선취매한 물량들이 있는 경우가 있습니다.

매일 시황 매매를 하다 보니 기자 이름만 봐도 이 기자의 기사가 나오기 전에 관련 종목의 선취매가 있다 없다를 판가름할 정도로 분 차트와 수급에서 정확하게 느낄 수 있습니다. 종합시황창에 '특징주'가 나왔는데 주가가 곧장 상승하지 못한다면 선취매 세력들은 바로 매도 포지션으로 바꾸게 됩니다. 따라서 아무리 좋은 기사의 내용이라 해도 선취매 세력의 매도세가 어느 정도인지 현재가창을 통해 파악할 수 있어야 합니다.

대부분이 그렇다고 일반화할 수는 없지만, 누군가는 기사가 나오기 전에 먼저 선취매를 한다고 합리적으로 생각해봐야 합니다. 그리고 기사가 표출되는 순간 수급의 의해 주가가 바로 상승하지 못하면 그들은 자신들이 갖고 있는 물량을 쏟아내기 때문에 빠른 손절매로 대응하지 못하면 크게 손실을 볼 수밖에 없습니다. 선량한 개미는 좋은 기사의 제목만 보고 무조건 시장가로 매수 주문을 하는데, 기사가 종합시황창에 나오고 곧바로 주가가 상승하지 못하면 대부분 폭포수처럼 하락하게 되는 원인이 됩니다. 이런 이유 때문에 처음 시황 매매를 하는 투자자는 거의 매일 손실을 보게 되는 것입니다.

저는 이제 어떤 기자의 이름만 봐도 이 기사는 미리 새나갔구나 하는 것을 분봉 차트로 금방 파악할 수 있습니다. 선취매 세력에게 이기기 위해서는 차트를 보는 안목을 길러야 하고, 시황 매매를 잘하기 위해서는 특징주의 제목과 내용을 빨리 읽어보고 주가에 어느 정도 영향을 미칠지를 빠르게 판단하는 능력이 필요합니다. 하지만 초보자의 경우 그런 능력을 갖추기란 쉽지 않습니다. 시황 매매를 하다가 매번 손실도 보게 되겠지만 시간이 지나면 그 이후 아픈만큼 성숙한다는 말처럼 조금씩 좋아질 것이라고 생각합니다.

시황 매매를 하는 저 역시 특정한 기자의 기사가 나왔을 때 매수해서 매번 손실을 보게 된 경우가 있었습니다. 시황 매매의 특성상 기사의 제목만 보고 매수를 클릭해야 하기 때문에 기자의 이름과 기사의 내용을 읽어볼 시간적인 여유가 별로 없습니다. 시황 매매는 1초도 안 되는 순간 빠른 판단이 필요한 매매이며, 그 짧은 찰나의 순간에 분 차트를 보면서 선취매 여부를 판단해야 합니다. 따라서 비정상적인 매집이 있는지 확인할 수 있는 눈과 감각을 키우는 것이 시황 매매를 통해 성공하는 방법이라고 생각합니다. 향후 감독 기관의 보다 엄격한 관리 감독도 함께 병행되어 공정한 게임이 되도록 만드는 것도 중요하다고 생각합니다.

종합시황창에 나오는 기사의 내용을 보면서 매매하는 시황 매매는 장 시작 후 9시 30분 이내에 표출되는 기사 중 당일 시장 상황에 부합하면서 이슈가 되는 기사가 나옵니다. 그러면 시장에서 파급력 있는 수급이 들어오게 됩니다. 이 시간대가 지나고 오전 10시가 넘어가게 되면 수급도 조금씩 시들해지는 시간대이므로 시황 매매를 하더라도 아침 9시부터 9시 30분 이내에 승부를 봐야 합니다.

시황 매매는 코로나19 테마처럼 강력한 테마가 초기에 형성될 때 주식시장에서 가장 트레이딩을 잘할 수 있는 시기입니다. 반면 좋지 않은 시장일 경우 시황창에 좋은 기사가 나오더라도 잠깐 주가가 상승하다 바로 급락하는 경우도 다반사입니다. 또한 주가가 어느 정도 상승한 상태에서 시황에 나오는 기사의 내용만을 보고 무조건 종목을 매수하면 백전백패입니다. 특징주 같은 기사들은 주가가 상승한 상태에서 나오기 때문에 초보자들은 추격 매수에 항상 조심해야 합니다. 시황 매매에 관심이 있다면 최소 6개월에서 1년 동안 소액으로 부단한 연습을 하고, 그 이후 조금씩 매매해야 합니다. 한 가지 팁이 있다면 종합시황창에 기사가 나오고 난 이후 선취매 세력들이 매도하면서 주가가 한 번 밀렸다가 재차 상승할 때 관심을 가져보는 것이 좋습니다.

손절매 후 어떤 마음으로 다시 트레이딩에 임하셨나요?

일반적인 투자자들은 손실이 난 후 만회하려는 마음에 다음 날은 매우 급해지기 마련입니다. 이런 조급함으로 이성을 잃게 되면 주가가 오르는 종목은 모두 좋아 보이게 됩니다. 평정심이 있을 때는 약간의 상승에는 매수하지 않는 습관이 있는데, 손실을 보고 난 후에는 상승하는 주식이 모두 좋아 보이는 상황을 정말 조심해야 합니다. 큰 손실을 보고 난 이후 더 냉정하게 시장을 바라봐야 합니다. 사실 초보 투자자들은 그런 멘탈을 유지하기 어렵습니다. 오히려 될 대로 되라는 식으로 미수도 사용하고, 결국 자포자기의 마음을 가지게 됩니다. 큰 손실이 나면 초보 투자자들은 많이 힘들겠지만 당일은 매매를 하지 않는 것 또한 좋은 투자 방법입니다. 손실을 만회하기 위해 무리하게 매매하다 보면, 당일 많이 상승하는 종목을 1%의 수익만 내고 나오자는 마음으로 고점에서 추격 매수하게 됩니다. 그리고 급한 마음에 매수하게 되면 그날의 꼭지에서 덜컥 매수하게 되고, 불안한 마음에 손절매를 하다 보면 계좌의 잔고는 계속 줄어들게 됩니다.

21년 전 필자도 그런 매매를 수도 없이 해봤습니다. 그리고 이런 결론을 얻었습니다. '잦은 매매는 안 된다. 그리고 오전에 수익이 나면 무조건 지켜야 한다'. 21년 동안 주식을 매매하면서 강인한 멘탈로 무장하게 된 필자는 마음을 급하게 먹지 않고 천천히 만회하려는 마음가짐으로 시장에 접근하고 있습니다. 큰 손실이 난다면 절대 하루 만에 만회하려고 맞서지 말고 한걸음 뒤로 물러나야 합니다. 아무리 발버둥 치며 폭풍 매매를 해봤자 결론은 뻔합니다. 추가적인 손실로 또 한 번 멘탈은 붕괴되고, 계좌의 손실만 늘어날 뿐입니다. 이런 경우에는 마음을 비우고 단 한 번에 손실을 회복하려고 하기보

— 강창권

다는 하루 이틀 조금씩 계좌에 빨간색 불을 늘려가다 보면 자신감도 회복되면서 멘탈도 서서히 돌아오게 됩니다.

시장에서 이런 경험을 지속하다 보면 자신의 마음을 다스릴 줄 아는 강한 멘탈을 갖게 될 것이고, 이런 멘탈이 주식시장에서 살아남을 수 있는 가장 큰 덕목이 됩니다. 이제 막 주식투자를 시작하는 분이라면 하루 이틀, 한 해 두 해만 하기 위해 투자를 시작하지는 않을 것입니다. 오래도록 성공적으로 주식투자를 하기 위해서는 주식 고수들이 스캘핑은 2~3%, 스윙은 15% 정도로 정확하게 손절매 기준을 정하고 과감하게 손절매할 줄 알아야 합니다. 그래야 새로운 기회를 잡을 수 있으며, 좋은 종목을 매수할 수 있게 됩니다.

시장의 지수 움직임에 따라 대응 방법이 다른가요? 즉 상승장과 하락장에서 각각 어떻게 대응하시나요? 시장에 대응하는 리스크 관리의 원칙이 있습니까?

주식투자에 입문하고 거의 스캘핑만 하다 보니 시장 상황이 불안정하다고 판단되면 리스크 관리를 위해서 원금의 30% 미만으로 홀딩하는 습관이 있습니다. 또한 미국 시장이 크게 상승하면 다음 날 우리 시장은 갭 상승으로 출발하는 경향이 크기 때문에 매매할 종목이 별로 없으면 수익을 낼 수 없으므로 가급적 매매를 자제합니다.

하락장이 오면 대부분의 관심 종목은 파랗게 표시되고, 자금은 상승하는 테마 쪽으로 쏠리게 됩니다. 이 경우 스캘퍼에게는 수익을 낼 수 있는 더없이 좋은 기회라고 생각합니다. 하락장에서는 사회적 이슈를 동반한다고 생각하며, 하락장에서도 강한 종목이 있는 코스닥 테마주 위주로 공략하는 편입니다.

시장이 하락 장세에 접어들면 계좌에 주식을 비우고 현금화 전략으로 넘어갑니다. 보유하고 있는 주식이 없다면 손실을 볼 이유도 없기 때문에 상승장과 하락장을 구분해서 주식 보유 여부를 결정하면 됩니다. 현재 시장이 대세 상승장인지 대세 하락장인지부터 판단하고 주식에 투자해야 합니다. 그러나 대부분의 투자자는 항상 주식을 보유해야 기대치를 달성할 수 있다고 생각하기 때문에 매일 주식을 가득 보유하려고 합니다. 하지만 하락장일 때 이렇게 주식을 가득 보유하고 있다면 매일이 손실의 연속일 수밖에 없습니다. 기술적 분석을 조금만 공부해도 현재 시장의 위치 정도는 파악할 수 있습니다. 그리고 시장의 주도주 위주로 주식에 투자하고, 시장이 좋지 않을 것이라고 생각되면 현금 비중을 늘리는 것이 좋습니다.

성공하는 트레이더가 되기 위한 3가지 조건을 꼽아주세요.

첫째, 마인드 컨트롤할 수 있는 멘탈이라고 생각합니다.

아무리 초보 투자자라 할지라도 우연한 기회에 상승장에 입문해서 큰 수익을 올릴 기회를 잡아 큰돈을 벌었다고 해도 하락장이나 테마주의 고점에서 잘못 매수하여 큰 손실이 나면 대부분 그때부터 멘탈이 완전 망가지게 됩니다. 손실이 난 후에도 무리하지 않고 다시 초심으로 돌아가 매매에 임하는 투자자는 단 1%도 되지 않을 것입니다. 손해를 빨리 만회하기 위해서 미수를 이용해 시장에 덤벼드는 순간, 계좌는 걷잡을 수 없이 나락으

— 강창권

로 떨어지게 되어 있습니다. 누구나 주린이(주식과 어린이를 합친 말로, 주식 초보를 뜻하는 신조어) 시절은 있기 마련이고, 손실이 났을 때 화를 가라앉히고 인내하면서 뇌동 매매를 하지 않는지가 성공의 가장 큰 관건이 될 수 있습니다. 자신의 유리 멘탈을 강철 멘탈로 만들 수 있느냐가 주식시장에서 성공할 수 있는 첫째 덕목이라고 생각합니다.

둘째, 오전 10시 이전에 수익이 나면 그 수익을 지켜야 합니다.

하루에 수없이 스캘핑 매매를 하는 투자자라면 장 시작 후 1시간 내에 수익이 난 금액을 무조건 지켜야 합니다. 하지만 대부분의 투자자는 이를 지키지 못할 것입니다. 그 이유는 무엇일까요? 아침 장에서 수익을 내면 더 벌고자 하는 욕심에 사로잡히게 됩니다. 그리고 자신의 의지와 상관없이 매수 주문을 클릭하고 있을 것입니다. 아침 장에서 난 수익을 지킨다면 그 수익은 며칠, 몇 달, 몇 년 후 엄청나게 큰 금액으로 계좌에 남아 있게 될 것입니다. 하지만 대부분의 투자자는 아침 장에서 수익이 나면 '그래, 오늘은 되는 날이야'라는 생각으로 더 크게 베팅하게 됩니다. 9만 5,000원을 번 투자자는 10만 원을, 95만 원의 수익을 낸 투자자는 100만 원을, 950만 원의 수익을 낸 투자자는 1,000만 원을 채우기 위해 '조금만 더'라는 욕심으로 매매를 하게 됩니다. 결과는 어떻게 될까요? 이런 마음으로 매매를 하다 보면 아침 장 수익은 조금씩 줄어들게 됩니다. 오후 3시 30분에 장이 종료한 후 과연 수익 금액을 얼마나 지켜낼 수 있을까요? 아마도 99%의 투자자가 오전 장 수익 중 적게는 20%에서 50% 이상은 시장에 되돌려주었을 것입니다. 어떤 투자자는 수익을 지키지 못하고 계좌가 마이너스가 되기도 할 것입니다.

21년 동안 주식시장에서 수많은 스캘핑 매매를 하면서 얻은 가장 큰 교훈은 바로 이것입니다. '아침 장에서 수익이 나면 욕심을 버려야 한다. 시장에 감사하며 매매를 자제하고, 무조건 수익을 지켜야 한다.' 아침 장에서 수익이 나는 날에는 전업 트레이더라면 밖으로 나가서 커피를 한 잔 마시는 여유를 즐기거나, 체력 단련을 위해 헬스장에 가는 것을 추천합니다. 또 직장인이라면 업무에 매진하면 됩니다. 굳이 매매를 하려면 오후 2시 30분 이후에 종가 베팅으로 매매해야 합니다. 아침 장에서 난 수익을 지키는 습관이 필요합니다. 몇 년의 세월이 지나면 그런 금액들이 모여 엄청나게 큰 금액이 계좌에 적립될 것입니다.

셋째, 확실한 자신의 매매 스타일과 손절매 원칙을 만들어야 합니다.

1999년 제가 처음 주식투자에 입문했을 때는 주식 책도, 유튜브 동영상도 별로 없던 시절이었습니다. 그때는 그냥 현재가창만 보고 허매수라도 누가 받치면 위로 매수하고, 매도창을 보면서 누군가 큰 물량을 최우선 호가에 매도 주문을 걸어놓으면 무조건 밑으로 매도하는 어리석은 매매를 했습니다. 2000년 초반 1,000만 원으로 하루에 20억 원의 약정을 하면서 하루에 50번 매수/매도를 한 적도 있습니다. 손실도 많이 내고, 수익도 많이 내보면서 그 모든 것이 저에게는 큰 경험으로 남게 되었고, 지금의 저를 만든 밑거름이 되었습니다.

주식투자 초창기부터 지금까지 스캘핑 매매를 위주로 하다 보니 1~3%의 수익을 목표로 하는 습관이 몸에 배어서 지금도 추세 매매를 제대로 하지 못한다는 것은 큰 단점입니다. 하지만 하락 장세가 오면 빨리 손절매하기 때문에 큰 손실을 보지 않는다는 장점도 있습니다. 이처럼 주식투자를 하려면 스스로가 정한 원칙에 입각하며 투자를 진행해야 합니다. 직장을 다니면서 스

— 강창권

윙투자를 하는 투자자라 할지라도 반드시 손절매나 익절의 원칙을 세워 매매해야 합니다. 친구 따라 강남 가는 식으로는 시장에서 지속적으로 이길 수 없습니다. 트레이딩으로 성공한 분들은 대부분 자신만의 매매 기법이나 손절매 원칙 등 확고한 투자 철학을 갖고 있습니다. 예를 들어 시초가 매매나 종가 베팅, 시간외단일가 매매 등에서 자신에게 적합한 매매법을 찾고, 그것을 집중해서 연구한 후 투자한다면 충분히 승산이 있을 것이라고 생각합니다.

왜 이 3가지 조건이 가장 중요하다고 생각하시나요?

요즈음 젊은 사람들은 주식 공부를 열심히 하고 유료 주식 강의도 많이 듣습니다. 이로 인해 시장에 고수들만 많아지고 있는 느낌입니다. 기본적인 주식 이론에 대한 지식은 갖추고 있겠지만, 가장 중요한 것은 시장에서 무너지는 멘탈을 어떻게 극복하느냐일 것입니다. 주식투자로 성공하기 위해서는 자신의 욕구를 억제할 줄 알아야 합니다. 수익이 난 사람은 수익을 더 내려고 하는 마음, 손실이 난 사람들은 그 손실을 단숨에 만회하려는 욕구를 다스릴 줄 알아야 합니다. 이것만 실천해도 성공의 반열에 오를 수 있습니다. 시중에 나와 있는 수많은 주식 책과 유튜브만 봐도 매매에 대한 웬만한 지식은 쌓을 수 있지만 멘탈 관리는 그 누구도 대신해줄 수 없고 스스로 극복해야 할 난관이라고 생각합니다. 주식투자를 하면서 스스로 이겨내야 할 영원한 숙제인 것입니다.

또한 자신의 투자 기법 없이 다른 사람의 투자 기법을 모방만 하여 투자한다면 언젠가 손실로 무너지게 될 것입니다. 자신만의 무기인 수익 모델을 만

들어야 합니다. 즉 다른 사람에게 의존하는 투자를 하지 말고, 항상 차트를 보면서 공부하고 기술적 분석에 의한 투자를 해야 합니다. 상승장에서는 누군가가 추천한 종목에 투자해 한 번은 수익을 낼 수 있을지 몰라도, 급락하는 시장에서 기술적 분석을 하지 못한다면 매번 손실을 볼 수밖에 없을 것입니다. 최선을 다해 노력하고 공부한다면 성공의 길은 열려 있습니다.

트레이딩 시 슬럼프가 찾아오면 어떻게 대처하시나요?

주식시장에서는 무조건 이길 수 없습니다. 아무리 고수라 할지라도 시장에 순응하지 않으면 1년에 몇 번은 위기에 봉착하게 되고, 그런 위기를 어떻게 잘 극복하느냐가 하수와 고수의 차이라고 생각합니다. 다른 사람이 시장에서 좋은 수익을 낸다고 해도 필자는 나에게 맞지 않는 장이라면 매매를 극히 자제하는 편입니다. 주위에 아무리 수익을 잘 내는 친구가 있다 하더라도 내 패턴에 맞지 않는 시장의 흐름이 찾아오면 매매를 하지 않는 것이 좋습니다.

전업 트레이더들은 하루 이틀, 일주일 정도가 지나 수익이 나지 않으면 마음이 서서히 조급해지기 시작합니다. 고정적인 지출도 있을 것이고, 이번 달에는 어느 정도의 수익을 내야 생활비를 맞추고, 거기에 적금이나 보험으로 나가는 돈까지 합치면 몇백만 원은 족히 될 것이기 때문에 자연스럽게 심리적 압박감을 느끼게 됩니다. 이때 무리하지 말고 잘 극복해야 합니다.

아무리 하락장이라 할지라도 한 달에 3번 정도의 기회는 항상 찾아오기 마련입니다. 그런 기회가 왔을 때 확실하게 베팅을 해서 수익을 내야 합니다. 또한 하루 종일 모니터를 보고 있다고 수익이 나는 것은 절대 아닙니다. 시장의 고수들은 장이 시작하고 1시간, 장 마감 30분만 매매를 합니다. 코스닥 테마주 매매를 잘하는 투자자라면 테마주가 초반에 상승할 때 확실하게 베팅해서 2~3일 내에 한 달에 거둘 수 있는 수익을 내야 합니다.

손실이 나기 시작하고 2~3일 또는 연속적으로 일주일 동안 손실이 지속되면 누구나 투자에 대한 자신감은 땅에 떨어지고 무기력과 자괴감 등에 빠지게 됩니다. 그래서 최소 3일 정도 손실이 계속된다면 손실의 맥을 끊어야 합니다. 하루 이틀 연속으로 손실이 나면 저는 항상 마음속으로 '무리하지 말자, 절대 무리하지 말자'라고 생각합니다. 무리하게 매매하는 순간 계좌에는 몇천만 원의 손실이 찍히게 될 수도 있기 때문입니다. 어려운 시장일수록 참고 이겨내야 합니다. 4일째 되는 날 무리하지 말고 계좌에 반드시 조금이라도 플러스를 만들어봅니다. 그 후 2~3일 정도 플러스를 내다 보면 자신감이 회복됩니다. 무리하게 손실을 만회하려고 하기보다는 마음의 여유를 가지고 계좌에 플러스를 조금씩 내면서 천천히 다시 시작하면 됩니다.

만약 스캘퍼라면 첫 단추를 잘 끼우라고 말하고 싶습니다. 장 시작 후 계좌가 플러스로 시작하는 것과 매수하자마자 손실로 시작하는 것은 엄청난 차이가 납니다. 플러스로 시작하면 시장을 객관적이고 냉정하게 바라보면서 마음의 여유가 생기지만, 주식을 매수하자마자 바로 손실로 시작하게 되면 하루의 시작이 꼬이게 됩니다. 손실이 났으니 당연히 회복하기 위해 무리하게 되고, 그러면 결과는 뻔합니다. 초보 투자자들은 손실이 확대될 수밖에 없기 때문에 장 시작 후 시초가 매매는 정말 신중하게 해야 합니다.

실전투자대회에 참가한 이유가 무엇인가요?

처음에는 저의 실력을 한 번 테스트해보고 싶어서 참가했습니다. 2002년 한국투자증권 실전투자대회에서 우승을 했는데, 그 당시는 실력보다 운이 많이 따른 것 같습니다. 상품으로 SM 520 자동차를 수상했는데 장인 어른께 선물로 드렸죠. 나름 뜻 깊은 일이라고 생각해 그 이후 2008년부터 본격적으로 한국투자증권 실전투자대회에 참가했습니다. 그 당시는 2천만 원 리그가 가장 큰 금액이었는데, 한국투자증권의 HTS를 사용하다 보니 자연스럽게 참가하게 되었습니다.

어릴 때부터 승부 근성이 남달라서 남에게 지고는 못 사는 성격이라 나가는 대회마다 수상하게 되었습니다. 2008년도에는 10주 동안 수익률 583%로 한국투자증권 명장리그에서 우승했는데, 2009년에는 8주 동안 918%의 높은 수익률을 기록하고도 준우승에 그쳤습니다. 2010년도부터는 시드가 조금 더 큰 미래에셋증권 1억 리그 실전투자대회에 출전해서 우승 1회, 준우승 2회의 경력을 보유하게 되었습니다. 사람마다 성격 차이가 있겠지만, 저의 경우 대회에 나가서 상위권에 랭크되면 더욱더 승부 근성이 발동되어 정말 열심히 매매한다는 것이 큰 장점으로 다가왔습니다. 2010년도에는 40대 초반의 나이로 정말 못할 것이 없다는 생각으로 과감하게 베팅했습니다. 그 시절이 주식투자를 하면서 가장 전성기였다고 생각합니다.

실전투자대회에 참가하려는 사람들에게 해줄 조언이 있으신가요?

— 강창권

대회 초반에는 절대로 순위를 의식하면 안 된다는 것입니다. 대부분 실전투자대회는 7~8주 정도 진행되는데, 최소 6주 차까지는 순위에 신경 쓰지 말고 자신의 스타일대로 하루에 몇 %씩 꾸준하게 수익을 올리면서 한 계단 한 계단 올라가는 것이 가장 중요하다고 생각합니다. 앞서서 가는 상위 랭크의 투자자들은 늘 누군가 따라온다는 불안감을 느끼게 됩니다. 상위권에 랭크되어 있는 투자자가 조급한 마음에 미수 풀 베팅으로 한 종목에 들어가 크게 손실을 내는 경우도 많이 보았습니다. 거북이처럼 느리지만 지속적으로 조금씩 올라가는 것이 중요합니다.

실전투자대회에 참가하면서 가장 크게 느낀 점은 역시 '멘탈 관리를 잘하면서 매매해야 한다'입니다. 앞으로 실전투자대회에 참가할 분들은 순위에 집착하지 말고 자신의 매매 스타일대로 '스텝 바이 스텝' 전략으로 밀고 나가라고 말하고 싶습니다. 무리하게 미수를 사용해서 크게 수익을 내려고 하면 멘탈은 너덜너덜해지고, 정말로 걷잡을 수 없이 무너지는 경우도 많이 봐왔습니다. 그러니 절대 무리하게 매매해서는 안 됩니다. 실전투자대회에 참가하더라도 평정심을 유지하면서 매매하고 조금씩 수익을 내다가 10위권 내로 진입할 때부터 과감한 베팅으로 승부를 보는 것이 중요합니다.

트레이더로서 최종 목표는 무엇입니까?

주식시장에서 100억 원을 벌었다고 100억 원을 모두 현금 자산으로 보유하고 있지는 않습니다. 수익을 많이 내다 보면 씀씀이도 커지고, 좋은 차도 타고 싶어집니다. 골프도 치러 다니고, 생활비로 적게는 몇백만 원에서 많게는 몇천만 원까지 지출하게 되죠. 주식투자로 몇십억 원 이상의 수익을 낸 사람들은 많지만, 대부분 조금 여유 있는 생활을 할 뿐 수익 난 금액을 다 보전하고 있지는 않을 것입니다.

지금 이 순간, 주식투자로 큰돈을 벌고 있다면 무조건 주식에만 투자하지 말고 부동산 등 유형자산에도 투자해서 돈의 흐름을 분산해야 합니다. 앞날에 어떤 일이 일어날지 모르기 때문에 미래를 위해서 대비하는 것이 좋다고 생각합니다.

저는 20대 중반 학원 사업을 시작한 후, 30대 초반부터는 학원을 접고 전업 트레이더로 변신했습니다. 주린이 시절에는 남들과 똑같은 투자 방법으로 엄청나게 힘든 시절도 겪었습다. 그러나 30대 후반부터 승승장구해서 올해로 나이가 53세입니다. 트레이딩 전성기였던 2010년부터 주식 책을 집필하고 싶었고, 2018년에《하루 만에 수익 내는 실전 주식투자》라는 책을 출간했고, 2020년에는《수익 내는 주식 매매 타이밍》이란 책을 출간했습니다.

소박하게 반찬값이라도 벌어보자고 시작한 새내기 주부들부터 월급보다 조금 더 벌어 조금 더 나은 삶을 살아보자 등 다양한 이유로 주식시장에 발을 들인 투자자들이 있습니다. 이 중에는 처음부터 상승장에서 진입해 수익을 낸 경우도 있을 것입니다. 하지만 주식시장은 항상 오르기만 하는 것은 아닙니다. 오르막이 있으면 반드시 급격한 하락 장세도 찾아오기 마련입니다. 아무리 열심히 공부해도 실전과 이론에는 큰 차이가 있고, 수익을 내기란 사실 쉽지 않습니다. 대부분 처음에는 수익을 내고 세상에 이렇게 돈 벌기가 쉬울까 생각하는 기쁨의 시간도 있겠지만 그것은 잠깐뿐입니다. 수익 낸 금액을 끝까지 지키지 못한 채 이자까지 고스란히 시장에 헌납하게 됩니다. 이때 흐트러진 멘탈을 바로 잡는 것이 젊은 투자자에게는 가장 혹독한

— 강창권

과제일 것입니다.

주식투자는 그래서 외롭습니다. 그럴 때 오랜 세월 동안 시장에서 겪은 풍부한 경험을 바탕으로 나를 바른 길로 이끌어줄 스승을 만나는 것이 성공적인 주식투자로 향하는 최선의 지름길이 될 수 있습니다. 특히 많은 직장인 투자자는 여러 이유로 리딩을 받는 경우가 있습니다. 냉정하게 생각해보면 수익 여부를 떠나 리딩으로 무언가를 이룰 수 있을까요? 소문난 리딩도 상승장에나 수익이 날 뿐, 막상 하락 장세에 진입하게 되면 그때도 수익을 낼 수 있을까요? 주식투자를 하기로 마음먹었다면 스스로 담금질을 해야 합니다. 사람마다 투자의 방식이 다르지만, 예를 들어 차트로 세상을 보려는 사람은 지독한 '차트쟁이'가 되어야 조금이라도 성공의 가능성을 키울 수 있습니다. 매일매일 끊임없이 당일 거래량이 터진 종목 위주로 장 마감 이후 분 차트를 띄워두고 매수/매도 타점에 대한 포인트를 보면서 왜 이 종목이 오늘 시장에서 주목받았는지 분석하는 노력을 해야 합니다.

강의를 하면서 많이 느끼는 것이지만 대부분 귀동냥으로 주식투자를 시작한 분들은 무료 오픈 카톡방에서 처음 주식투자를 시작하여 그 방에서 추천한 종목으로 어쩌다 수익을 낸 이후 유료 리딩방으로 옮겨갑니다. 그리고 하락장을 만나 결국 손실을 봅니다. 그런 후 도저히 안 되겠다 싶은 마음에 주식 공부를 시작하겠다고 마음먹습니다. 그렇게 맨 마지막으로 선택하는 것이 주식 강의를 신청하는 것입니다. 이미 계좌는 만신창이가 되어 있고 더 이상 물러설 수 없는 전쟁터에서 마지막 한 줄기 희망을 가지고 모두 열심히 공부하며 새로운 기회를 엿보고 있습니다. 매번 손실만 보면서 주식시장에 나의 돈을 헌납하지 말고, 미래의 성공을 원한다면 하루라도 빨리 좋은 멘토를 만날 수 있는 방법을 찾는 것이 좋습니다. 원금을 다 잃은 후 뒤늦은 후회를 해도 소용없습니다. 어느 정도 금액이 계좌에 남아 있을 때 하루라도 빨리 배움의 길을 선택하는 것이 현명한 방법입니다. 그래야만 다시 거뜬하게 일어설 수 있습니다.

 **주식 트레이닝스쿨을 운영하신다고 하셨습니다. 수익을 꾸준히 내고 계신데도 후배를 양성하려는 목적이 무엇인 가요? 그것으로부터 얻는 것은 무엇인가요?**

제가 여러 실전투자대회에서 계속 수상하던 시기가 있었습니다. 당시 주변에서 유독 주식투자로 손실을 입어 힘들어하는 모습을 많이 봤습니다. 그때는 저의 트레이딩에도 바빴고 누군가에게 무언가를 가르쳐주고 도움을 주고 싶어도 지금처럼 다양한 경로가 없었습니다. 앞만 보고 달리기에 바빠 주변을 돌아볼 여유도 없었지요. 그러나 그때도 기회가 주어진다면 도움이 필요한 누군가에게 도움을 주고 싶다는 마음이 어렴풋이 가슴 한편에 있었습니다. 우연한 기회에 시작한 개인 인스타그램(s63.77)에서 만난 인친들과 소통을 하던 중 2018년 한 사이트에서 주식 강의를 제안받았습니다. 처음에는 상당히 많은 고민을 했습니다. 젊었을 때는 학원 사업을 했던 터라 누군가를 가르친다는 것에 거부감은 없었으나, '내가 주식투자로 어려워하는 사람들에게 진정한 멘토가 될 수 있을까?' 하는 생각을 했지만 강의를 수강한 제자들의 변화하는 모습을 보면서 상당한 보람을 느꼈습니다. 그래서 나의 노하우를 아낌없이 풀어내어 제자를 양성해보자고 마음먹게 되었습니다.

처음 강의를 마쳤을 때 제 강의를 수강하고 성장하는 제자들의 모습을 보면서 투자에서 얻는 수익의 느낌과 완전히 다른 새로운 기쁨을 느꼈습니다. 그리고 좀 더 체계적인 교육의 필요성을 느꼈고 실전투자대회에서 입상한 이력이 있으면서 실제로 자신의 실력을 증명할 수 있는 후배들의 뜻을 더해 2020년에 '다된다 트레이닝스쿨'을 오픈했습니다. 여담으로 대한민국 최고의 주식투자 강의 사이트로 만들기 위해 삼성전자 코드번호인 [005930]을 도메인(www.005930.co.kr) 주소로 만들었습니다.

시장에는 늘 새로운 투자자들이 진입합니다. 주린이라는 신조어가 대변하듯 젊은 친구들은 성공을 꿈꾸며 주식시장에 첫 발을 들여놓습니다. 선배인 우리는 수많은 어려움을 겪었지만 후배들은 트레이더로 커가는 과정에서 시행착오를 줄였으면 좋겠습니다. 수많은 온라인 플랫폼에서 주식과 관련된 정보가 쏟아지지만, 공부를 하면 할수록 알맹이가 없다는 공허함을 느끼게 됩니다. 왜 그런 것일까요? 정말 핵심적인 투자 노하우는 누군가의 지식, 시간, 경험을 쌓아 만든 산유물로 아무 곳에서나 찾을 수 없기 때문입니다. 그리고 마지막으로 좋은 멘토를 만났다고 하더라도 반드시 배우고자 하는 열정과 노력도 필요하다는 것을 기억하시길 바랍니다.

 **터틀 트레이더처럼 실제로 트레이딩을 가르치는 것이 효과가 있다고 보시나요? 직장인 투자자 중에서 괄목할 만한 성과를 드러낸 분이 있나요?**

당연히 트레이딩도 연습을 통해 충분히 가르칠 수 있다고 생각합니다. 많은 제자가 있지만, 그중에서 자신의 SNS 채널에 매매 일지를 쌓아가며 스스

로 성장을 증명한 찹쌀이(인스타그램 ID : chapssal84)라는 제자가 있습니다. 이 친구는 평범한 직장인이었고, 주식에 관해서는 완전히 문외한이었습니다. 2018년 우연한 기회에 소액으로 투자를 시작하게 되었지만, 무작정 주식시장에 뛰어들어서는 개인이 버티기에 매우 힘든 곳이라는 사실을 절실히 느껴 강의 등록을 했다고 합니다. 처음에는 200만 원의 시드머니로 시작했고, 약 1년 6개월 전만 해도 하루 수익이 불과 몇만 원에 불과했습니다. 그런데 지금은 시드머니가 50배 이상 커졌을 정도로 괄목한 만한 성장을 했습니다. 지금도 여전히 직장을 다니고 있으며 MTS 매매만으로도 큰 수익을 내고 있습니다. 어떤 날은 하루에 몇백만 원의 수익을 내면서 성실하게 직장에서 근무하는 것을 보면 누구든 노력하는 자는 이기지 못한다는 생각이 듭니다.

마지막으로 대기업에 입사해 근무하면서 MTS만으로 고수익을 내는 캡틴백(인스타그램 ID : captain.100)이라는 제자입니다. 이 친구는 회사에 다니면서 오전부터 회의나 미팅으로 도저히 주식을 매매할 시간이 없어 시간외단일가 MTS 매매만으로 고수익을 내고 있습니다.

저의 자랑스러운 제자들을 보고 있노라면 저 또한 큰 자극을 받습니다. 과거에는 나만을 위해서 살았다고 한다면, 지금은 교육을 통해 타인이 성장하는 모습을 보는 보람으로 삶을 채우고 있습니다. 이 제자들이야말로 직장인들이 그토록 꿈꾸는 월급 독립을 단시간에 이룬 예로, 저의 제자라는 사실 자체에 다시 한번 큰 기쁨을 느낍니다.

제2의 월급을 원하는 수많은 직장인이 도처에 있습니다. 장 시작 후 시간이 없는 직장인들이 투자할 수 있는 매매

— 강창권

기법이 있을까요? 직장인 투자자에게 인사이트가 될 만한 말씀이 있나요?

대부분의 직장인은 부푼 희망을 품고 주식투자에 관심을 가지지만 주위에 주식으로 돈을 벌었다는 사람은 없고 돈을 까먹었다는 사람들의 이야기는 수도 없이 듣습니다. 주식투자를 잘못했다간 집안 말아먹는 도박과 같은 매우 위험한 투자 방법이라며 주식의 '주'자도 모르고 사는 것이 더 낫다고 생각하는 사람들도 많은 것 같아 잠깐 망설여지기도 합니다. 그러다 종종 주위에서 '박 차장이 이번에 어떤 종목으로 대박이 났다더라', '정 대리가 얼마를 벌었다더라' 같은 이야기도 들리고, 주식으로 성공한 사람들의 이야기가 여러 매체를 통해 들려옵니다. '요즘은 사회 초년생들도 은행 금리가 낮은 적금 대신 대부분 주식투자를 한다'와 같은 뉴스까지 들려오면, 당장 주식을 시작하지 않으면 왠지 나만 뒤처지는 느낌이 들기 마련입니다.

'나라고 안 되라는 법이 있나?'라는 생각으로 주식시장에 발을 들여 놓게 되는 경우가 대부분입니다. 처음부터 공부하고 스스로 종목을 선정해서 투자하는 경우는 그리 많지 않습니다. 어디서부터 시작해야 할지 전혀 감조차 잡지 못하기 때문에 일단 부딪혀 보는 사람들이 대부분일 것입니다. 그래서 대부분 첫 투자는 주변 사람들의 말에 의한 귀동냥 투자일 가능성이 아주 높습니다.

손꼽아 기다리던 월급날, 급여통장에 월급이 입금되면 아파트 대출금, 자동차 할부금, 사보험비, 신용카드 결제 대금, 각종 공과금 등의 고정비용이 숨 돌릴 틈 없이 빠져나갑니다. 거기에 각종 경조사비를 지출하면 통장에 잔고는 거의 없습니다. 마치 월급이란 게임 세계에서나 존재하는 사이버머니

같다고나 할까요? 직장을 다니는 사람들에게 급여는 매달 잠시 내 통장에 들어왔다 스쳐갈 뿐입니다. 계좌에 돈이 쌓여가는 속도는 더디기만 한데, 돈이 빠져 나가는 속도는 너무나 명확하게 체감되는 것이 현실입니다. 그래서 매달 내 월급만큼 여유 자금이 생기면 정말 숨통이 트일 것 같습니다.

대체로 대부분의 직장인은 주가가 가장 활발하게 움직이는 시간대인 오전 9시에서 10시 사이에 회의를 한다거나 회사 업무를 보는 경우가 많습니다. 그래서 단기 매매보다는 호흡을 조금 길게 가져갈 수 있는 스윙 매매나 중장기 매매를 선호하는 경향이 있습니다. 그러나 직장인이라고 해서 꼭 스윙 매매나 중장기 매매만을 고집할 필요는 없다고 봅니다.

오후 2시 30분부터 3시 30분까지 다음 날 시세를 주기 위해 준비 중인 주식을 매수하여 다음 날 아침에 시세를 줄 때 매도하는 종가 베팅 매매나 오후 4시 10분부터 오후 6시까지 10분마다 12회 거래가 되는 시간외단일가 매매를 꾸준히 연습한다면 충분히 월급 이상의 수익을 기대할 수 있을 것입니다. 요즘은 시간외단일가 매매 참여자가 많아서 시간외단일가 매매도 꼭 공부해야 합니다.

앞에서 이야기한 것처럼 대기업에 다니고 있는 캡틴백(captain.100)이라는 친구는 아침 시간에는 MTS로 주식을 매매하기 힘들어 강의 시간에 배웠던 시간외단일가 매매 기법을 공부하여 시간외단일가 매매로만 엄청난 수익을 내고 있습니다. 하지만 시간외단일가 매매도 무턱대고 하면 손실을 볼 수 있기 때문에 많은 경험을 쌓고 매매를 시작해야 합니다. 직장인이 주식투자를 하는 데 있어 가장 중요한 것은 본인의 성향과 환경에 맞게 자신만의 투자 방법을 만들어야 한다는 것입니다.

강창권

제자들 중에 직장인들이 많은데, 이제 막 주식을 시작한 직장인 투자자들을 위한 조언을 부탁드립니다.

계좌만 개설하고 돈을 입금하기만 하면 바로 주식투자를 진행할 수 있다 보니 아무런 준비와 공부 없이 시작하는 경우가 많습니다. 특히 직장인들 중 대다수가 한 번에 10종목 이상을 매수해 주식 백화점이 되는 경우도 허다합니다. 그뿐만 아니라 장롱 속에 쌈짓돈 넣듯 원치도 않으면서 강제로 장기 투자자로 전향하는 경향이 있습니다. 아무래도 회사 일에 바쁘다 보면 주식의 시세를 수시로 확인하기 어렵고, 돌발 상황에 대처하기 힘든 것이 사실입니다.

제가 하고 싶은 말은 자신의 성향과 장점을 고려하지 않고, 단순히 직장인이라는 이유로 무조건 장기 투자 방식만을 고집할 필요는 없다는 것입니다. 본인이 단기 매매 성향이 강하고 매일 조금씩이라도 일정한 매매 시간을 확보할 수 있다면, 굳이 며칠 이상 주식을 보유할 필요가 없습니다. 매일 주식을 사겠다는 습관을 고치고, 보유 종목도 5종목 이내로 압축하는 것 또한 주식투자에서 중요하다고 할 수 있습니다. 만일 자신이 직장인 투자자라면 다음 내용을 필히 명심하고 실천해보면 좋겠습니다.

1. 귀동냥 투자를 하지 말자.

첫 투자는 귀동냥 투자였다 할지라도 계속해서 다른 사람의 말만 믿고 투자를 하는 것은 매우 어리석은 일입니다. 필자는 가장 먼저 기술적 분석을 공부하라고 말하고 싶습니다.

기술적 분석이란 주식 차트의 캔들, 이동평균선, 거래량을 통해 지지와 저항을 분석하는 것으로 이를 토대로 투자하면 주식투자에서 큰 손해를 볼 가능성이 작아집니다. 그리고 매매 종목을 선정하는 자신만의 기준을 만들 수 있습니다. 이와 관련한 서적은 서점에서 손쉽게 찾을 수 있고, 기초적인 내용은 유튜브에 관련 영상들이 많으니 여러 사람의 콘텐츠를 시청해보고 이를 참고로 공부하면 될 것입니다.

2 소액으로 실력과 경험을 쌓자.

처음부터 큰 투자 금액으로 시작하는 것은 실패 확률을 높이는 일입니다. 내가 가용할 수 있는 금액의 10분의 1만 가지고 수많은 매매 경험을 쌓아야 성공 확률을 높일 수 있습니다. 주식투자는 마음이 급하면 무조건 지게 되는 게임입니다. 그러므로 소액으로 부단히 연습하고 많은 시간을 공들였으면 하는 바람입니다.

3. 자신에게 적합한 매매 시간과 기법을 찾자.

자신의 근무 환경과 상황을 고려한 뒤 적합한 매매 방법을 찾고, 그중 가장 자신 있는 방법으로 수익을 내는 것에 도전하면 됩니다. 최근 MTS에서도 HTS처럼 다양한 기능들을 동일하게 실행할 수 있습니다. 그중 스톱로스, 트레일링 스톱, 시세 알림 기능 등은 직장인들에게 아주 유용한 기능들이므로 꼼꼼하게 체크하고 공부하면 좋겠습니다. 스캘핑, 스윙, 종가 베팅, 시간외 단일가 매매 등 자신이 가장 잘할 수 있는 매매 기법을 꼭 만들어서 투자하시길 바랍니다.

4. 하락 장세에는 현금 비중을 높이고 때를 기다리자.

직장인들도 시장 상황에 따라 투자 스타일에 변화를 줘야 합니다. 스윙 혹은 중장기 위주로 매매를 하는 직장인이라 할지라도 하락장이나 변동성이 큰 장세가 오면 현금을 보유하며 때를 기다릴 줄도 알아야 합니다. 꼭 투자하고 싶다면 단기 매매로 대응하는 것이 현명할 것입니다. 계좌에 주식을 가득 채우고 있어야 마음이 편한 사람들도 있겠지만, 현금도 선택할 수 있는 여러 옵션 중 하나라는 것을 잊지 않았으면 합니다.

5. 욕심을 버리고 수익 그 자체에 감사하자.

주식투자 초창기에는 하루에 단 1만 원이라도 수익이 나면, 수익 그 자체에 감사한 마음을 가질 것입니다. 그러나 투자 경험이 쌓이고 투자금이 늘어나게 되면 자연스레 이러한 초심을 잃기 쉽습니다. 빨리 돈을 벌어 모든 사람의 로망인 외제차도 사고 싶고, 커피 한 잔을 마셔도 여유 있게 마시고 싶고, 좋은 집으로 이사 가고 싶은 것은 누구나 목표하는 바입니다. 그러나 너무 허황된 꿈과 목표는 자칫 무리한 투자로 이어질 수 있습니다. 그러므로 현실적인 목표는 월급이나 월급보다 조금 더 많은 수익을 내는 것이 되어야 할 것입니다. 과욕을 부리지 않고 차근차근 하다 보면 이러한 목표에 성큼 다가설 수 있을 것입니다.

6. 좋은 스승을 찾아가 배우자.

주식투자를 가장 빠르게 배울 수 있는 방법은 좋은 스승을 찾아가 배우는 것입니다. 주식투자를 하다 보면 정말 무수히 많은 시행착오를 겪게 됩니다. 그런데 좋은 스승을 만나 배울 수 있다면 그러한 시행착오를 최소화하면서 남들보다 최소 몇 년은 빠르게 갈 수 있습니다. 최근에는 유튜브를 통해 좋은 콘텐츠를 정기적으로 업로드하거나 유료 강의를 진행하는 주식 고수들이 많이 있습니다. 무언가를 배우기 위해 학원에 수강 신청을 해본 경험이 있을 것입니다. 주식을 배우는 과정도 이와 다르지 않습니다. 때문에 정말 주식투자를 제대로 해보고 싶다면 배움을 위한 투자는 아끼지 않았으면 합니다.

전업투자에 대해서는 어떻게 생각하시나요?

인스타그램(인스타그램 ID: s63.77)을 하다 보면 DM(다이렉트 메시지)으로 전업 트레이더에 대해 가끔 문의를 해오곤 합니다. 그럴 때마다 필자는 전업 트레이더의 길은 정말 자신이 스스로 수익을 내지 못하면 아무것도 할 수 없기 때문에 절대 하지 말라고 말합니다. 직장을 다니면서 투자하는 분들은 매달 월급이라도 받지만, 전업 트레이더는 주식투자로 수익을 내지 못하면 생활을 할 수 없기 때문에 정말 힘든 직업입니다.

단기 매매로 성공할 확률이 얼마나 될까요? 어쩌다 수익을 조금 내면 어깨가 으쓱해졌다가 다시 큰 손실을 보게 되면 대부분 세상이 끝난 것처럼 한숨을 쉬고 풀이 죽어서 수익을 낼 때까지 말이 없어지게 됩니다. 전업투자를 시작하고 몇 년 동안은 하루에도 몇 번씩 이런 기분들이 반복되었습니다. 그러다 세월이 흐르고 시장에서 많은 경험을 한 후에는 손실이 나더라도 조금은 마음의 여유를 가지게 됩니다.

30대 젊은 시절, 아내는 늘 나에게 '당신은 얼굴에 다 쓰여 있다'라고 말했습니다. 수익과 손실에 대해 내색하지 않으려고 했지만, 표정 관리는 힘들 수밖에 없습니다. 주식투자의 기본은 무엇일까요? 싸게 사서 비싸게 팔아야 수익을 낼 수 있는데, 수익을 내지 못하는 유형은 아주 단순합니다. 추격 매수, 뇌동 매매, 기도 매매 등 대부분의 투자자는 오늘도 내일도 초창기에 습관으로 몸에 밴 매매법을 반복하고 있습니다.

아무리 세월이 지나도 자신이 가지고 있는 습관을 반복하고 고치지 않으면 계좌에는 어떠한 변화도 없을 것입니다. 필자가 주식 강의를 할 때 수강하는 제자들의 사연을 소개하는 코너가 있는데, 대부분 손실을 많이 본 이후 마지막이라는 생각으로 수강을 하게 되었다는 사연이 많습니다. 신용이나 스톡론(주식매입자금대출)으로 계좌가 거의 망가진 상황이라는 사연도 많습니다. 왜 계좌에 돈이 들어 있을 때 진작 공부를 시작하지 않았을까요?

처음 주식투자를 시작했을 때는 자만심으로 '주식 별 거 아니네'라고 생각했을 것입니다. 하지만 막상 하락 장세가 되면 어떠한 대책도 없이 속수무책으로 당하게 될 것입니다. 주식투자를 잘하려면 시장의 큰 흐름을 읽을 줄 알고, 빠르게 대처할 수 있는 능력이 있어야 합니다. 가장 어리석은 행동은 주가가 계속해서 빠지는데 손절매를 하지 않고 있다가 상승 장세에 접어들었을 때 주가가 본전에 오면 매도하는 것입니다.

내 본전에 주가가 온다는 것은 무엇을 의미할까요? 상승 장세에서 주가가 상승할 여력이 있는데, 몇 개월 동안 물려 있다 보니 본전 부근이 되면 냅다 팔아버립니다. 그런 후 주가가 오르는 모습을 보고 한숨만 쉬기 일쑤입니다. 사연과 이유는 많겠지만 손절매를 하지 못하는 것은 주식에 대한 미련이 계속 남아 있기 때문일 것입니다. 이러한 미련이야말로 나의 계좌를 나락으로 추락시키는 원인이 됩니다. 때문에 반드시 손절매의 기준을 정해서 실천해야 합니다.

전업 트레이더로 성공하기 위해서는 어떤 원칙이 필요할까요?

주식 초보 시절에 좋은 스승을 만나서 매매 습관을 잘 들이는 것이 중요하다고 생각합니다. 매일 장을 마친 후 오늘 매매에서 어떤 점을 잘못했는지 복기하며 반성해야 합니다. 과연 전업 트레이더 중 몇 사람이나 이를 행동으로 옮길까요? 매매를 할 때에는 냉철한 판단력과 자신의 매매에서 실수가 있었다면 겸허하게 받아들이고 다음 날 매매에서는 그 실수를 고칠 수 있어야 합니다.

전업투자를 시작할 때 투자 금액은 500만 원 이하의 소액으로 시작해서 최소 3개월에서 6개월 정도 수익이 난다면 원금을 늘리는 것이 좋습니다. 절대로 초보 투자자들은 미수나 신용을 사용해서 투자하면 안 됩니다. 수익이 나면 좋지만 원금 대비 2배 이상의 주식을 매수해서 손실이 난다면 곧바로 초보 투자자들은 멘탈이 붕괴됩니다. 주위를 둘러보면 과연 주식투자로 수익을 낸 사람이 얼마나 있었습니까? 아마도 거의 없을 것입니다. 그만큼 주식시장에서 살아남기가 어렵고 힘들다는 것입니다. 주식투자가 쉬웠다면 누구든 전업투자로 성공했겠죠. 한 번 발을 들이면 쉽게 빠져나갈 수 없는 유혹이 있는 곳이 주식시장이기도 합니다. 전업투자를 해보겠다고 마음먹었다면 직장을 다니면서 MTS 매매를 먼저 해보세요. 만약 재능이 없고, 맺고 끊는 것도 우유부단하다면 전업 트레이더의 길로 들어서면 안 됩니다.

지금도 매일 아침 모니터를 켜고 전업 트레이더의 길을 가고 있는 몇십만 명의 투자자들 중 성공 확률은 5% 정도가 될까 말까 합니다. 정말 힘들고 외로운 길이기 때문에 심사숙고한 후 결정해야 합니다.

― 강창권

트레이딩을 하면서 가장 기쁜 순간은 언제였습니까?

사회적 이슈나 뉴스가 있는 경우 어느 정도 예측하고 종가 베팅을 했는데, 그런 예측이 적중해서 주가가 크게 갭 상승으로 출발할 때가 가장 기분 좋은 순간입니다. 또 내가 보유한 주식이 주가의 모멘텀으로 상한가 출발을 할 때 가장 희열을 느낍니다.

초보 트레이더 또는 시장에 진입하는 초보자에게 어떤 조언을 해주고 싶습니까?

지금도 인스타그램이나 유튜브 등 SNS를 통해서 고수익을 거뒀다는 사람들에게 현혹되어 주식투자에 입문하려고 생각하는 분들이 많이 있습니다. 하지만 산전수전 공중전까지 겪은 고수들의 이야기는 똑같습니다. '주식투자의 길은 정말로 괴롭고 많이 힘들다'라고 말이죠.

처음부터 너무 수익에 연연하지 말고 자신의 원칙을 세운 후 시장에 진입하기 바랍니다. 자신만의 원칙 없이는 절대로 주식시장에서 성공할 수 없습니다. 설령 운으로 수익을 많이 냈다 하더라도 결국 다시 100% 헌납하게 되어 있습니다. 가장 최근의 예로 몇 년 전 주위에 비트코인으로 수억 원을 벌었다는 사람을 볼 수 있었습니다. 고점에서 매도를 잘해서 그 수익금을 다른 곳에 투자한 사람들은 수익을 지켰을 것입니다. 하지만 큰 수익이 났다고 고점에서 비트코인을 다시 매수했다면 지금 거의 깡통과 다름없는 계좌가 되어 있을 것입니다. 총칼을 들지 않았을 뿐 주식시장은 정말로 냉정한 곳이며, 세력은 초보 투자자라고 절대 봐주지 않습니다. 수익이 나는 사람은 승리자가 되고, 손실이 나는 사람은 그저 패배자가 될 뿐입니다. 그냥 한 번 해볼까라는 마음으로 시작해서는 절대로 안 됩니다.

그래도 주식투자를 해보고 싶다면 최소 주식 책을 10권 이상 5번씩 읽고, 유튜브에서 강의를 들으면서 시작해보는 것이 좋습니다. 주위에 송 차장, 이 과장, 김 대리 등으로부터 작전하는 종목의 정보를 들었는데, 그 종목 중 하나라도 상승하게 되면 확실한 정보통이라고 믿게 됩니다. 그리고 퇴직금이나 아내 몰래 대출까지 받아 귀동냥 투자를 하게 되죠. 하지만 이런 식으로 투자한다면 계좌는 반토막, 아니 깡통이 될 뿐입니다. 주식투자를 몰랐던 그때로 시간을 돌리고 싶은 마음이 간절하고, 왜 주식투자를 시작해서 힘든 날을 보내고 있을까라고 생각하는 투자자들이 많을 것입니다.

18년 전 주식 초보였던 저도 정말 힘든 시절을 보냈습니다. 그렇게 좋은 재료이고 정보라면 초보인 나한테까지 올까요? 내가 알 정도면 대한민국의 모든 사람은 다 안다고 봐도 무방하지 않을까요? 이런 식의 귀동냥 투자는 계좌가 깡통으로 가는 위험한 투자 방식입니다. 기초 지식 없이 이런 식으로 투자해서 성공한 사람은 없습니다. 스스로 기술적 분석을 공부해서 원칙을 세우지 않는다면 패가망신하기 전에 주식투자를 접는 것이 좋습니다.

 **우리나라 투자 문화에 대해 어떻게 생각하십니까?**

우리나라 사람들의 특징은 빨리빨리 승부를 보려고 하는 경향이 강합니다. 워런 버핏, 피터 린치 같은 월스트리트의 영

웅을 만들어낸 미국의 주식시장에서는 산업의 흐름에 따라 종목을 잘 선정하여 장기 투자를 하면 10배, 100배의 수익도 가능합니다. 하지만 우리나라의 주식시장은 몇 년간의 사이클마다 주가가 고점을 찍고 저점으로 내려갔다가 다시 상승하는 구조를 반복하고 있습니다. 그래서 우리나라 코스피시장에서 대형주를 중장기로 투자할 때에도 투자한 종목의 경기가 정점에 이르기 전고점에서 주식을 매도하고, 또 다른 유망한 섹터의 종목으로 갈아타면서 업종 사이클에 맞게 순환투자를 해야 한다고 생각합니다.

개인들이 주로 투자하는 코스닥시장은 대부분 실적이나 실체도 없는 테마에 열광하게 됩니다. 갈수록 주식투자 연령도 하향 평준화되고 있고, 빠르게 승부를 보려는 성격 때문에 코스닥시장은 거의 테마주 위주로 거래되면서 테마주가 난립하고 있습니다. 물론 테마주도 매매를 잘해서 수익을 내면 다행입니다. 테마주에 투자하는 경우 어느 정도 수익을 본 후 매도합니다. 그런데 테마주가 지속적으로 상승하면 조금만 더 먹고 나오겠다는 생각으로 매수하게 되고, 그러다 잘못하면 덜컥 고점에서 물려서 손절매도 하지 못하고 크게 손실을 보는 상황에 놓이게 됩니다. 2000년대 초반 코스닥 버블 때부터 많은 테마주가 거래되었고, 2020년 코로나19로 인해 종합지수가 급락했던 3월부터 8월까지 코로나 테마 장세가 강하게 연출되었습니다. 하지만 결국 고점에 매수한 투자자들은 다시 못 올 가격에서 물리게 됩니다.

초반 마스크주를 비롯해서 온라인 교육주, 진단키트 관련주, 백신 치료제 관련주, 음압병실 관련주, 언택트 관련주가 거의 마지막 상승을 주도했습니다. 하지만 테마주는 실적보다는 그저 분위기에 휩쓸려서 투자하는 경우가 많습니다. 마스크주나 진단키트 관련주는 실적으로 연결되겠지만, 치료제 관련주들은 결국 임상을 하네 마네, 뜬구름 잡는 시간만 보낼 뿐 결국 백신 개발을 하지 못한다면 승산이 없습니다. 하루에 상한가를 기록하면 시가총액이 30%씩 상승하게 되는데, 과연 마스크와 진단키트를 팔아서 그 정도의 영업이익을 낼 수 있을까요? 단기간에 100~300% 상승한 종목은 욕심을 부리지 말고 대량 거래가 터지는 고점 부근에서 꼭 익절해야 합니다. 코로나19 환자가 급증하던 2020년 3월부터 코로나 관련주들이 급등하기 시작했고, 환자의 증가 추이에 따라 테마주들의 순환매가 돌면서 상승했습니다. 그런데 주춤하던 코로나 환자가 2020년 8월 15일 광화문 집회 이후 300명대로 급속히 증가하면서 관련주들의 주가가 선별적으로 마지막 슈팅이 나왔습니다.

향후에도 이런 테마주를 매매한다면 대장주가 300% 이상 상승 후 일봉차트에서 위꼬리를 달고 음봉 캔들이 발생한다면 그때가 고점이라고 인식하고 매도로 대응해야 합니다. 그리고 이후 5일 이동평균선을 깨고 내려온다면 테마주로서는 거의 고점을 찍었다고 보면 됩니다. 테마주 중 강한 대장주 종목은 10일 이동평균선에서 잠시 되반등이 나오기도 하지만, 추가적으로 강한 재료가 나오지 않으면 전고점을 돌파하기 어렵습니다. 코로나 테마주의 경우 백신 개발 속도도 늦어지고 있고, 2020년 9월까지도 전 세계에서 지속적으로 환자가 발생하면서 수급이 강한 종목(신풍제약, 진원 생명과학)들은 주가의 기간 조정을 거치고 추가 상승을 한 후 신고가를 찍고 서서히 하락 추세로 전환하게 됩니다.

테마주의 경우 일봉차트에서 최소 단기간에 300% 이상 상승한 종목은 한 번 5일 이동평균선을 깨고 내려간다고 판단되면 무조건 매도하고 탈출해야 합니다.

대형주야 존버 하면 몇 년이 지나 다시 본전의 가격으로 올라오기도 합니다. 하지만 코스닥 테마주의 경우에는 대부분 단기 재료로 인한 수급 등 심

그림 6. 수젠텍 고점 일봉 차트 캔들 모양

리적인 요소로 상승하는 것이기 때문에 단기간에 주가가 100~300% 급등한 테마주 종목은 꼭 매도해야 합니다. 손절매도 빨리 하지 못하는 투자자가 덜컥 고점에서 매수하면 다시는 본전 가격을 회복하지 못하고 계좌에 큰 손실을 볼 수 있습니다. 이에 대해서는 대북 테마주, 정치 테마주, 가상화폐 테마주에서 경험했듯이 진입 시점과 빠져나오는 시점을 남들보다 한 발 더 빠르게 대처해야 합니다.

주식 매매를 잘하는 투자자 중 감으로 하는 투자자도 있지만, 저는 철저하게 차트의 움직임을 보면서 매매하는 차트쟁이입니다. 주식 초보 시절부터 차트 보는 법을 많이 공부해야 하며, 결국 일봉과 분봉 차트 속에 정답이 있다고 생각합니다. 차트를 보면 정말 과학처럼 움직이는 경우가 많고, 차트만 잘 보고 저점에 매수할 수 있는 투자자라면 평생 주식시장에서 수익을 낼 것입니다.

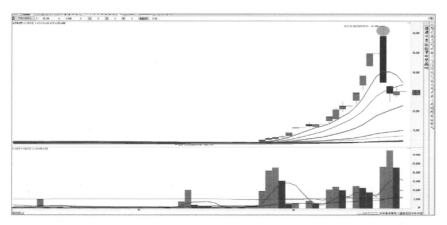

그림 7. 엑세스바이오 고점 일봉차트 캔들 모양

2020년 9월 초, 역발상으로 한번 생각해봤습니다. 전 세계에 메이저 제약사들이 코로나 임상 3상을 진행 중이고 트럼프 대통령도 임상 3상이 끝나기 전에 백신을 허가해줄 수 있다는 외신 보도도 얼마 전에 나왔기 때문에 지금 현재 코로나19로 인해 가장 암울한 주식, 가장 악재 업종이 무엇일까요? 주식투자를 하는 분들이라면 당연히 여행주와 항공주라고 대답할 것입니다. 이들 종목군은 미국 FDA에서 코로나 백신을 승인하는 순간 곧장 상한가로 직행할 수 있는 1순위 종목군입니다. 때문에 지금처럼 바닥권에서 거래량도 줄어들면서 횡보할 때 조금씩 모아두면 백신이 개발되는 순간 크게 수익을 낼 수도 있다는 것입니다.

이처럼 주식투자는 무조건 상승하는 테마의 고점에서 상투를 잡기보다는 항상 저점에서 매수하는 습관을 들여야 합니다. 추격 매수하는 습관이 본인도 모르게 몸에 배게 되면 세월이 지나서 그런 습관을 쉽게 고칠 수 없게 됩니다. 주린이 시절 추격 매수, 뇌동 매매를 하지 않은 올바른 주식투자 습관을 기르는 것이 가장 중요할 것입니다.

— 강창권

트레이딩으로 얻은 수익은 어떻게 관리하십니까?

1,000만 원으로 주식투자를 시작해서 며칠 만에 300만 원의 수익이 나면 어떻게 하시겠습니까? 더 큰 수익을 위해서 당연히 1,300만 원을 주식에 투자하겠다고 생각할 것입니다. 하지만 초보 투자자에게는 수익 금액 300만 원을 은행 계좌로 이체하라고 말하고 싶습니다. 1,000만 원의 자기 돈으로 주식투자를 하는 경우와 증거금 40%의 종목을 미수를 사용하게 되면 2,500만 원가량 주문이 들어가게 됩니다. 그리고 시장이 좋지 않아 10%의 손실이 났다고 가정하면 1,000만 원의 10%는 100만 원 정도인 반면, 신용으로 2,500만 원의 주식을 매수한 경우 250만 원이라는 큰 금액을 손실로 보게 됩니다. 직장인 투자자라면 한 달 월급만큼 손실이 나기 때문에 이때부터 멘탈이 붕괴하게 되죠. 주식에 대한 경험이 많지 않은 투자자라면 원금으로 최소 3개월 이상 꾸준하게 수익을 내본 후 투자 금액을 조금씩 늘리는 것이 좋습니다. 만약 손실이 난다면 절대로 투자 금액을 늘리지 않는 것이 좋습니다. 최근에 손실이 발생했다고 투자 금액을 2배, 3배로 늘려본들 손실만 더 크게 키우게 될 것입니다.

투자를 해서 수익이 난다면 원금에서 조금만 더 남겨두고 계속 현금화해서 은행 통장에 저축해두는 것 또한 현명한 투자 방법입니다. 원금이 크다고 수익을 많이 내는 것도 아니고, 투자 금액이 크면 손실도 그만큼 크게 따라오는 법입니다. 수익이 잘 나고 있다면, 수익 금액을 주식 계좌에서 은행 통장으로 이체하여 은행에 5년 정기적금을 넣어둔다면 5년 후에는 큰 목돈을 마련할 수 있기 때문에 적극 추천하는 방법입니다.

주식시장에는 항상 고위험 High Risk 이 도사리고 있기 때문에 크게 수익을 냈다면 부동산 등 다른 곳에도 투자해 미래를 대비하는 지혜도 필요합니다. 결론적으로 지금 당장 수익이 난다고 투자 원금을 갑자기 늘리지 말고 최소 3개월 이상 꾸준한 수익이 나면 조금씩 늘려보고, 수익 난 금액은 은행의 정기적금이나 부동산에 병행 투자를 하기 바랍니다.

주포나 세력이라 불리는 실체를 인정하십니까? 또는 이를 이용하는 트레이딩이 효과가 있다고 생각하십니까?

대부분의 초보 투자자의 경우 주식시장에는 주포가 있고 세력이 있다고 판단합니다. 당연히 정치 테마주처럼 큰 테마주에는 큰 세력들이 존재합니다. 하지만 개인들이 좋아하는 테마주의 경우 주포라는 개념보다는 전국에 있는 수많은 큰손이 주포의 개념이 됩니다. 때문에 주가의 거래량과 기술적 지표들을 잘 보고 판단해서 수익을 낸다면, 이런 생각들은 하지 않아도 되지 않을까 합니다. 단기 트레이딩을 하다 보면 큰돈을 투자하지 않고, 키포인트에서 살짝 베팅을 잘해주면 저도 주포가 될 수도 있기 때문에 주포에 대해 큰 의미를 둘 필요는 없다고 생각합니다.

마지막으로 하고 싶은 말씀이 있으신가요?

주식투자에 입문한 지 21년이 되어가는 지금, 아직도 초보 시절의 이런 저런 생각들이 뇌리를 스치곤 합니다. 기술적

— 강창권

분석 방법도 모르고 처음 투자를 시작했던 그때를 생각해보면 패기가 있었지만 무모한 도전이 아니었나 싶습니다. 두 아이를 키우면서 30대 초반 전업을 시작할 때 남의 돈을 빌려와서 3부 이자를 주던 시절, 계좌에 수익도 내지 못하고 몇 년 만에 빚이 7억 원 정도 되었던 정말 힘든 시절이었습니다. 하지만 잘 극복하고 이겨냈고, 30대 중후반부터 수익이 나기 시작하면서 나에게는 행복의 시작이었습니다. 그러나 아이들과 많은 시간을 함께 보내지 못한 것이 아쉬움으로 남아 있습니다. 이제는 아이들도 훌쩍 자라서 돌아갈 수 없는 추억의 시간이 되어버렸고, 지나간 세월은 절대 되돌릴 수 없습니다. 주식투자는 혼돈과 괴로움이 필연적으로 따르게 되어 있고, 한순간의 결정으로 행복한 가정을 어렵게 만들 수도 있습니다. 때문에 주식투자는 정말 신중하게 판단해서 시작하라고 조언하고 싶습니다.

주식시장은 인간의 탐욕과 욕망으로 가득 찬 곳입니다. 수익이 나는 고점에서 익절하지 못하고, 주가가 하락하는데 손절매하지 못하고 물타기 하는 집착, 빨간 체결창만 보면 무조건 매수하는 추격 매수 등 이런 습관을 당장 바꾸지 않는다면 당신은 어떠한 변화도 일으킬 수 없습니다. 수익에 둔감하고 손실에 민감해야 하며, 이런 습관을 고칠 수 없다면 과감하게 털고 주식시장에서 떠나는 것이 좋습니다.

원칙을 지키며 끊임없이 노력하고 자신을 담금질해야 합니다. 그리고 냉정한 머리로 빠르게 판단해야 하며, 추격 매수나 뇌동 매매 등 어떤 것도 당신을 바꿔줄 수 없기 때문에 스스로 변화해야 합니다. 조건 검색, 보조지표 등을 열심히 공부하면서 어느 정도 자신만의 필살기를 완성한 후 '이제 시장의 돈은 전부 내 거야'라는 마음으로 실전에 도전해보지만 또다시 좌절하게 되고, 시장이 절대로 호락호락하지 않다는 것을 뼈저리게 느끼게 됩니다.

똑같은 종목을 매매해서 어떤 투자자는 수익을 내고, 어떤 투자는 손실을 크게 냅니다. 무슨 차이일까요? 답은 간단합니다. 수익을 낸 투자자는 저점에서 매수해서 고점에서 매도했을 것이고, 손실을 낸 투자자는 고점에서 매수해서 저점에서 매도했을 것입니다. 주식시장에서 고수와 하수는 종이 한 장 차이도 안 된다고 생각합니다. 거래량이 줄어들면서 횡보할 때 저점에서 매수할 수 있는 능력과 습관들이 커다란 변화를 가져다줄 것입니다. 주식시장에서 경력이 오래 되었다고 고수가 되는 것은 결코 아닙니다. 경험만 많을 뿐 수익을 내지 못한다면 초보 투자자와 무엇이 다르겠습니까?

글로벌 증시가 항상 상승하는 것만은 아닙니다. 대세 상승기가 있으면 대세 하락기도 오기 마련입니다. 상승장에서는 좋은 종목에 투자하면 누구나 수익을 낼 수 있습니다. 하지만 주식시장에서 성공하기 위해서는 대세 하락 장세에서도 수익을 낼 수 있는 자신만의 무기가 필요합니다. 중장기 투자자라면 기업분석을 꼭 해서 이 회사가 1년이나 2년 후의 장기 플랜이 어떻게 되는지, 또 영업이익이 많이 날 것인지 등을 분석한 후 매매해야 합니다. 그리고 그 회사가 1년 후 수익이 나겠다 싶으면 벌써 주가는 6개월이나 1년 전에 선행해서 움직인다는 점을 명심하세요.

누구나 어떤 일에 열정을 가지고 최선을 다하는 시절이 있습니다. 오랜 세월 동안 주식투자를 하면서 느낀 점은 다른 일과 달리 주식투자는 열심히 한다고 다 되는 것은 절대 아니라는 것입니다. 젊은 혈기로 뭐든 하고 싶은 친구들이 많겠지만 정말로 노력하고 최선을 다해도 주식투자에서 계속 손실만 난다면 현재 자신의 일에 집중하고 주식투자는 과감히 포기하는 것이 좋습니다. 몇 년 동안 열심히 노력해도 수익이 나지 않고 있다면 분명 자신의

— 강창권

투자 방법에 문제가 있는 것입니다. 그리고 스스로 바꿀 수 없다는 생각이 든다면 안 되는 일을 붙잡고 허송세월만 보내지 말고 본업에 충실하는 것이 좋다고 생각합니다.

주식시장에서 수익을 내기 위해서는 남들과 조금은 다른 판단을 해야 합니다. 즉 남들이 매수할 때 고점에서 매도하고 남들이 손절매할 때 저점에서 매매해야 합니다. 주식시장에는 수많은 무림의 고수가 존재하고 그들과 싸워서 이기려면 항상 노력하고 공부해야 합니다. 필자는 강의를 할 때 항상 '주식은 과학이다'라고 말합니다. 차트를 후행성 지표라고 별로 신뢰하지 않은 분들도 있겠지만, 성공을 간절히 원하고 주식시장에서 롱런하기를 원한다면 꼭 차트를 공부하라고 말하고 싶습니다. 급락 장세에서는 추락하는 것은 날개도 없기 때문에 모두가 못 견딜 만큼 빠져야 하락도 멈추게 됩니다. 그렇기 때문에 급락장이 오면 현금을 보유하면서 잠시 쉬는 것도 투자의 방법입니다. 항상 시장에 역행하지 말고 주가 흐름과 같이 호흡하면서 순응하고, 요행보다는 실력으로 시장에 접근해야 합니다.

많은 사람이 주식투자로 성공하는 것을 꿈꾸며 '나도 할 수 있다'라는 생각으로 지금도 최선을 다해 노력하면서 현실에 도전하고 있습니다. 사람들은 자신의 생각과 마음을 살찌우기보다 재산을 얻기 위해 더 애를 쓰고 있지만 정작 행복이란 외면이 아니라 자신의 마음에 있다는 것을 알아야 합니다. 꼭 돈이 많아야 행복하다고 볼 수는 없지만 내 아이에게만은 흙수저를 물려주지 않기 위해 우리는 지금도 노력하고 있습니다.

지금 당장 여러분 인생을 변화시키고 싶다면 머릿속에 생각으로만 구상하지 말고 제대로 된 실행으로 꼭 옮겨보기 바랍니다. 여러분이 할 수 있는 가장 큰 모험은 여러분이 꿈꾸는 삶에 확실하게 도전하는 것입니다.

오늘 하루 힘들었던 일들이 있었더라도, 일이 잘 안 풀려도 하늘을 보며 한번 웃어보세요. 행복해서 웃는 것이 아니라 웃어서 행복해지는 것입니다. 늘 긍정적인 생각으로 여러분의 삶이 조금씩 좋아지고 성공할 수 있도록 기원하겠습니다. 가장 위대한 영광은 한 번도 실패하지 않는 것이 아니라 실패할 때마다 다시 일어서는 데 있습니다. 그리고 할 수 있다는 믿음을 갖게 되면 스스로 능력을 갖추게 될 것입니다.

오늘의 열정을 내일의 성공으로 바꾸려면 '난 할 수 있다'라는 긍정의 힘을 믿고 열심히 노력하고 또 노력하십시오. 여러분이 원하는 꿈을 반드시 이룰 수 있을 것입니다. 감사합니다.

— 강창권

4 이주원

데이 트레이딩의 고수, 주식은 타이밍이다

닉네임	제시스페라	
나이	40대	
직업	전업 트레이더, 강사	
거주 지역	서울	
주력 기법	5일 이동평균선 위 매매, 뉴스 매매, 급등주 눌림목 매매, 주도주 돌파 매매, 낙주 매매	

홈페이지 🏠

www.royalroader.co.kr (로얄로더)

블로그 Blog

blog.naver.com/spearra (제시스페라의 주식 이야기)

2017년 KB증권 실전투자대회(상반기) 5천 리그 1위
2017년 KB증권 실전투자대회(하반기) 5천 리그 2위
2017년 대신증권 실전투자대회 5천 리그 2위
현 로얄로더 트레이닝스쿨 수석강사

제시스페라라는 닉네임을 사용하는 트레이더로 젊은 시절 남들과 다르지 않은 일반 회사원이었다. 부모님의 사업 실패로 어린 시절 경제적으로 힘들게 살았던 탓에 재테크 분야에 관심이 많았다고 한다. 회사원의 특성상 월급이라는 적은 자본금을 이용해 단기간에 부를 쌓는 방법을 찾다 보니 주식만 한 것이 없다고 느껴 처음 투자를 시작했다. 주식을 처음 접한 초창기에는 평범한 사람들과 마찬가지로 주식투자에 뛰어들어 많은 시행착오를 거치며 큰 손해도 많이 봤다고 한다. 그러나 포기하지 않고 꾸준히 노력한 끝에 매매법이 정교해지며 계좌 관리가 안정화되면서부터 지속적으로 수익을 얻게 되었다. 장기간의 자기 검증을 거친 후 경제적으로 빨리 성공하기 위해서 40대의 나이에 회사를 과감하게 그만두고 전업 트레이더의 길로 전향하게 된 케이스이다.

그는 전업 트레이더의 길이 결코 쉽지 않으며 험난한 길이라고 한다. 그러나 성공할 수만 있다면 그 어떤 전문직이나 고소득자, 회사 CEO 부럽지 않게 부를 축적할 수 있는 정직한 직업이라고 말한다. 다만, 어느 직종이나 상위 1%가 되어야 의미 있는 큰 수익을 얻을 수 있으므로, 주식시장에서 성공하고자 하는 사람은 상위 1% 안에 들어가지 못하면 죽는다는 각오로 뛰어들어야 한다고 강조했다. 이를 위한 검증으로 실전투자대회에 참가하여 우수한 성적을 얻기도 했다.

제시스페라는 스스로의 매매 철학 중 가장 중요하게 여기는 것이 '시간 가치'라고 한다. 아무리 큰 수익을 낼 수 있다고 해도 너무 많은 시간을 소요하게 되면 그동안 자금이 회전하지 못하는 리스크를 생각해야 하며, 장기간 주식으로 물려 있을 때 받게 되는 극심한 스트레스도 유의하기를 당부했다. 따라서 적은 수익이라도 적기에 매수 타이밍을 잡아 최단기간에 수익을 실현할 수 있는 방법을 추구한다고 한다. 누군가를 도와줄 수 있는 여유를 가진 사람이 되기 바라며, 주식투자라는 틀 안에서 스스로 갈고 닦은 매매법이나 노하우 등을 필요한 사람에게 전하고자 네이버 블로그 등으로 소통하고 있다. 진짜 실력자만이 살아남을 수 있는 냉혹한 주식시장에서 앞으로도 계속 롱런할 수 있는 훌륭한 트레이더가 되기 위해 오늘도 최선을 다해 노력하고 있다.

— 이주원

일반적으로 트레이딩을 할 때 어떤 기법을 주로 사용하시나요?

5일 이동평균선 위 매매로 테마 대장주의 급소를 노립니다. 바닥권에서 최초 상승하는 테마 주도주 종목을 관심 종목에 넣고 분석합니다. 바닥권에서 100% 또는 200% 상승하는 종목들의 공통점에 대해서도 연구합니다.

어떻게 하면 이런 종목을 빨리 파악할 수 있을까요?

처음에는 바닥권에서 상승할 것이라고 생각해서 매수했습니다. 다음 날 바로 상승하는 경우도 있었지만 어떤 종목은 일주일, 어떤 종목은 한 달이 가도 상승하지 않는 경우도 많았습니다. 이런 경우 트레이더는 자금이 묶이고 시간 가치를 소모하게 됩니다. 바닥권이라고 매수했는데 생각한 것보다 하락이 심하면 손실 금액이 커서 다른 기법으로 매매할 때 심리적으로 위축될 수도 있습니다.

급등하는 종목의 시작 신호를 어떻게 알 수 있을까요?

어떻게 하면 시간 가치를 줄일 수 있을까 고민한 결과 바닥권에서 처음 크게 상승하는 자리를 신호로 생각했습니다.

그리고 이 기준으로 매매했습니다. 새로운 신규 자금이 투입된 핫한 테마의 주도주는 단기간에 추세가 바로 꺾이지 않고 파동의 흐름을 그리며 반등이 나옵니다. 그런 점을 이용하여 눌림상 저점에서 잡는 경우 반등할 확률이 높습니다. 이런 점을 이용하는 매매 기법이 5일 이동평균선 위 매매입니다.

급등하는 종목 중 강한 테마, 약한 테마를 구분하는 방법은 무엇인가요?

바닥에서 급등하는 종목 중 강한 테마의 특성을 살펴보면 테마군을 이루면서 여러 종목이 같이 상승합니다. 최근 코로나19 관련주들을 보면 마스크, 부직포, 온라인 교육, 진단키트, 치료제 등 여러 테마군을 이루고 상승 시 큰 거래 대금으로 상한가를 만드는 특징이 있습니다. 일반적으로 상한가를 만드는 종목이 강한 테마의 대장주일 가능성이 높습니다.

대장주는 상승률, 거래 대금, 뉴스 등 종합적으로 판단해야 하고, 대장주가 수시로 바뀌는 경우가 많기 때문에 시장의 흐름에 따라 판단하면 됩니다.

약한 테마의 경우 바닥권에서 급등한 이후 상승을 지속시키지 못하고 상승분을 모두 반납하여 하락하는 경우가 많습니다. 테마군도 이루지 않고, 관련 테마로 상승하는 종목 수도 강한 테마에 비해서 현저하게 적습니다.

예를 들어 강한 테마는 코로나 관련주(마스크, 진단키트, 온라인 교육, 치료제 등), 대북테마주(철도, 송전, 가스, 지하자원, 개성공단 등) 등이 있고, 약한 테마는 미세먼지 테마(크린앤사이언스, 위닉스), 계절성 테마(신일산업, 파세코) 등이 있습니다.

강한 테마

1 | 오랜 시간 동안 시장의 관심과 돈이 몰리며 상승한다.
2 | 2차, 3차 시세까지 나오는 경우가 많다.
3 | 기본 상승률이 100% 이상이다.

약한 테마

1 | 시장의 테마 순환이 빨라 매일매일 돈이 옮겨 다닌다.
2 | 1차 시세 후 상승 시작 지점까지 하락할 확률이 높다.
3 | 5일 이동평균선을 이탈하면 지속적으로 하락한다.

5일 이동평균선 위 매매 기법에 대해 구체적으로 설명해 주세요.

5일 이동평균선 위 매매는 바닥권에서 발생한 강한 테마주가 최초 상승 이후 처음 눌림을 받는 급소 자리를 공략하는 것입니다. 재료의 강함과 신선도 유무는 거래 대금과 상승률을 보면서 판단할 수 있습니다. 일반적으로 강한 종목들은 거래 대금이 1,000억 원 이상이고, 상한가가 나오는 종목들이 많습니다.

시장의 관심을 많이 받는 종목일수록 거래 대금 순위는 상위에 속합니다. 전업 트레이더로서 시장의 트렌드를 빨리 읽어내고, 핫 이슈 종목을 얼마만큼 빨리 찾느냐가 결국 수익으로 이어집니다. 강한 테마일수록 일봉상에서 5일 이동평균선을 깨지 않고 상승하는 경향이 있습니다. 저는 이런 추세가 강한 종목의 매매를 5일 이동평균선 위 매매라고 부릅니다.

시세가 강력한 종목의 눌림 후 다시 상승하는 자리가 중요합니다. 제 기법은 활용도가 상당히 높고, 어느 장세에서도 거래할 수 있는 장점이 있습니다. 또한 거래할 수 있는 종목의 빈도수가 매우 많은 것도 특징입니다.

첫 번째로 살펴볼 차트는 마니커[027740]로 닭고기 전문업체입니다. 〈그림 1〉마니커 일봉 차트를 보면 종목의 특성을 알 수 있는데, 2018년 6월 CJ제일제당 투자 소식에 상한가를 두 번이나 기록했습니다. 대기업이 중소기업에 투자하는 것은 강한 재료라고 볼 수 있습니다. 그리고 10일 이동평균선까지 밀렸다가 전고점을 뚫고 상승했다가 하락한 후 횡보했습니다. CJ제일제당 투자 이후 뚜렷한 이슈가 없기 때문이었죠.

〈그림 2〉를 보면 2019년 4월 18일 중국 돼지열병이 이슈가 되면서 상한가가 나왔습니다. 1년 가까이 횡보하면서 이슈가 될 만한 거래 대금과 상승을 보인 적이 없었는데 신선한 재료가 상한가를 만든 것입니다. 시장에 처음 이슈가 되는 재료였기에 다음 날 7% 갭 상승으로 시작했습니다. 이때 보유자 입장에서는 충분히 수익을 낼 수 있다는 생각으로 매도할 것입니다. 그래서 대체적으로 갭 상승을 높게 하는 종목들은 하락하는 경향을 보입니다.

다시 분봉 차트를 보면 갭 상승 이후 오전에 반등 없이 하락하는 것을 볼 수 있습니다. 이때 하락이 멈추는 지점을 찾아야 합니다. 상한가가 나온 날 차트의 분봉 흐름을 보면 오후장에 앞전 고점을 뚫고 상한가를 만들었습니다. 저항 자리를 뚫는다는 말은 그 자리까지 다시 주가가 내려오면 지지되는 자리라고 볼 수 있습니다. 저항 자리에 있었던 매물을 소화하고 올라갔기 때문입니다.

그림 1. 마니커 일봉 차트

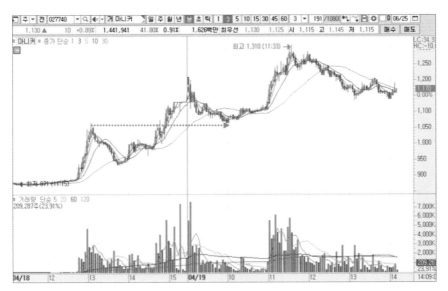

그림 2. 마니커 3분봉 차트

　　이러한 지지와 저항을 이용한 매매는 단기 매매에서 아주 중요하기 때문에 기본적으로 이해하고 연구해야 합니다. 이를 잘 이해하고 매매하면 성공 확률을 높일 수 있습니다.

갭 상승 이후 반등 없이 지지선 부근까지 하락하면 지지선 부근에서 매수가 가능합니다. 그리고 지지와 반대 지점인 저항 부근이 기본적인 매도 타점이 됩니다. 대략 전일 종가인 상한가 자리가 1차 저항, 그리고 당일 시초가 부분이 2차 저항 자리가 됩니다. 지지와 저항을 이용한 매매인데 무조건 이런 자리에서 매수, 매도를 한다기보다는 이러한 관점으로 단기 매매를 하면 짧은 시간에 수익을 낼 수도 있습니다. 마니커의 경우 바닥권에서 1년 가까이 횡보한 후 상한가를 갔기 때문에 일봉상 주요 매물대는 거의 없다고 볼 수 있습니다. 이때 당일 갭 상승한 시가가 저항 자리입니다. 저점에서 시가까지가 대략 12% 정도 됩니다. 저점 부근에서 매수했다면 짧은 시간에 최소 10% 이상 수익을 볼 수 있었을 것입니다.

5일 이동평균선 위 매매 기법에서 지지와 저항을 이용한 매매에 대해 좀 더 자세히 설명해주세요.

5일 이동평균선 위 매매는 최초 상승 이후 눌림을 받는 급소 자리이기 때문에 상승 당일 상승률 순위를 보고 미리 관심 종목을 찾을 수 있습니다. 하락이 멈추고 상승으로 전환되는 신호를 파악해야 합니다. 일반적으로 바닥권에서 거래 대금이 1,000억 원 이상의 장대양봉이 나오면 아래로 꺾인 5일 이동평균선이 위로 올라가면서 추세가 전환됩니다. 그리고 5일 이동평균선을 깨기 전까지의 지지/저항을 찾습니다. 일반적으로 장대양봉이 나온 다음 날이 강한 편이고, 이후로 갈수록 상승보다는 하락 확률이 높기 때문에 비중을 줄이고 조심히 매매해야 합니다.

— 이주원

    종목의 특성을 파악하는 이유는 갭 상승이 많은 종목은 거래량이 많아진 장대양봉이 나오고 그다음 날 갭 상승이 나오기 때문에 상승한다고 따라 샀다가는 바로 손실이 날 수 있습니다. 때문에 장대양봉의 분봉 차트에서 거래량이 많아진 지점의 지지와 저항을 찾은 후 그 시점까지 내려왔을 때 지지가 되는지 확인한 후 매매해야 합니다. 단순히 차트에서 지지와 저항만을 보는 것이 아니라 분봉 차트의 거래량을 봐야 합니다.

    지지점이라 생각했던 곳에서 지지가 안 되는 경우는 앞전에 지지되었던 거래량보다 많은 거래량으로 하락할 때입니다. 예를 들어 장대양봉의 1,000원 지점 부근에서 분봉상 30만 주 가까이 체결되면서 저항을 뚫어 상승합니다. 다음 날 갭 상승 후 다시 1,000원 부근까지 내려오는데 분봉 차트상 50만 주 정도 체결된 후 하락했다면 앞전 저항을 뚫었던 거래량보다 더 많아진 거래량으로 인해 하락한 것입니다. 이때는 지지가 되지 않고 하락할 확률이 높은 것입니다.

    과거에 오전 반등이 곧잘 나왔던 종목들의 경우에는 자신의 경험치와 통계 데이터를 이용하여 같은 패턴이 나왔을 때 오전에 저점을 잡으면 상승할 확률이 높기 때문에 오전에 하락한다면 적극적으로 매매해야 합니다.

    종목의 특성 중 일봉상 횡보 기간도 파악해야 하는데 바닥권 횡보 기간이 6개월 이상인 종목이 바닥권에서 상승이 강한 편이며, 횡보 기간이 길수록 상승할 때 강하게 상승할 확률이 높습니다. 왜냐하면 그만큼 기다림이 길었기 때문에 매물 소화가 충분히 이루어진 것으로 볼 수 있습니다.

    횡보한 종목이 언제 상승할지는 아무도 모릅니다. 언제 올라갈지를 기다리기보다는 상승한 종목의 횡보 기간이 어느 정도인지를 확인하는 것이 중요합니다.

처음 단기 매매를 할 때는 어떤 기법을 사용하셨나요?

처음 단기 매매를 할 때 기술적 반등을 이용한 매매를 많이 했습니다. 바닥권에서 처음 상승하는 종목의 저점을 잘 공략하여 매수하고, 저항이라고 생각하는 지점에서 매도했는데, 장이 마감하고 나면 주가는 항상 더 올라가 있었습니다. 과매수 구간이라고 판단해 매도했는데 주가는 더 상승했으니 판단을 잘못하고 있는 것이 아닌지 고민했습니다. 상승했던 종목들의 특성을 보니 항상 뉴스가 있었습니다. 물론 뉴스 없이 종목이 상승하는 경우도 있었지만, 통계적으로 뉴스가 있는 종목이 내가 생각하는 상승폭보다 더 높은 상승을 보였습니다. 그래서 뉴스에 대해 관심을 가지게 되었고, 뉴스와 재료를 분석하게 되었습니다. 오랜 주식투자 결과 뉴스는 상승과 하락의 중심에 있고, 차트의 반영 여부에 사람의 심리가 작용한다는 것을 알게 되었습니다.

— 이주원

뉴스와 재료를 이해하고 심리를 파악한 후 매매에는 어떻게 적용하셨나요?

뉴스와 재료를 이해하고 심리를 파악한 후 매매에 적용하는 기법을 저는 시나리오 뉴스 매매라고 부릅니다. 시나리오 뉴스 매매는 단기적인 관점에서 뉴스의 해석에 따라 주가 흐름의 변화를 예측하는 것입니다. 즉 주가 흐름의 시나리오를 세워 대응하는 매매입니다. 주가는 매수세와 매도세에 의해서 급등락하는데, 뉴스로 인해 주가가 급등 혹은 급락하는 경우 과매수 혹은 과매도 구간의 급소를 파악하여 매매합니다.

차트와 뉴스에는 어떤 상관관계가 있나요?

주식에 투자하는 방법은 여러 가지가 있습니다. 크게 본다면 기본적 분석을 바탕으로 하는 가치 투자자와 기술적 분석을 바탕으로 하는 차트 투자자가 있습니다. 기본적 분석은 회사의 가치를 보고 투자하는 것이라면, 기술적 분석은 차트를 보며 주가 상승과 하락의 변곡점을 찾아 투자하는 방식이라고 할 수 있습니다. 어떤 투자가 정답이라고 정확히 말할 수 없습니다.

기본적 분석과 기술적 분석이 결합한 매매가 이상적입니다. 차트와 뉴스도 마찬가지입니다. '뉴스 때문에 차트가 상승했느냐, 기술적 반등할 차트였기 때문에 뉴스가 나왔느냐'는 중요하지 않습니다. 상승했다는 것이 중요합니다. 차트와 뉴스를 결합해서 생각해야겠죠.

그림 3. 젬백스 일봉 차트

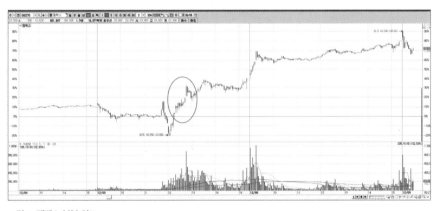

그림 4. 젬백스 분봉 차트

　예를 들어 젬백스[082270]라는 종목은 2019년 12월 5일에 알츠하이머 치료제 관련 임상 결과를 발표했습니다. 시가 3.2% 갭 상승 후 하락세가 지속되었습니다. 차트를 분석해보면 일봉상 2019년 10월 중순부터 바닥 대비 100% 가까이 상승하여 고가권 구간이었습니다. 12월 5일 3.2% 갭 상승 후 박스권 돌파가 나왔으면 좋은 모습인데, 상승 이후 하락세가 지속되었습니다. 시초가 이후 -15% 가까이 빠지면서 과매도 구간에 접어들었다고 판단할 수 있습니다. 고가 대비 -15% 빠진 적이 처음이고, 악재가 선반영되었다고 추측할 수 있습니다. 하락 후 횡보한 다음 기술적 반등이 11시 40분부터 6분 만에 13% 가까이 상승하다 그 이후 심리적으로 투매를 불러 일으켜 고가 대비 -30% 가까이 빠졌습니다. 오전에 매수한 후 6분 안에 매도하지 못했다면 큰 손실을 봤을 것입니다. 하한가까지는 가지 않고 -27%에서 반등한 후 상한가 마감하였습니다. 하루 57% 이상 변동 폭을 보였는데 누구에게는 천당, 누구에게는 지옥이었을 것입니다.

일반적으로 역배열 차트에서 저점을 깨면서 과매도가 나온다면 공개되지 않은 악재가 있을 가능성이 크고, 하루 만에 끝나지 않고 2~3일 하락이 나올 수 있는데 젬백스는 정배열 고가권에서 투매가 나왔습니다. 악재가 있었다면 이미 알고 있던 사람은 매도할 수 있었겠지만 고가권이었기 때문에 전부 빠져나오진 못했을 것입니다. 그래서 반등을 주며 탈출하기 때문에 고가권에서 투매가 나온 종목은 저점을 잘 잡으면 수익을 극대화할 수 있습니다.

임상이 실제로 실패했다면 하한가를 찍고 하한가에 물량이 쌓였을 겁니다. 투매가 투매를 불러 일으켰을 텐데 젬백스는 하한가까지 가지는 않고 반등하였습니다. 비중 베팅은 할 수 없었겠지만 차트 흐름상으로 투매로 인한 하락이기에 매수 관점으로 접근할 수 있습니다.

082270 환 젬백스 매수 매도 젬백스

저장 일시 : 2019/12/05 10:36:00 [인포스탁]

제목 : 알츠하이머치료제 관련 임상결과 발표 앞둔 젬백스 하락세

제목 : 알츠하이머치료제 관련 임상결과 발표 앞둔 젬백스 하락세

젬백스앤카엘이 알츠하이머치료제 관련 임상결과 발표를 앞둔 가운데 하락세다.

5일 오전 10시 32분 현재 젬백스는 전 거래일 대비 7.60% 내린 2만3100원에 거래 중이다.

젬백스는 국내에서 GV1001의 알츠하이머병 치료제로서의 가능성을 확인하는 임상시험을 진행했으며 해당 결과는 미국 샌디에고에서12월 4일(미국시간) 열릴 알츠하이머병 임상시험 컨퍼런스(CTAD Clinical trials of Alzheimer's Disease, 이하 CTAD)에서 발표될 예정이라고 밝혔다.

그림 5. 젬백스 임상결과 발표 전 뉴스

082270 환 젬백스 매수 매도 젬백스

저장 일시 : 2019/12/05 12:26:13 [이투데이]

제목 : 젬백스, 알츠하이머병 치료제 GV1001 임상2상 성공..."치매 진행 막아"

젬백스앤카엘(이하 젬백스)는 4일 (미국시각) 미국 샌디에이고에서 열린 알츠하이머병 임상시험 컨퍼런스(CTAD; Clinical trials of Alzheimer' s Disease, 이하 CTAD)에 GV1001의 알츠하이머병 환자에 대한 안전성과 유효성을 검증한 국내 2상 임상시험의 성공적인 결과가 발표됐다고 5일 밝혔다.

이번 CTAD 2019는 12월 4일부터 7일까지 열리며 바이오젠,에자이, 릴리 등 글로벌 제약사들이 진행 중인 알츠하이머병의 최신 치료제 개발에있어 중요한 새로운 결과 등을 발표하고, 그 밖에 알츠하이머병 임상시험 전반에 관한 논의를 하게 된다.

젬백스는 앞서 2017년 8월부터 2019년 9월까지 한양대 구리병원을 포함한 국내 12개 의료기관에서 중등도(Moderate)에서 중증(Severe)의 알츠하이머병 환자 중 콜린성 신경계 조절 약물인 도네페질을 3개월 이상 안정적으로 복용한 환자를 대상으로 GV1001 0.56mg 또는 1.12mg을 6개월간 피하 투여해 그 안전성과 유효성을 평가하는 임상시험을 실시한 바 있다.

이번 임상시험의 탑라인(Top Line) 결과는 주관연구책임자인 한양의대 신경과 고성호 교수가 발표했다.

고 교수는 "중등도 이상의 알츠하이머병 임상시험에서 가장 보편적으로 쓰이는 중증장애점수SIB(Severe Impairment Battery)에서 GV1001을투여한 두 군에서 모두 명확한 유의미한 결과를 보였다" 며 "특히 도네페질을 단독 투여한 대조군에서는 SIB점수가 7.23점이 감소한 반면 GV1001 1.12mg을 투여한 시험 군에서는 0.12점의 감소에 그쳐 대조군 대비 탁월한 개선 효과를 보였다" 고 말했다.

이어 "이는 시험군에서는 치료 기간 중 병의 진행이 거의 없는 수준을 시사한다" 며 "또한 이번 임상시험에서 GV1001은 이전의 다른 임상시험에서와 마찬가지로 안전성을 보였다" 고 강조했다.

고성호 교수에 따르면 이는 중등도 이상의 치매 환자에서 진행을 억제하는 신약이 전혀 없는 가운데, 새로운 치료제로서의 가능성을 확인한이번 결과는 매우 고무적이다. 그는 "이번 연구 결과가 다음 단계의 대규모 임상시험의 결과를 예측할 수 있는 청신호가 될 것" 이라고 설명했다.

한편 이번 발표의 좌장을 맡은 캘리포니아대학교 샌프란시스코 (UCSF) 신경과 마이클 위너 교수는 "중등도 이상의 치매에서 대조군 대비 매우 놀라운 결과를 보인 점을 축하한다" 며 "미국 내 2상 임상시험도 속히 진행되기를 바란다" 고 당부했다.

그림 6. 젬백스 임상결과 발표 후 뉴스

그럼 뉴스 관점에서는 어떻게 판단을 할 수 있을까요? 2019년 10월 알츠하이머 치료제 기대 부각 소식으로 급등하였습니다. 처음 박스권을 돌파할 때는 따라 붙어볼 만하지만 단타 세력들이 못 따라 붙도록 눌림 한 번 제대로 주지 않고 계단식으로 상승하였습니다. 세력이 붙었다고 가정한다면 개미 투자자들을 따라 붙지 못하게 5일 이동평균선을 타고 끝없이 상승합니다. 그리고 눌림을 주면서 11월 한 달 동안 고가권 횡보가 지속되는데 명확한 타점 잡기는 애매하기 때문에 매매하기 어렵습니다.

그리고 12월 5일 뉴스만 생각한다면 접근하기 어려울 수도 있습니다. 혹시나 임상이 실패한다면 하한가가 나올 수 있기 때문입니다. 오전 10시 36분에 '임상 결과 발표 앞둔 젬백스 하락세'라는 뉴스까지 나오면서 공포 분위기가 조성되었습니다. 11시 40분경 상승하는 척하다가 단기간에 -30% 가까이 하락했는데 하한가로 물량이 잠기지 않고 반등할 때 전업 트레이더 입장에서는 단기 매매 관점에서 매수가 가능할 수도 있습니다. 하지만 홀짝 매매일 수도 있기 때문에 권장하지는 않습니다. 그런데 12시 26분 미국 학회 공식 발표에서 임상 2상 성공 발표 뉴스가 나왔습니다. 오전에 하락한 이유가 임상 실패 가능성 때문이었는데, 발표가 나왔을 때 하락분을 만회하고 전고점 부근까지 상승했습니다. 악재가 해소되었기 때문에 비중 베팅이 가능한 자리였습니다.

차트 매매자는 지금 시점에 호재 뉴스 그리고 악재 뉴스가 나올 것이라고 차트를 보고 예상할 수 있습니다. 차트와 뉴스를 함께 보는 사람은 뉴스를 확인하고 차트상 저점을 잡습니다. 차트로 예상해서 들어가다 예상과 달라지면 큰 손절로 이어집니다. 그러므로 보험으로 뉴스를 확인하고 차트상 저점을 잡는다면 뉴스를 기준으로 명확한 판단이 가능할 것입니다.

호재와 악재 뉴스는 어떻게 파악하나요?

뉴스가 나온 종목의 상승률과 하락률을 보면 뉴스가 호재로 작용하는지 악재로 작용하는지 알 수 있습니다. 공시와 특징주를 통해 현재 장세에 강하게 반응하는 뉴스도 파악할 수 있습니다.

경험상 강력한 호재 뉴스는 M&A, 3자 배정, 우회상장, 기술 수출 등입니다. 약한 뉴스는 수주공시, 실적 호전, 자사주 취득, 주식 소각, 채권단의 자금 지원 등이 있습니다.

반대로 강력한 악재 뉴스는 횡령과 배임, 계약 파기, 주주배정 유상증자, 감자 등입니다. 약한 악재는 수주 취소, 적자전환, 자사주 처분, 신주인수권부사채(BW)/전환사채 상장입니다. 그리고 시장 상황에 따라 같은 뉴스라도 세기가 다른 경우가 있습니다.

3월은 법인결산 시즌이라 일반적으로 관리 종목 지정과 사업보고서가 나오지 않은 종목 같은 경우 상장 폐지되는 경우가 많습니다. 이 시기에 적자 기업이지만 사업보고서가 나오면 상장 폐지를 면할 수 있을 것이라고 판단되어 급등하는 경우도 있습니다.

호재와 악재를 통한 수익 구간 창출 방법은 무엇일까요?

주가의 흐름에 따라 절묘한 타이밍에 나오는 뉴스를 주목합니다. 상승의 윤활유 작용을 하여 상한가를 만들 수도 있고, 하락의 투매를 불러일으켜 하한가를 만들 수 있는 것이 뉴스입니다. 그럼 호재와 악재 뉴스는 어떻게 파악할 수 있을까요? 주가 급등락에 따라 뉴스의 강도를 가늠할 수 있습니다. 그리고 차트상 어떤 위치에서 뉴스가 나왔느냐에 따라 강도가 달라집니다.

박스권을 돌파한 자리에서 뉴스가 나오면 힘 있게 상승하고, 박스권 안에서 뉴스가 나온다면 재료의 세기에 따라 박스권을 돌파할 수도 있지만 잠깐 상승하다가 상승분을 반납하기도 합니다. '돌파를 하느냐, 못 하느냐'는 거래량을 보면 확인할 수 있습니다. 120봉, 240봉 안에 최대 거래량으로 상승한다면 잠깐의 상승이 아닌 돌파할 확률이 높습니다. 작은 거래량으로 상승한다면 돌파하다가 다시 하락할 확률이 높습니다.

호재와 악재를 통한 수익 구간을 창출하는 방법은 호재와 악재가 차트에 반영되었는지를 파악하는 것이 중요합니다. 뉴스가 장전, 장중, 장 마감 어느 시점에 나왔는지 확인하는 것이 중요합니다. 장전이나 장 마감에 나왔다면 차트상 호재 혹은 악재가 반영되었는지 판단할 수 있습니다. 장중의 경우 호재와 악재의 세기를 통계적으로 파악할 수 있어야 장중 차트 반영 여부를 판단할 수 있습니다.

호재와 악재의 통계를 파악하는 방법은 매일 나오는 특징주를 보고 뉴스의 내용에 대해 파악하고 차트상 급등락률을 확인하면 쉽게 알 수 있습니다.

과매수와 과매도 구간은 어떻게 파악할 수 있나요?

과매수와 과매도를 파악하려면 같은 뉴스로 얼마만큼 상승했는지에 대한 통계를 가지고 있어야 합니다. 예를 들어 주가가 고점에 있는 두 개의 종목이 있다고 가정해보겠습니다. A종목은 3자 배정이라는 뉴스가 나왔고, B종목은 실적 호재 뉴스가 나왔습니다. 둘 다 차트상 고점이기에 뉴스가 선반영되었다고 볼 수 있습니다. 그런데 A종목은 상승하고, B종목은 하락했습니다. A종목은 뉴스의 세기가 강했고, B종목은 뉴스의 세기가 약했기 때문입니다. 하지만 이러한 결과가 항상 동일하게 나오는 것은 아닙니다. 통계적으로 그런 경우가 많다는 것입니다. 그래서 뉴스에 대한 자신만의 데이터베이스를 구축하는 것이 중요합니다.

뉴스에 대해서 연구해보면 알게 되겠지만, 장세에 따라서 뉴스 반영 강도가 달라집니다. 상승장에서는 뉴스의 세기가 약해도 다른 종목들이 함께 상승하기 때문에 평소보다 더 상승할 수가 있습니다. 조정장이나 하락장에서는 약한 세기의 뉴스가 나오면 매수세가 상승장만큼 많이 들어오지 않아 주가가 상승하지 않고 오히려 하락하는 경우도 있습니다. 그리고 시기에 따라서 주가의 움직임이 조금씩 변하기 때문에 뉴스 매매는 트렌드 파악이 필수입니다. 많은 데이터베이스 구축과 현 장세에 따라서 변화를 파악한다면 뉴스 매매가 강력한 무기가 될 것입니다.

시나리오 뉴스 매매 사례를 조금 더 구체적으로 설명해주실 수 있나요?

— 이주원

시나리오 뉴스 매매는 호재 매매와 악재 매매가 있습니다. 가장 중요한 3가지 요소는 뉴스의 세기, 뉴스의 차트 반영 여부, 뉴스의 시기입니다. 뉴스 매매는 상승 추세(이동평균선 정배열)에 있을 때 뉴스에 잘 반응하며, 하락 추세(이동평균선 역배열)의 경우 악재 매매를 해서는 안 됩니다. 하지만 호재 매매도 보수적인 관점에서 상승률을 판단해야 합니다.

뉴스의 세기는 뉴스에 따른 급등락에 대한 데이터베이스가 구축되어야 과매수/과매도 구간을 찾을 수 있습니다. 뉴스의 차트 반영 여부는 주가의 흐름을 보고 판단할 수 있고, 장전, 장중, 장 마감인지에 따라 차트에 어떻게 반영되는지 확인해야 합니다.

그림 7. 한진칼 일봉 차트_ 뉴스 매매

호재 매매 사례인 한진칼[180640]입니다. 2019년 4월 8일 조양호 회장 별세 소식에 한진그룹 관련주가 상승했습니다. 왜 상승을 한 것일까요? 바로 지분 관계가 변하기 때문이었습니다. 조양호 회장이 별세하기 전부터 남매들의 갑질 논란(땅콩회항 등)을 보고 '경영권 분쟁이 있겠구나'라고 유추해볼 수 있었습니다. 경영권 분쟁 같은 경우 누군가가 인수 결정이 나기 전까지는 주가가 급등락하기 때문에 주가의 흐름을 잘 파악하면 수익을 볼 수 있는 구간을 찾을 수 있습니다.

왜 경영권 분쟁이 주가에 영향을 주는 것인가요?

경영권 분쟁이 시작되면 경영권을 가지기 위해 서로 지분을 많이 모으려고 합니다. 지분을 모으는 과정에서 유통되는 주식 수가 줄어듭니다. 어느 한쪽 지분이 많아야 끝나기 때문에 시장에서 유통되는 주식 수가 줄어든 상태에서 남은 주식 수가 적어지기 때문에 지분을 확보하기 위해 비싼 가격으로 살 수밖에 없습니다.

M&A 뉴스는 인수하는 대상이 누구인가가 중요하며, 인수자들이 서로 지분을 가져 가려고 할 때 주가가 상승합니다. 뉴스와 차트의 흐름을 같이 파악해보면 알 수 있습니다.

그림 8. 한진칼우 일봉 차트

한진칼은 2019년 4월 8일 상승 후 조정을 받았는데, 한진칼우[18064K] 종목은 계속 상한가를 갔습니다. 우선주이다 보니 시가총액이 적어서 투기적인 매수세가 조금만 붙어도 수급 불균형으로 인해 주가가 탄력을 받는 편입니다. 투기 세력 입장에서는 보통주를 매수하려면 돈이 많이 들기 때문에 우선주를 매수하여 투기 심리를 조장하는 것이라고 생각합니다. 또 '조금 있으면 보통주도 상승할 거야'라는 기대심리가 작용하기 때문에 정상적인 주식투자는 분석을 통해 꼼꼼히 분석한 후 투자에 들어가야겠지만, 투자가 아니라 투기인 종목들은 투기 심리를 파악해야 합니다. 그래서 한진칼우가 상한가를 한 번이 아니고 계속 간다고 한다면 한진칼도 상승할 것임을 예측할 수 있습니다.

한진칼우는 상한가가 2번, 3번 나오면 바닥 대비 고점이기에 매수하기 까다로울 수 있습니다. 이럴 때 한진칼이 조정을 받는다면 적극적인 매수 기회가 될 수 있습니다. 매도는 이슈가 종료되었을 때 혹은 대장주인 한진칼우가 조정받을 때 매도한다면 큰 수익을 볼 수 있습니다.

악재 매매에서는 어떤 원칙을 지켜야 할까요?

악재 매매 케이스인 상보[027580]입니다. 2019년 5월 31일 장 마감 후 291억 원 규모 운영자금 조달을 위한 대규모 유상증자 결정 공시가 나왔습니다. 장 마감 후여서 시간외하한가(-9.84%)로 마감했습니다. 참고로 악재 매매는 최근 시장에서 이슈가 되는 테마 혹은 관심을 받는 개별 종목이 악재로 인해 하락했을 때 공략해야 합니다.

그림 9. 상보 일봉 차트

이슈도 없고 지속적으로 하락하는 종목은 악재가 나오면 반등도 약할 뿐만 아니라, 추가 하락으로 이어집니다. 그래서 경험치가 필요합니다. 하지만 만약 경험치가 없다면 다른 종목들의 이전 동일한 뉴스를 보면서 주가 상승률 혹은 하락률의 데이터베이스를 만들어서 파악하면 좋습니다. 그리고 업데이트를 계속해야 합니다. 시장의 상황이나 시기에 따라 급락률이 계속 변하기 때문에 통계적으로 생각하는 것이 좋습니다. 데이터베이스를 만들지 않고 따라 하면 위험할 수 있습니다.

2019년 5월 당시 그래핀 관련주들이 이슈를 받으면서 국일제지, 크리스탈신소재[900250], 상보, 엑사이엔씨[054940] 등의 종목들이 급등락을 반복했습니다.

상보는 시장의 이슈를 받는 가운데 대규모 유상증자가 나왔고, 악재이긴 하나 역으로 기존 유상증자를 한 종목들 대비 심하다는 생각이 든다면 시가 근처가 매수 기회가 될 수도 있습니다. 일봉상 차트가 상승 중이었다가 갭 하락하는 지점이 상승을 시작한 자리까지 내려왔기 때문에 바닥 자리라고 볼 수 있습니다. 저가 대비 15% 정도 상승했으므로 당일 단기 매매도 가능합니다.

주식 미보유자 입장에서는 뉴스가 언제 나왔는지, 장마감 후 유상증자가 나왔을 경우 일반적으로 몇 % 하락하는지, 증자 비율이나 목적에 따라 다르므로 차트를 보며 어느 지점에서 뉴스가 나왔는지 꼼꼼히 확인한 후 매매에 임해야 합니다.

악재 매매는 본인이 보유한 종목에 악재 뉴스가 나왔을 때 무조건적인 손절보다는 상황에 따른 판단으로 피해를 최소화하는 데 많은 도움이 됩니다.

시나리오 뉴스 매매 핵심

1 | 뉴스의 세기에 따른 상승률과 하락률 파악한다(데이터베이스 구축, HTS 메모 등).
2 | 뉴스의 차트 반영 여부를 확인한다(뉴스가 차트에 영향을 미쳤는지 확인).
3 | 뉴스의 시기(장전, 장중, 장 마감)를 확인한다.
4 | 뉴스가 나옴에 따라 주가 흐름 및 시장참여자들의 심리를 파악해서 매매에 임한다.

지금까지 트레이딩을 해오며 악재 매매를 했던 종목 중 가장 기억에 남는 것은 무엇인가요?

가장 기억에 남는 매매는 해외여행 중 있었던 일입니다. 대북 테마가 가장 강했던 2018년 5월에 트럼프의 갑작스러운 발언으로 생긴 돌발 악재 상황이었습니다. 앞에서 설명한 시나리오 악재 매매와도 관련이 있습니다. 저는 테마가 강한 상황에서 재료 소멸성이 아닌 단기적 돌발 악재의 경우에는 적극적으로 매매하는 편입니다.

2018년은 남북, 북미 회담이 열렸고 대북주가 크게 주목을 끌었던 한해였습니다. 국내외 여행을 오랫동안 다니느라 매매를 많이 하지 못했는데, 유럽 여행 중이던 2018년 5월 24일(목요일) 밤 트럼프 북미 회담 취소 발언 뉴스를 접하게 됐습니다. 유럽에 있어서 시차와 인터넷 환경 등의 문제로 매매가 쉽지 않을 거라는 우려는 있었습니다. 하지만 2018년 5월 25일(금요일)에는 반드시 매매를 해야겠다는 생각에 하루 전인 목요일에 미리 다음 날 매수/매도 시나리오를 세웠습니다.

일단 관심 종목은 철도주를 1순위로 정했고, 그다음에 가스관주 중 강한 힘을 보여줬던 동양철관[008970], 그리고 자원개발주 중 힘이 강하다고 생각되었던 혜인[003010]으로 압축했습니다. 동시에 어느 정도 하락으로 시작하면 종목당 비중을 어떻게 하고, 시세 변동에 따라 추가 매수를 어떻게 할지, 수익 실현을 어떻게 할지에 대한 시나리오를 세웠습니다.

지정가격으로 분산해서 매수 주문을 해뒀습니다. 철도주는 대아티아이[045390], 에코마이스터[064510], 현대로템[064350]을, 그 외에는 동양철관과 혜인이 시초가와 시초가 밑꼬리 부분에서 체결됐습니다. 매수 후 반등이 나오는 시점인 오전에 모든 종목을 일단 전량 매도했습니다. 그리고 2018년 5월 25일 오후에 대북주가 크게 반등하지 못하고 다시 밀리는 것을 보고 종가 베팅 후 2018년 5월 28일(월요일)에 한 단계 더 빠진다면 추가 매수 후 스윙으로 들고 갈 계획으로 종가 베팅 종목을 선정했습니다.

동양철관과 혜인은 그대로 재매수를 계획하고, 철도주는 대아티아이가

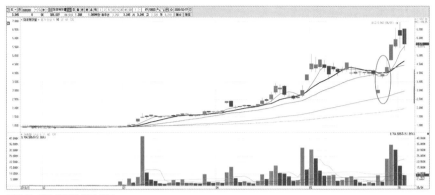

그림 10. 대호에이엘 일봉 차트

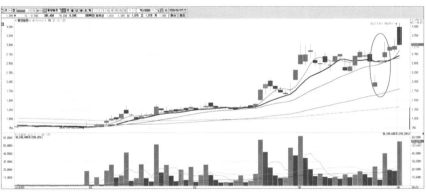

그림 11. 동양철관 일봉 차트

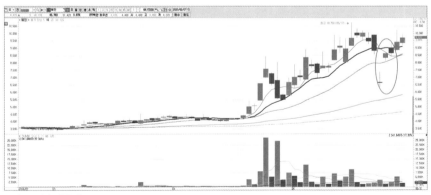

그림 12. 혜인 일봉 차트

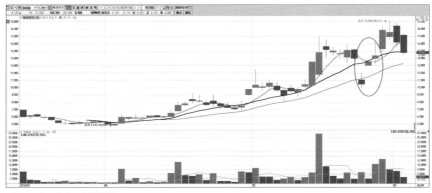
그림 13. 에코마이스터 일봉 차트

대장주이긴 하지만 스윙 가능성을 염두에 두고 차트 자리가 더 낮은 위치였던 대호에이엘[069460]과 에코마이스터를 선택했습니다.

아침 시초가에 베팅했던 매수금의 절반 정도를 재매수하여 오버나이트 포지션(외환시장이나 금융시장 거래의 포지션이 매입 초과 포지션 또는 매도 초과 포지션 상태로 마감되어 한 영업일 단위를 경과하게 되는 상태)을 취했는데, 주말 대북 관련 큰 호재들이 연달아 터지면서 2018년 5월 28일에는 대부분 상한가로 마감하게 되었습니다.

2018년 5월 28일 계획은 힘이 좀 약할 것으로 판단되는 종목이나 비중이 약간 작은 종목들 위주로 30% 정도는 수익을 실현하고, 포트폴리오 비중이 조금 컸던 동양철관과 대호에이엘 위주로 홀딩할 계획을 세웠습니다. 월요일 오전에 일단 일정 수량은 수익 실현을 하고 오전 내내 대북주가 강하게 상한가로 들어가는 모습에 일신석재[007110]와 좋은사람들[033340]을 적당한 금액에서 상한가 따라잡기를 했습니다. 계획했던 대로 2018년 5월 29일(화요일) 보유 종목을 전량 수익 실현했습니다.

여기까지가 3일간 대북주를 매매한 제 시점입니다. 큰 돌발 악재가 나왔지만 시나리오를 잘 세워 대응한다면 좋은 기회가 될 수 있습니다.

시장 이슈에 대응해 트레이딩을 할 때 어떤 원칙이 필요할까요?

이벤트에 대한 대응 대책을 세워서 매매에 임해야 합니다. 예전 우리나라에서 인공위성을 발사했습니다. 그때 저는 비츠로시스[054220]를 매수했는데, 시간외 상한가 가까이 상승했습니다. 거의 성공한 분위기였고, 대박 수익을 노렸습니다. 그래서 시간외에도 매도하지 않았고 오버나이트 포지션을 취했습니다. 몇 번의 실패를 거듭한 로켓 발사였지만, 마지막 시도였고 러시아 기술진이 심혈을 기울였기 때문에 결코 실패할 리 없다고 생각했습니다. 그러나 발사는 실패로 끝났고, 그 대가로 다음 날 주가는 엄청나게 하락했습니다. 결국 크게 손절매를 하고 말았습니다.

제4이동통신 이슈 시기에도 세종텔레콤[036630]을 샀다가 비슷한 일을 경험했습니다. 이러한 아픈 경험을 몇 번 겪다 보니 그 이후에는 매매할 때 아무리 확실해 보여도 투자 금액의 절반 정도는 수익 실현을 하는 습관이 생겼습니다. 주가가 제 예상과 다르게 흘러간다면 언제든지 미련 없이 손절매를 하게 되었습니다. 이러한 습관이 생긴 후부터 꾸준하게 기복 없는 수익을 내고 있습니다.

그럼에도 대북 관련주를 적극적으로 매매한 이유는 무엇이었습니까?

대북주 매매를 적극적으로 한 가장 큰 이유는 당시 가장 강한 테마라는 점이었고, 상당히 큰 돌발 악재가 발생해도 더 나빠질 상황보다는 좋아질 상황이 훨씬 크다고 생각했기 때문입니다. 주식을 매매하다 보면 내가 생각하지 못한 변수와 선택을 강요받게 될 수 있습니다. 주식은 무조건적인 예측보다는 대응의 관점도 함께 고려해 판단해야 합니다. 특정 상황에서 나는 어떤 판단을 할 것인지 장 시작 전 시나리오를 작성해보면서 매매에 임하면 조금 더 빠른 판단을 할 수 있다고 생각합니다.

만약 손실이 났다고 해도 내가 작성한 시나리오가 만족스럽고 원칙에 따른 매매를 했다면 후회할 필요는 없습니다. 만약 내가 작성한 시나리오가 나빴다면 다음에 비슷한 상황이 생겼을 때 조금 더 만족스러운 시나리오 매매를 하면 됩니다. 이러한 경험을 쌓아나가다 보면 어느 시점에 이르면 자신만의 원칙을 만들 수 있다고 생각합니다.

손절매의 기준은 무엇인가요?

보통 주식투자를 하다 보면 특정 종목에 물려 손절매를 하지 못하고 마음고생을 하는 경우가 있습니다. 2013년 5월 차바이오텍[085660]이 급락한 적이 있었습니다. 이 정도면 과하다 싶어서 매수했습니다. 그러나 주가는 매수했던 가격보다 더 떨어졌고, 급한 마음에 신용거

그림 14. 차바이오텍 일봉 차트

래를 최대로 사용하여 추가 매수를 감행했습니다. 흔히 말하는 물타기 매매였습니다. 결과는 불 보듯 뻔했습니다. 매일 불안에 떨다가 일주일도 못 버티고 7,000만 원 정도를 손절매했습니다. 당시 저의 전체 투자금 중 절반이 넘는 금액이라 하루하루 지옥 같은 나날을 보냈습니다. 그 후유증으로 한동안 슬럼프에 빠져서 감당할 수 없을 만큼 고통의 시간을 보냈습니다.

손절매를 하지 못하는 데는 여러 가지 이유가 있겠지만, 자신이 감당할 수 있는 한계를 넘어서는 베팅을 했기 때문이라고 생각합니다. 감당할 수 없는 금액을 베팅해서 물리게 되면 일단 심리적으로 상당한 중압감을 받게 됩니다. 대부분의 투자자는 이런 상황을 쉽게 감당할 수 없습니다. 따라서 손절매도 하지 못하고, 물타기도 하지 못하게 되는 상황이 연출됩니다. 결국 계좌를 방치하게 되는 결과를 초래합니다.

하지만 기본과 원칙에 입각해 매매하면 크게 잃을 일은 없다고 생각합니다. 주식투자가 어려운 이유는 감정과 욕심이 개입하기 때문입니다. 매수 후 가격이 하락하면 겁이 나고 더 떨어질까 안절부절못하게 됩니다. 욕심과 조급한 마음으로 시작한 매매는 한두 번 요행으로 수익을 낼 수 있을지도 모릅니다. 하지만 반드시 그 몇 배를 토해내게 하는 무서운 덫과 같습니다.

원칙에 어긋나는 매매를 한 경우 어떻게 대처하시나요?

최근에도 비중 조절 실패와 한 종목을 집중 매수한 경험이 있습니다. 제 원칙에 어긋나는 매매를 한 것이죠. 그래서 다음 날까지 원하는 만큼 주가가 오르지 않으면 실패를 인정하고 전량 손절매를 하고 있습니다. 이미 무리한 베팅으로 심리에서 지고 있기 때문에 나중에 올라간다고 해도 크게 수익을 낼 수도 없습니다. 그리고 만약 여기서 한 번 더 급락이 나온다면 손해를 감당하기 어렵습니다.

트레이딩 시 가장 뼈아팠던 손절매 경험이 있으신가요?

코스닥지수가 2018년 9월까지는 상승했고, 10월은 하락장의 시작이었습니다. 이럴 때일수록 원칙 매매와 칼 같은 손절매 기준을 지켜야 합니다. 2018년 10월 10일 수요일에는 다음 날 오버나이트할 몇 종목을 저점에 분할로 매수를 걸어두었습니다. 급한 일이 있어 몇 시간 외출을 하고 돌아와 보니 장이 폭락하면서 전부 매수되어 있었습니다. 비중 조절에 실패한 것이죠. 사실 그날 그냥 전량 손절매를 했다면 몇백만 원만 손해를 보고 끝났을 것입니다. 그러나 그날 플러스가 된 실현 손익을 마이너

그림 15. 코스닥 일봉 차트

스 숫자로 만들기 싫어서 방치한 후에 종가 추가 매수로 대응했습니다. 그리고 대북주도 빠질 만큼 빠졌다고 생각해 종가 베팅으로 남은 돈을 대부분 베팅했습니다.

당시 물려 있는 종목의 미실현 손익이 마이너스 수천만 원인 상태여서 종가 베팅한 대북주로 조금 복구하고, 손해를 보고 있는 주식은 반등 시 약손절하면 큰 피해 없이 나올 수 있겠다고 생각했습니다. 당시 장이 크게 나쁘지 않았고, 아주 큰 급락은 없을 것이라고 생각했습니다. 다음 날 반등 때 빠져나와야지 생각하고 밤에 잠을 청했습니다. 그런데 아침에 일어나 보니 다우지수는 -800포인트가량 빠져 있었고, 대북주는 추가 악재까지 나와 있었습니다. 추가 매수할 수 있는 현금이 거의 없던 상태라 걱정되었습니다.

장은 이미 폭락이 예상되고, 악재는 나왔지만 장전에 피해를 최소화할 수 있도록 장 시작 전에 시나리오를 미리 세웠습니다. 대북주는 일단 시초가에서 반등이 나왔을 때 절반 정도는 정리하고, 나머지 수량은 보유하는 것으로 결정했습니다. 그다음 보유 중인 제약주와 화장품주 중 비중이 좀 더 컸던

제약주는 저점에 추가 매수하여 전량 손절매했습니다. 그리고 힘이 없었던 화장품주는 추가 매수 없이 전량 모두 손절매했습니다.

현금이 많이 있었다면 데이 트레이더에게 큰 기회가 될 수 있는 날이었습니다. 하지만 모든 자금을 퍼부은 상태였기 때문에 하루 종일 탈출하기에만 급급했습니다. 결국 큰 손해만 봤던 기억이 납니다.

손절매 후 어떤 마음으로 다시 트레이딩에 임하셨나요?

보통 손절매를 하고 나면 복구 심리가 작용합니다. 마이너스를 플러스로 전환하기 위해서 잦은 매매를 하게 되고, 원칙에 맞지 않은 매매를 해서 손실을 키웁니다. 크게 손절매를 하고 난 이후의 마인드가 중요합니다. 제가 큰 손절매를 단행하는 경우는 비중 조절을 실패했을 때입니다. 트레이딩을 하다 보면 '이 종목은 얼마를 받아주니까 어느 정도까지 베팅을 해야지'라는 생각으로 매매합니다. 내가 생각한 금액 이상으로 베팅되었다는 것은 이미 잘못되고 있다는 것을 알리는 신호입니다. 하지만 이를 인지하지 못하는 경우가 많습니다. 이 가격에 지지된다는 생각을 가지고 매수했는데, 추가 하락이 나온다는 것은 지지가 무너졌다는 뜻입니다. 시장의 영향 때문일 수도 있고, 종목에 악재가 내포되어 있는데 아직 알려지지 않은 것일 수도 있습니다. 그러면 추가 매수보다는 탈출을 생각해야 합니다.

대체로 손절매를 하지 못하는 사람들의 경우 다른 종목에서 그만큼 복구하지 못할 것이라고 생각해서 미련을 가지게 됩니다. 실수를 인정하고 다시 시작하면 되는데, 그렇게 하지 못하기 때문에 작은 손실이 큰 손실로 바뀌게

— 이주원

됩니다. 이런 경우 한 번의 잘못된 판단으로 계좌가 깡통이 될 수 있으며, 복구 심리가 작용해서 무리한 매매로 이어질 가능성이 있습니다. 저 같은 경우 큰 손절매를 하는 날에는 매매를 중단합니다. 손실에 대한 금액을 바로 복구하려 하지 않고 금액에 따라 일주일이든, 한 달이든 '차근차근 벌어서 손실을 복구해야지'라는 마음가짐을 가집니다. 이렇게 매매에 임하다 보면 처음 생각한 기간보다 더 빠른 시간에 계좌가 복구되는 경험을 했습니다.

주식투자를 오래 하다 보면 어느 정도 매매 기법이 익숙해지고 서로 엇비슷해집니다. 주식투자로 꾸준히 수익을 잘 내는 사람들을 보면 어떻게 저렇게 꾸준하게 큰 수익을 내는지, 특별한 비법이라도 있는 것은 아닌지라는 생각을 하게 됩니다. 사실 알고 보면 특별한 비법 같은 것은 없습니다. 항상 평소대로 똑같이 매매합니다. 손실이 나는 이유는 방법을 몰라서가 아니라 마인드가 흔들려서 원칙에 어긋난 매매를 하기 때문입니다. 따라서 내가 세운 원칙을 고수하는 트레이더가 될 수 있도록 끊임없이 노력해야 합니다.

상승장과 하락장에서는 각각 어떻게 대응하시나요?

제 주력 매매 기법은 종가 베팅입니다. 사실 한 번씩 큰 손실이 날 때도 있지만, 상승장이건 하락장이건 비중 조절만 신경 쓰면서 언제나 똑같이 종가 베팅을 하고 있습니다.

상승장에 대응할 때는 목표가를 길게 잡습니다. '가는 종목이 더 간다'는 말처럼 목표가를 길게 잡고, 짧은 수익률에 만족하지 않습니다. 추세를 더 지켜보다 보면 생각 이상으로 추가 수익을 얻을 때가 있습니다.

하락장에서 매매할 때는 두 가지 방법이 있습니다.

첫째, 강한 한두 종목을 찾아서 비중을 몽땅 몰아주는 일명 풀베팅 타이슨 방식입니다. 둘째, 강한 종목 위주로 비중을 좀 더 실어주되, 종목을 분산해서 골고루 베팅하는 일명 메이웨더 방식입니다.

상승장이건 하락장이건 계좌가 크게 망가지지 않고 비슷하게 유지되는 이유 중 하나는 메이웨더 방식을 구사하기 때문입니다. 정말 좋아 보이는 종목이 보여도 욕심을 버리고, 이 종목이 만에 하나 실패했을 때를 대비해 다른 종목들에 골고루 베팅하는 방식입니다. 시원시원한 한방은 부족한 대신 크게 망가지지 않는 방식입니다. 그래서 매일 종가 베팅한 종목들 중에서 어느 종목은 수익이 나고, 또 어느 종목은 손실이 나더라도 어떻게든 손익 비율을 맞춰서 수익으로 빠져나오려고 노력합니다.

하락장에서 수익이 나지 않는 경우에는 공격적으로 매매하던 스타일을 잠시 멈추고, 종목당 비중도 줄이고, 투자금을 축소하여 방어적으로 매매하는 것이 좋습니다. 하락장에서는 하루 종일 매매하는 것보다 거래량이 많은 시간대 위주로 매매해야 큰 손실 없이 지나갈 수 있습니다.

투자금과 리스크 관리는 어떻게 하시나요?

'주식투자를 처음 시작할 때 투자금을 어느 정도 가지고 해야 할 것인가?'에 대해 고민할 수 있습니다. 자신만의 매매 기법에 대한 확신만 있다면 사실 투자금은 무의미합니다. 그래서 실력을 쌓는 것이 중요합니다. 주식투자를 처음 시작할 때 일반적으로 투자금을 어느 정도 갖고 해야 하는지에 대해 말씀드리겠습니다.

첫째, 여윳돈으로 투자해야 합니다. 단기간에 필요한 자금이나 빌린 돈의 경우 심리적 부담감이 가중되어서 투자 실패로 이어질 확률이 높아집니다.

둘째, 투자금의 규모는 본인이 감당할 수 있을 정도여야 합니다. 월평균 수입의 3개월치를 넘기지 않아야 감당이 가능하다고 생각합니다. 예를 들어 월급이 300만 원인 사람의 경우 900만 원까지 가능합니다. 그리고 3개월 이상 지속적으로 수익이 난다면 투자금을 올리고, 투자금을 올린 이후 손실이 난다면 다시 투자금을 낮춰야 합니다.

셋째, 수익금은 인출 후 별도 통장으로 관리해야 합니다. 월간 1회 이상 적은 수익금이라도 인출한 후 별도 통장으로 관리해야 합니다. 커진 수익금을 본인의 자산으로 착각할 수 있으며, 손실이 날 경우 무리한 투자로 이어질 수 있기 때문입니다.

어느 정도 투자금 관리가 된다면 리스크 관리도 할 줄 알아야 합니다.

첫째, 투자금에 따른 베팅 금액을 조절해야 합니다. 예를 들어 500만 원을 가지고 투자하는 경우, 2~3종목 그리고 1~2번 분할 매수한다면 일반적으로 투자금의 20% 정도를 1차 매수 최고 금액으로 선정합니다. 그리고 2차 매수는 일반적으로 2배수로 할 수 있습니다. 하지만 익숙해지기 전까지는 투자금에 따라서 베팅 금액을 잘 조절해야 합니다.

둘째, 매매 일지 및 매매 복기 후 의미를 새겨야 합니다.

초보자일수록 매매 일지를 쓰는 습관을 들이고 매매 일지를 작성하면서 반성할 점과 잘못한 점, 잘한 점 등을 꾸준히 작성한다면 실력이 늘고 있는 자신을 깨닫게 됩니다. 전업 트레이더 혹은 직장인 투자자의 경우 매수, 매도 시 매매 복기를 필수적으로 해야 합니다. 익힌 방법대로 매수/매도했는지, 순간의 충동(뇌동 매매)으로 매매했는지, 현재 알고 있는 매매가 현 시장에서 잘 맞는지를 확인하는 습관을 들여야 합니다.

셋째, 투자금 쪼개기(2개 계좌 혹은 단기 및 스윙 계좌 나누기)를 해야 합니다.

단기 계좌를 2개로 나누어 하나는 테스트용으로 매매하고, 나머지는 2차 매수하면서 손실을 줄이고, 수익을 늘릴 수 있습니다. 단기 및 스윙 계좌를 나누어서 운용하면 심리적 압박감을 줄일 수 있어 유용합니다.

넷째, 한 종목 올인하는 것은 금해야 합니다.

미수 또는 신용으로 한 종목에 올인할 경우 심리적으로 무너질 수 있습니다. 주가가 올라간다면 상승가도를 이어갈 수 있겠지만, 악재 뉴스(예:대선 불출마, 부인공시, 감자 등)는 시장에서 언제든지 반복됩니다. 익숙해질 때까지는 분할 매수, 분할 매도, 2~3개 종목으로 포트폴리오를 짜는 것이 좋습니다.

성공하는 트레이더가 되는 3가지 조건을 꼽아주세요.

첫째, 긍정적인 마인드입니다. 주식으로 성공하는 과정은

— 이주원

100미터 전력질주가 아닌 기나긴 마라톤과 같습니다. 따라서 당장 수익이 나오지 않을 가능성이 크며, 그 과정이 매우 길고 고통스러울 것입니다. 매사에 부정적이거나 남들의 성공에 배 아파하는 마음가짐으로는 주식투자에서 결코 성공할 수 없습니다. 힘들어도 매사 긍정적으로 생각하고 희망을 잃지 않는 사람이야말로 트레이더로 성공할 수 있는 덕목을 지닌 사람이라고 생각합니다.

둘째, 지치지 않는 열정이 필요합니다. 주식을 처음 시작하는 사람의 경우 주식 공부를 한다고 주식 관련 책도 사고 주식 강의도 듣습니다. 주식 책을 탐독하고 강의도 듣고 열심히 연구했는데 제자리를 맴도는 경우가 많습니다. 한 달, 일 년 동안 열심히 공부해도 제자리입니다. 공부가 부족해서일까요? 열정이 부족해서일까요? 주식에 대한 경험치가 녹아 있는 책과 강의를 듣는다고 해서 바로 경험치가 쌓이지는 않습니다. 시간이 필요합니다. 같은 매매 방법이라고 해도 시장 상황에 따라서 대응이 달라지기 때문입니다. 경험으로 체득해야 하는 부분이 있기 때문에 지치지 않는 열정을 가지고 경험치를 축적해야 합니다.

셋째, 포기하지 않는 불굴의 정신이 필요합니다. 보석을 캐기 위해 땅굴을 판다고 생각해보세요. 조금만 더 파면 보석이 있음에도 땅굴을 파는데 지쳐 도중에 그만두는 경우가 많습니다. 자신만의 매매 방법이 어느 정도 잡혀갈 때쯤이면 일별 계좌 수익이 꾸준히 올라갑니다. 그러다 한방에 손실을 봐서 한 달 벌었던 것을 다 날리고 제자리로 돌아옵니다. 한두 번은 그럴 수 있습니다. 하지만 이런 일이 계속 반복되다 보면 매매에 자신감이 떨어집니다.

그래서 원칙이 흔들리게 되고, 계좌는 다시 망가지게 됩니다. 이럴 때일수록 다시 초심으로 돌아가야 합니다.

자신의 원칙을 돌아보면서 마인드 컨트롤을 하고, 평정심을 유지해야 합니다. 끝날 때까지 끝난 게 아니듯, 포기하지 않는 불굴의 정신으로 주식시장을 잘 이겨내야 합니다.

 ## 트레이딩을 잘하는 사람들은 어떤 특징이 있을까요?

큰 수익을 내는 사람들보다는 꾸준한 수익을 내고, 변화에 잘 대응해 롱런하는 사람들이라고 생각합니다. 주식시장의 트렌드는 항상 변합니다. 2015년 6월 15일, 기준가 대비 상하 15%의 변동폭에서 30%로 가격 제한폭이 확대되었습니다. 이로 인해 시장의 속도가 더 빨라졌습니다. 하루 변동폭이 60%나 되기 때문에 하루 만에 투자 원금이 반토막이 되기도 합니다. 변화하는 주식시장에서 기존의 매매 방법만 고집했던 주식 고수들이 한순간에 사라지기도 했습니다. 시장 흐름에 맞춰 변화해야 하는데 자신의 매매 방법만을 집요하게 고수했기 때문입니다.

한 번에 큰 수익을 내는 사람은 자신이 큰 이벤트를 잘 파악하고 판단을 잘한다고 생각합니다. 하지만 그 판단이 항상 옳을 수는 없습니다. 틀린 판단을 했을 경우 큰 손실을 볼 수도 있습니다. 꾸준한 수익을 내는 사람의 경우에는 어떨까요? 한 번에 큰 수익을 내는 사람보다 더 많은 판단을 했을 것입니다. 그리고 그중 틀린 판단보다 옳은 판단이 더 많았기 때문에 꾸준한 수익을 올릴 수 있는 것입니다.

— 이주원

심리와 트레이딩은 어떤 관계가 있을까요?

주식투자를 계속 하다 보면 매매 타점이 비슷한 경우를 발견하게 됩니다. 사실 매매 타점은 거기서 거기일 때가 많습니다. 주식투자로 꾸준한 수익을 내는 사람들의 일지를 보면 단기 매매 관점에서 대부분 매매 종목이나 매매 타점이 비슷하다는 것을 알 수 있습니다. 어느 정도 주식투자를 해본 사람이라면 어떤 자리가 좋다는 걸 알게 됩니다. 그런데 동일한 종목과 비슷한 타점에서 어떤 사람은 수익을 내는데, 어떤 사람은 손실을 냅니다. 왜 그럴까요?

저는 심리적인 영향이 결과를 좌우한다고 생각합니다. 똑같은 기법을 배우고 동일 종목에 동일한 매수/매도 타점이 오더라도 그 사람의 심리에 따라 다른 결과가 생기게 됩니다. 주식투자에서 실패하는 가장 큰 요인 중 하나가 심리입니다. 욕심 또는 공포, 두려움 등의 오묘한 심리가 혼돈과 혼란을 초래하며 다른 결과를 만들어냅니다. '투자와 투기'의 마인드는 엄청난 차이가 있습니다. 주식투자로 대박을 내거나 크게 수익을 내려는 욕심이 생긴다면 주식시장이 매일매일 힘들고 고통스러울 것입니다. 하지만 욕심을 버리고 작은 수익에도 감사하는 마음으로 임한다면 그나마 매수/매도 타점 잡기가 훨씬 수월해질 것이라고 생각합니다.

일정 시간을 투자하고 노력이 병행되면 기법은 누구나 갖출 수 있습니다. 하지만 욕심을 절제하고, 공포와 두려움을 극복하기 위해서는 끊임없이 마음의 수양을 쌓으며 인내해야 합니다. 이는 주식투자에서 평생 숙제와도 같은 자세입니다.

제게는 한 가지 큰 징크스가 있었습니다. 전업 시작 초기에 전업 트레이더에게 월급날과 같은 매달 마지막 날에 큰 손실을 내는 것과 긴 연휴 전에는 항상 큰 금액을 물리고 오버하는 안 좋은 버릇이 있었습니다. 저는 매달 마지막 날 '오늘 조금이라도 더 수익을 내고 끝내자', 연휴 전에는 '연휴가 끝날 때 모두 갭이 떠서 놓치는 것 아닌가'라는 조급한 마음에 주식을 성급히 매수했습니다. 최근에는 이러한 실수를 많이 줄였습니다. 징크스란 것도 심리에 많은 영향을 받는다고 볼 수 있습니다.

주변 트레이더들을 보면 종종 오전 매매에서 수익을 잘 내다가 오후 매매에서 손실을 입었다는 말을 많이 합니다. 이럴 때는 오전 매매는 그대로 하는 대신, 오후 매매 때는 베팅 금액을 평소의 3분의 1 정도로 줄이거나 아예 매매를 쉬는 것도 좋은 방법이라고 생각합니다.

심리전에서 위축될 경우 혹은 마인드가 흔들리거나 징크스가 있다면 매매를 잠시 중단하고, 시장을 관망하는 것도 좋은 방법이라고 생각합니다. 아니면 평소 매매 금액보다 거래 금액을 대폭 줄여서 매매를 일찍 끝내는 것도 한 가지 방법이라고 생각합니다. 이렇게 끊임없이 자기 자신을 절제하고, 마음을 다스리는 노력을 하다 보면 올바른 마인드와 경험치가 쌓이게 됩니다. 그리고 이러한 경험치는 주식투자로 수익을 낼 수 있는 굳건한 발판이 된다고 생각합니다.

 **심리가 무너졌을 때 어떻게 대처하시나요?**

매매를 즉각 멈추고 외출을 하여 트레이딩룸에서 벗어납니

— 이주원

다. 스트레스를 많이 받은 경우에는 지인들과 전화 통화를 하거나 만나서 대화를 통해 스트레스를 풀고 있습니다. 전업 트레이더의 경우 혼자 매매를 하는 고독한 일이므로 혼자 끙끙 앓는다면 스트레스만 쌓이게 됩니다. 이때 트레이딩룸에서 벗어나 사람들과 대화를 나누다 보면 쌓인 스트레스가 풀리는 경험을 많이 했습니다. 다른 사람을 만나기 힘든 날에는 유튜브, 영화, 예능 프로그램 등을 보면서 스트레스를 풀려고 노력합니다.

트레이더가 반드시 가져야 할 심리의 덕목이나 원칙이 있을까요?

평정심이 제일 중요합니다. 큰 수익이 나든 큰 손실이 나든 평정심을 절대 잃지 않고 평소대로 매매할 수 있는 마음가짐이 중요하다고 생각합니다. 큰 수익이 났다고 흥분하고 더 오를 거라고 생각해 매도하지 않다가 결국 손실로 마감하는 경우도 많습니다. 손실이 났을 경우에는 빨리 손절매를 해야 합니다. 하지만 이성적인 판단을 하지 못하고 손절매할 자리에서 물타기를 하거나 버티다가 큰 손실이 난 경우도 많습니다. 한참 후 복기해보면 '지금이라면 저렇게 매매하지 않았을 텐데, 그때 내가 왜 그랬을까' 하는 생각이 들곤 합니다.

트레이딩에서 기법이란 무엇이라고 생각하시나요?

단순히 감이나 운에 의한 것이 아닌 자신만의 일정한 법칙과 루틴 안에서 반복적으로 재현 가능한 매매 방법이 기법이라고 생각합니다. 주식시장의 기본 원리는 세월이 지나도 변하지 않습니다. 주식 매매 기법은 시장의 기본 원리 안에서 나에게 맞는 방법을 특화시킨 것입니다. 주식 매매 기법은 간단하고 배우기 쉽고 누구나 따라 할 수 있습니다. 주식 원리는 쉽지만 시장 흐름 혹은 종목에 따라 주가 흐름이 변형되었을 때 일정한 법칙과 루틴을 찾아낼 수 있는 것이 경험치입니다. 경험치가 쌓여야 기법에 대한 숙련도가 올라갑니다.

예를 들어 매매한 종목들의 경우 종목의 특성을 미리 파악할 수 있습니다. 기법 자리에 왔을 때 당일 상승을 많이 한 종목, 그다음 날 상승한 종목, 오전에 상승하고 오후에는 하락한 종목에 따라서 흐름이 다를 것입니다. 만약 당일 종가 베팅한 종목이 다음 날 오전 상승을 많이 한 경우 비중 베팅이 가능할 것입니다. 이런 것이 경험치에 의해서 나오는 부분입니다. 일정한 법칙과 루틴 안에서 종목을 매매하지만 시장 환경이 다르기 때문에 그 상황에 맞게 응용할 수 있어야 기법이 완성될 수 있습니다.

본인이 생각하는 백전백승의 투자 방법은 무엇입니까?

주식을 하면서 백전백승의 투자 방법은 없습니다. 하지만 매번 수익을 내기 위해서 손실을 최소한으로 줄이는 방법이 백전백승으로 가는 길이라고 생각합니다.

'이렇게 하면 잃는구나'라고 모든 경우의 수를 다 경험하고 '다시는 이러지 말아야지'라고 생각한 후에도 또다시 같은 실수로 손실을 보는 일을 수없이 반복하다 보면 잃는 경우의 수를 다 걸러내게 돼서 나중에는 동일한 유형에서 어이없는 손실을 당하지 않게 됩니다.

예를 들어 스나이퍼는 목표가 사격 범위에 들어오지 않으면 방아쇠를 당기지 않습니다. 메이저리그 타자라면 스트라이크 존으로 공이 들어오지 않으면 휘두르지 않습니다. 예전에는 모든 변화구와 유인구에 다 휘둘러서 삼진아웃을 당했다면 지금은 기다리면서 내가 모르는 유형, 자신 없는 유형에서는 매수 버튼을 누르지 않습니다. 누가 얼마를 벌었다고 해도 신경 쓰지 않고 오직 내가 아는 종목, 아는 자리에 왔을 때만 매수합니다. 매매할 종목이 보이지 않으면 그날 하루는 매매를 포기할 수도 있는 것이 백전백승으로 가는 길입니다.

본인만의 기법을 만들기 위해 어떤 노력을 하셨나요?

처음에는 꾸준한 수익을 낸다고 알려진 분들의 매매 일지를 참고해서 흉내 내는 식으로 했습니다. 하지만 이런 방법으로 기법을 만들어내는 데는 한계가 있었습니다. 그래서 저만의 기법을 만들어내려고 노력했습니다. 주로 주가가 하락하다가 더 이상 하락하지 않고 반등이 나오는 맥점을 찾기 위해 노력했습니다. 종목마다 그런 부분이 전부 다르기 때문에 긴 시간 동안 일정한 법칙을 찾아낼 수 있는지 매일 차트를 돌려보고 실제 매매를 통해 교정 작업을 했습니다. 그 기법이 수익을 내는 확률이 점점 높아지면서 베팅 금액을 서서히 늘렸고, 그렇게 저만의 기법을 갖추게 되었습니다.

하나의 기법을 갖춘 후에는 어떻게 하셨나요? 파생되는 기법이나 다른 기법을 찾기 위해 연구하셨나요?

하나의 기법을 연구하다 보니 파생되는 기법이 나왔습니다. 시장은 변하기 때문에 그 상황에 맞추어서 기법을 변경했기 때문입니다. 가격 제한폭이 15%에서 30%로 바뀌면서 상승과 하락의 기간이 짧아졌고, 변동성완화장치vi가 생기면서 낙주 매매(급격히 하락했을 때 저점을 잡는 매매 방법)의 매매 빈도수가 많이 줄어들게 되었습니다.

실전투자대회에 나가면서 수익률을 극대화하기 위해 뉴스 매매를 집중적으로 연구하고 발전시켜 공격적으로 매매하게 되었고, 그 결과 이 기법으로 큰 수익을 내게 되었습니다. 시장은 항상 변화합니다. 변화된 환경에서 살아남으려면 변화에 순응할 수 있어야 합니다. 주식의 기본 원리는 변하지 않지만, 매매 방법은 시장의 변화에 맞추어 업그레이드해야 이 험난한 주식시장에서 살아남을 수 있습니다.

그 기법들을 찾아낸 후 실전에서 어떤 과정을 거쳐 적용하셨나요?

수익이 나건 손실이 나건 매일 매매 일지를 기록했습니다. 수익과 손실이 나는 케이스를 모아 통계를 내고 집계하여 공통점이나 교집합을 찾아내기 위해 노력했습니다. 특히 큰 수익이 난 케이스와 큰 손실이 난 케이스가 의미 있는 데이터라고 생각했고, 그러한 부분의 매매를 중점적으로 복기한 것이 도움이 되었습니다. 기법을 찾아내서 꾸준한 수익이 날 때까지는 긴 시간이 걸립니다. 따라서 수익이 들쑥날쑥하는 기간 동안 나의 기법이 '과연 100% 정답일까' 하는 의문을 가졌습니다. 확신이 없는 상태로 매매했기 때문에 이러한 부분이 제일 힘들었습니다. 매매는 혼자 하는 것이지 학교 공부처럼 누가 옆에서 '이게 정답이니까 이렇게 풀어봐' 하고 알려주지 않습니다. 내가 하고 있는 이 방법이 정답인지 아닌지에 대한 불확실성을 갖고 매매해야 하는 것이 제일 힘들었습니다.

실전투자대회에 참가한 이유는 무엇인가요?

트레이딩을 하며 계속해서 꾸준한 수익을 거뒀습니다. 그런데 나의 한계에 대해 의문이 생기게 되었습니다. 전국에는 뛰어난 실력자들이 많이 있으며 다양한 매매 방법을 구사하고 있습니다. 공인된 대회에서 전국의 유명한 고수들과 겨뤄 나의 실력이 어느 정도 수준인지 검증해보고 싶었습니다. 실전투자대회에 참가해 다른 상위 랭커들의 실시간 매매를 관찰하면서 여러 가지 관점을 배우게 되었고, 많은 경험을 하게 되었습니다.

실전투자대회에서 입상하는 것은 매우 어렵습니다. 하지만 입상 가능성이 없다고 참가하지 않는 것보다 실제로 대회에 참가해 다른 사람들과 경쟁해보는 일은 의미가 있습니다. 상위 랭커들의 매매를 관찰하고 공부해서 좋은 방법을 배우는 기회로 삼을 수 있습니다.

전업투자에 대해서는 어떻게 생각하십니까?

기본적으로는 반대합니다. 왜냐하면 자신만의 투자 철학과 자신만의 기법, 계좌 관리 방법이 없다면 전업투자에 실패할 것이 뻔하기 때문입니다. 주식투자로 매달 돈을 잃지만 않아도 어느 정도 잘하는 사람이라고 볼 수 있습니다. 그러나 직장인이었을 때와 달리 전업 트레이더는 매월 생활비 이상의 꾸준한 수익을 얻지 못하면 힘들어집니다.

전업투자는 꾸준히 몇 년 이상 수익이 나는 것을 확인하고 상승장, 횡보장, 하락장을 많이 경험한 후 시작했으면 좋겠습니다. 직장인 신분일 때는 매매를 잘하다가도 회사를 그만두고 막상 전업 트레이더가 되면 매매를 올바로 하지 못하는 분들을 많이 봤습니다. 제대로 된 준비 없이 섣불리 전업 트레이더의 길로 들어서면 생활비도 제대로 벌지 못해서 급한 마음에 매매가 더 악화될 수 있습니다. 즉 의미 있는 수익금을 꾸준하게 거두는 실력이 쌓이기 전까지는 전업투자에 대해 신중히 고민해야 합니다.

지금까지 트레이딩을 하면서 어처구니없는 실수를 한 적이 있으신가요?

매매 횟수가 많기 때문에 컨디션이 안 좋은 날에 수량을 잘못 입력하여 10배수로 매수하는 실수를 했던 적이 있습니다. 이런 실수로 나의 의지와 상관없이 발생하지 않아도 될 손실이 발생하여 허탈했던 경우도 있었습니다. 또 전날 과음을 하거나 늦잠을 자는 바람에 트레이딩룸이 있는 사무실에 지각해 HTS 접속을 늦게 해서 보유 종목을 늦게 정리하면서 생각지도 않은 손실을 낸 경우도 있었습니다. 이런 날에는 꼭 머피의 법칙처럼 보유 중인 종목이 올라가는 경우보다 빠지는 경우가 더 많았습니다. 주가를 보고 '그럼 그렇지, 요행이 있을 리가 있나' 하고 쓴웃음을 지으며 손절매했던 경험이 있습니다.

트레이더로서 최종 목표는 무엇인가요?

단기 매매 비중을 줄이고 장기 투자를 주로 하여 매매 횟수를 최대한 줄인, 트레이딩이 아닌 투자를 하고 싶습니다. 트레이딩도 노동의 한 종류라고 생각하기 때문에 시간적 여유를 극대화할 수 있는 투자자가 되고 싶습니다. 또한 완전한 경제적 자유를 이뤄서 주변의 어려운 이웃을 돌아보고 도울 수 있는 존경받는 사람이 되고자 합니다.

5 김영옥

20년간 혼돈의 시장에서 살아남은 투자의 고수

닉네임	데이짱
나이	50대
직업	전업 트레이더
거주 지역	경남 창원
주력 기법	스캘핑, 시황 매매, 공매도

인스타그램

day_trader122 (데이짱)

네이버 밴드

band.us/@kyo5454 (데이짱 주식 아카데미)

출간도서

《실전 공매도》

2009년 한화증권 스마트 리그 투자수익률 2위
2009년 한화증권 드림 리그 투자수익률 2위
2010년 한화증권−아시아경제신문 재야의 고수 실전투자자대회 2위
2011년 한화증권−아시아경제신문 왕중왕전 2위

데이짱이라는 닉네임을 사용하는 21년 차 트레이더로 2019년 《실전 공매도》를 출간하였고, 공매도 기법과 데이 트레이딩으로 수익을 내는 것으로 유명하다. 현재는 트레이딩과 후배 양성을 병행하고 있다. IMF 이전에 작은 건축자재 납품 업체를 운영하다가 부도를 맞아 아내는 어린 두 딸의 손을 잡고 화장품 외판원 일을 시작했다고 한다. 공사판 막노동을 해도 큰 빚을 진 탓에 매일이 지옥이던 상황에서 자수성가한 형님의 권유로 유산으로 받은 작은 땅을 팔아 주식투자를 시작하게 되었다. 하지만 아무것도 모르고 덤비다가 계좌는 곧 깡통이 되었고, 이 때부터 절실한 마음으로 낮에는 공사판에서 일하고, 밤에는 주식 공부에 매진했다. 일이 없는 날이면 도서관에 가서 주식 관련 책을 몽땅 정독해 읽었고, PC방에서 가상 매매를 시작했다고 한다. 모의투자를 거쳐 실전투자를 하게 되었고 당시 상한가 따라잡기 기법으로 7일 동안 상한가 행진을 한 삼미 우선주로 꽤 수익을 내었다. 생활고와 싸우며 주식투자를 계속하는 일이 결코 만만하지 않았지만, 포기하기에는 인생을 바꿀 수 있는 가능성을 보았기에 목숨을 걸고 투자하기 시작했다. 생활비와 투자금을 마련하기 위해 밥 먹고 자는 시간을 제외하고는 오로지 주식 공부에 매달렸다. 잡힐 듯하지만 잡히지 않는 어려운 상황에서도 계속 열심히 노력했다. 종잣돈이 적어 고전하는 과정에서 기법에 관한 노하우가 조금씩 생겼고, 주식에 눈을 뜨게 되었다고 말한다. 최초 100만 원으로 시작했던 투자금은 10개월 뒤 3,000만 원이 되었고, 다시 10개월 뒤에는 정확히 1억 원의 수익금이 생겼다고 한다. 데이짱이 고생한 아내를 위해 아파트를 구입하고 남은 돈 3,000만 원으로 투자해 3개월 만에 4,000만 원으로 불렸다. 하지만 자신감에 넘쳐 한 종목에 미수를 사용했는데 순식간에 하한가를 맞아 손안에 700만 원만 남게 되어 매우 큰 허탈함과 실망을 안겨주었다. 이 일을 계기로 주식 공부를 더욱 철저히 했고, 계좌의 돈은 눈덩이처럼 불기 시작했다. 그러나 새로운 투자 기법이 필요하다 느껴 실전투자대회 우승자들의 매매를 분석해 벤치마킹했고, 고수들을 찾아다니며 고점 돌파 매매, 대주거래 등의 새로운 매매법을 배워 익혔다. 이제는 최대한 손절매하지 않을 자리에서 매매하는 스스로의 기법을 통해 안전한 투자 위주로 매매하며 전성기 시절처럼 액티브한 트레이딩을 하지 않음에도 매일 큰 수익을 내고 있다고 한다. 데이짱은 주식 초보 시절 유산까지 날려가며 투자했던 지난 아픔을 떠올리며 자신과 같은 전철을 밟지 않기를 바라는 마음에 '데이짱 주식 아카데미'를 열었다. 투자를 처음 시작하는 사람은 반드시 소액으로 엄청난 연습을 하고, 소액이라도 1억 원을 매매하는 것처럼 절실하게 투자에 임했으면 좋겠다는 말을 전했다.

— 김영옥

일반적으로 트레이딩을 할 때 주로 어떤 기법을 사용하시나요? 여러 기법이 있겠지만 주로 사용하는 기법이 있을 듯합니다.

장중 돌파 매매 기법, 공매도 기법, 상한가 따라 잡기 등을 주로 사용합니다.

어떤 이유로 그 기법들을 트레이딩에 활용하셨나요?

테마가 만들어지는 이유는 주식시장에 수만 명이 참가하고 일정한 단타 자금이 있기 때문입니다. 그리고 테마가 만들어지면 단타 매매를 좋아하는 개인 투자자들이 매매에 참여합니다. 강한 재료나 테마가 만들어졌을 때 상한가 기법은 단기간에 큰 수익을 얻게 합니다. 약간의 리스크는 감수해야 하지만, 성공하면 어떤 매매 기법보다 수익률이 엄청나게 큽니다. 저는 20년 동안 이 기법을 계속 활용해왔기 때문에 성공 확률이 높고, 단기간에 큰 수익을 냈습니다.

테마나 재료로 인해 많이 상승했을 때 고평가라고 판단되면 과감하게 공매도를 합니다. 다시 가격이 오르더라도 기다리다 보면 오르기 전의 가격으로 되돌아오는 성질이 있습니다. 공매도 기법으로는 손절매하지 않으면서도 큰 수익을 낼 수 있습니다. 모든 테마주는 군중심리로 움직이고, 모두 거품이 있기 때문에 일반 개미들은 섣불리 테마주 매매를 하지 않는 것이 좋습니다. 공매도 기법과 관련해서는 나중에 조금 더 자세히 설명하겠지만, 직접 공매도를 하지 않더라도 원리와 기법을 알아두면 언제 매수하고 청산하는지 자세히 이해할 수 있습니다.

20년 이상 주식을 매매하면서 테마주가 만들어지고 가격이 급등한 수많은 종목 중 단 한 종목도 제자리로 돌아오지 않는 종목을 본 적이 없습니다. 다음 차트를 보면 거품이 결국 사라지고 가격이 제자리로 돌아오는 것을 쉽게 확인할 수 있습니다. 대아티아이, 좋은사람들, 아난티[025980]는 대북 테마주로 이름이 나 있었지만, 대부분 가격이 오르기 전의 제자리로 돌아온 것을 확인할 수 있습니다. 다른 테마주들은 어떨까요? 마찬가지입니다. 한일 분쟁 테마주였던 모나미[005360], 방탄소년단 테마주였던 디피씨[026890] 등도 결국 가격이 제자리로 돌아왔습니다.

이런 테마주 차트 몇 개를 살펴보겠습니다. 대아티아이, 아난티, 디피씨 등의 테마주 차트들은 뉴스에 따라 급상승했다가 거품이 빠지면서 주식가격이 원래의 가치대로 돌아오는 것을 볼 수 있습니다.

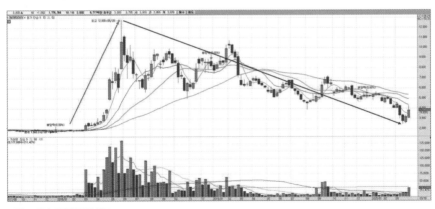

그림 1. 대아티아이 주봉 차트

— 김영옥

대아티아이는 당시 한국과 러시아의 철도 사업으로 인한 뉴스 호재로 급상승했다가 상승 전 원래의 가치로 주식가격이 돌아가고 있는 것을 볼 수 있습니다.

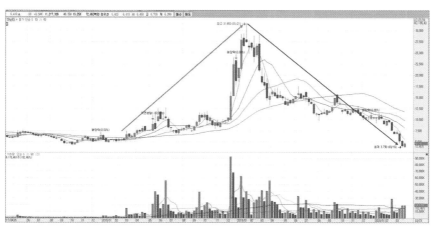

그림 2. 아난티 주봉 차트

아난티도 역시 테마주 성격을 강하게 띠고 있습니다. 북한 관련 테마주로 급상승했다가 원래의 가치로 돌아가고 있는 것을 볼 수 있습니다.

그림 3. 디피씨 일봉 차트

디피씨는 방탄소년 테마주로 강하게 상승한 후 원래의 가치로 돌아왔다가 다시 상승하는 모습을 볼 수 있습니다.

평범한 일반 주식 투자자들에게는 늘 안전한 자리에서 매매하는 방법이 절실히 필요합니다. 제가 강조하는 것 중 하나는 '수익을 내는 것도 중요하지만, 손절매를 하지 않을 종목을 찾아라'입니다. 주식투자를 하면서 손절매를 하지 않는다는 것은 사실상 불가능합니다. 그만큼 수익 확률이 높으면서 안전하게 매매할 수 있는 종목을 찾아내는 안목을 강조하는 것입니다. 그 기법 중 하나가 '강남 나이트'인데, 기억하기 쉽도록 재미있는 이름을 붙였습니다. 강남 나이트클럽에 가면 부킹이 잘되는 것에 비유한 것으로 매매를 쉽게 할 수 있다는 뜻입니다.

종일 차트를 들여다보며 매매하기 힘든 직장인이나 자영업자도 충분히 따라 할 수 있는 기법입니다. 시장에서 어떤 종목이 좋지 않아 하락 상태에 있거나, 악재가 있어 지지선에서 크게 하락한 후 역배열에서 정배열로 바뀌며 이전의 저항대까지 올라가는 성질을 이용하는 매매법입니다. 5일, 10일, 20일 이동평균선이 수렴한 후 정배열 우상향하는 자리로 전환하는 곳으로 강한 상승을 기대할 수 있습니다. 최소 3개 이상의 이동평균선을 수렴해야 하고, 이를 딛고 봉이 올라타는 것이 좋습니다. 빠르게 상승이 나온 종목은 5일, 10일 이동평균선을 지지하지 못할 때 매도하고, 천천히 상승하는 종목은 5일 이동평균선이 20일 이동평균선을 지지하지 못할 때 매도하면 좋습니다. 이 기법은 손절매가 잘 나오지 않는 것이 특징이며, 수익률도 좋습니다.

다만 이러한 종목을 찾기 위해 매일 수십, 수백 번 이상 차트를 돌려보는 습관이 필요하며, 손절매 기준도 철저히 세워놓는 것이 중요합니다. 저 또한 일반인이 상상할 수 없을 만큼 많이 차트를 돌려봤습니다. 이렇게 반복적으로 매일 차트를 보다 보면 조금씩 차트를 보는 능력이 생깁니다.

다음 KB금융[105560]과 현대건설[000720] 일봉 차트를 살펴보면 가장 안전한 매수 자리인 '강남나이트' 자리가 보일 것입니다. 그리고 저항대 부근인 목표가 자리도 볼 수 있습니다.

차트를 보면 고점을 찍고 하락한 후에 공간이 생기면서 5일, 10일, 20일 이동평균선이 수렴하며 저항대 부근까지 상승합니다. 저항대 부근에서는 목표가를 정하고 매도하는 것이 좋습니다.

그림 4. KB금융 일봉 차트

KB금융 차트를 보면 많이 하락한 후 바닥을 치고 5일, 10일, 20일 이동평균선이 수렴하면서 가장 안전한 매수 자리(강남나이트)를 형성하며 저항대 부근까지 상승하는 것을 볼 수 있습니다.

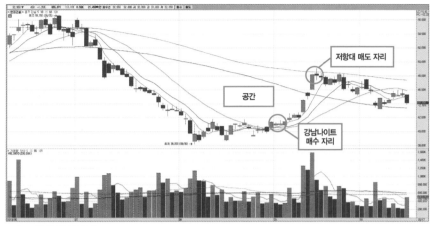

그림 5. 현대건설 일봉 차트

현대건설 차트를 보면 역시 많이 하락한 후 바닥을 찍고 안전한 강남나이트 매수 자리를 만들면서 강하게 저항대까지 상승하는 것을 볼 수 있습니다.

 **그런 매매 기법으로 투자한 종목 중 가장 수익률이 높았던 종목은 무엇인가요? 그리고 그 종목을 매수했던 이유는 무엇이었습니까?**

2020년 1월 미국과 이란의 분쟁으로 인한 석유 테마(SH에너지화학[002360], 한국석유[004090], 흥구석유[024060] 등)로 며칠 만에 주가가 평균 80% 상승에서 일주일 만에 오르기 전 가격으로 되돌아왔습니다. 저는 1,500원 근처에서 공매도로 단기에 50% 전후 수익을 거뒀습니다.

일반적으로 당기순이익의 10~15배가 시가총액인데, 실적과는 무관하게

— 김영옥

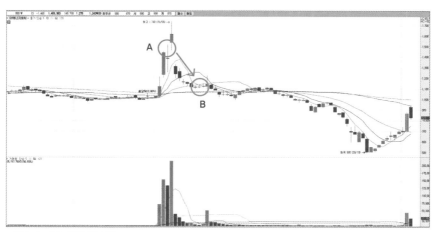

그림 6. SH에너지화학 일봉 차트

단발성 뉴스나 재료로 단기간에 시가총액이 크게 증가했다는 것은 주식가격이 고평가된 것입니다. 즉 거품이기 때문에 다시 주식가격이 내려갈 수 있다는 뜻입니다. 이 거품을 이용해서 공매도나 대주거래로 수익을 낼 수 있습니다. SH에너지화학 차트를 보면 A에서 매도한 후 B에서 매수로 청산해서 수익을 냈습니다.

지금까지 트레이딩을 해오며 가장 기억에 남는 종목은 무엇인가요?

희토류 테마주인 혜인을 두 번째 상한가 근처에서 대주 매도를 했습니다. 그런데 약 -90% 손실로 원금 3억 원이 3,000만 원이 되었습니다. 하지만 손절매하지 않고 3개월을 버텨서 약 손실로 마감했습니다.

그림 7. 혜인 일봉 차트

　어떤 테마가 처음으로 형성되면 엄청난 폭등이 나타납니다. 그 이유는 이전 테마주들이 크게 상승했던 경험을 한 학습 효과로 매수세가 몰리기 때문입니다. 이때도 희토류 테마가 처음으로 등장해서 5일째 연속 상한가(그때는 15%가 상한가였음)까지 폭등한 경우입니다. 이런 것을 간과하고 두 번째 상한가에서 대주 매도하고 큰 손실이 났지만, 테마주는 거품이라는 것을 알기 때문에 기다려서 약 손실로 청산했습니다.

　이때는 대주 매매를 갓 시작한 탓에 경험 부족으로 손실이 난 경우입니다. 테마가 처음 만들어지면 엄청난 상승이 나타나고 두세 번 반복하다 보면 양치기 소년처럼 오르는 폭이 작아집니다. 비트코인 테마주가 좋은 예라고 할 수 있지요. 또 최근에 코로나 진단 시약 테마주도 마찬가지입니다.

— 김영옥

 **평상시 종목을 선정하는 기준은 무엇인가요?**

첫째, 강한 재료나 테마로 당일 거래량이 터지는 종목 위주로 단타를 합니다. 키움 화면 실시간 종목 조회 순위(키움화면 번호 0198) 상위에 링크되는 종목 위주로 분봉을 살펴보는데 당일 고점을 돌파하는 종목 위주로 선정합니다.

둘째, 테마가 만들어지면서 고평가된 종목 위주로 공매도(대주거래, CFD)를 합니다.

셋째, 매매는 차트를 보면서 바닥에서 강남나이트 자리와 고점에서 헤드앤드숄더(삼산형)에서 공매도 위주로 합니다. 실적보다 고평가되어 있는 종목 위주로 공매도를 하고, 강한 재료나 테마로 상승할 때 단타 매매를 합니다.

당일 거래량이 터지는 종목은 그날 시장의 관심을 많이 받는 종목입니다. 많은 사람이 관심을 가진다는 것은 매수하겠다는 뜻입니다. 따라서 이런 종목은 크게 상승하기 때문에 타점만 잘 잡는다면 큰 수익을 기대할 수 있습니다. 그러므로 아침 7시부터 미국 나스닥, 다우지수 흐름을 체크하고 당일 경제 뉴스를 봅니다. 8시 30분에는 장전 시간외 호가 잔량 순위를 확인합니다. 8시 40분부터 9시까지는 예상 체결 등락률 상위 화면을 보면서 매매할 종목을 추립니다. 그리고 60일 신고가 차트에서 예상가가 10% 이하에서 갭 상승하는 종목 위주로 매매합니다.

이런 종목에서 당일 거래량이 터진다면 크게 상승하는 종목이 나옵니다.

10% 이상 갭이 형성되는 종목은 시가가 고점인 경우가 대부분이기 때문에 매매하지 않는 것이 좋다고 생각합니다. 전일 동시간대보다 거래량이 3~4배 이상 터진 종목에서 크게 상승하는 종목이 많이 나옵니다. 이런 종목들을 매매해야 수익률이 날 확률이 높습니다.

 **실제로 트레이딩을 실행하기 전 해당 종목을 매매하기로 결심하는 일련의 과정을 말씀해주세요. 또는 종목을 발굴하기 위한 본인만의 전략이나 포인트가 있나요?**

실적과 무관하게 고평가된 종목 위주로 리스트를 뽑고 기관이나 외국인 매매 추이를 관찰하면서 공매도 매매 타이밍을 잡습니다.

실제로 매수(공매도)하기 전에 반드시 유의하는 점(거르는 종목의 기준)이 있나요?

기관이나 외국인이 매수 중인 종목은 제외합니다. 키움화면 종목에서 기관과 외국인의 순매수 비중이 높은 종목은 제외합니다. 60일 신고가 종목은 무조건 제외합니다. 공매도는 신고가가 나온 종목을 절대 조심해야 합니다. 부광약품[003000] 차트는 60일 신고가이면서 기관과 외국인의 양매수량이 증가하는 것을 볼 수 있습니다. 이러한 종목들은 새로운 신고가가 나올 수 있음으로 공매도 종목을 발굴할 때 제외합니다.

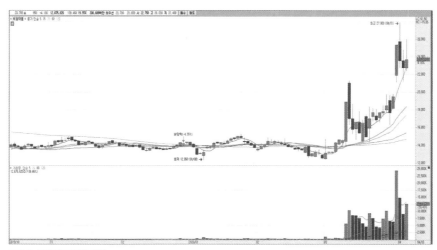

그림 8. 부광약품 일봉 차트

| 일별 기관매매종목 | 종목별 기관매매추이 | | | | | | | | | |

100000	부광약품	누적기간 1개월	2020/03/04	~ 2020/04/04					차트	유의사항

| 구분 | | 개인 | | | 기관 | | | 외국인 | | |
| 추정평균가(매수/매도) | | 19,960 | 19,878 | 18,061 | 19,147 | | 19,016 | 19,283 | ⊙대비 ○등락 | |

| 날짜 | 종가 | 대비 | 거래량 | 개인 | | 기관 | | 외국인 | | 한도소진율 |
				기간누적	일별순매매	기간누적	일별순매매	기간누적	일별순매매	
20/04/03	23,700 ▲	950	2,675,620	+409,877	+281,873	+42,700	-71,810	+703,529	+29,734	6.10%
20/04/02	22,750 ▼	800	9,088,947	+128,004	+177,766	+114,510	+11,471	+673,795	-91,835	6.05%
20/04/01	23,550 ▼	1,800	4,812,349	-49,762	+349,134	+103,039	-113,640	+765,630	-50,520	6.20%
20/03/31	25,350 ◆	5,850	4,440,577	-398,896	+656,762	+216,679	-123,345	+816,150	+209,941	6.27%
20/03/30	19,500 ▲	1,850	6,298,741	-1,055,658	-74,742	+340,024	+135,142	+606,209	-15,103	5.99%
20/03/27	17,650 ▼	800	6,539,182	-980,916	-131,149	+204,882	+105,932	+621,312	+6,583	6.01%
20/03/26	18,450 ▲	650	0,231,097	-849,767	-236,534	+98,950	+23,042	+614,729	+272,894	6.00%
20/03/25	17,800 ▲	100	7,389,912	-613,233	+84,608	+75,908	-142,855	+341,835	+166,036	5.56%
20/03/24	17,700 ▲	850	4,271,833	-697,841	-55,678	+218,763	-105,908	+175,799	+153,619	5.29%
20/03/23	16,850 ▲	850	4,535,079	-642,163	-77,977	+324,671	+13,678	+22,180	-45,603	5.03%
20/03/20	17,700 ▲	700	7,593,404	-564,186	-19,791	+310,993	+109,858	+67,783	-84,377	5.12%
20/03/19	17,000 ▲	2,050	9,329,193	-544,395	-224,512	+201,135	+127,162	+152,160	+120,215	5.26%
20/03/18	14,950 ▼	1,550	4,596,522	-319,883	-134,332	+73,973	+97,061	+31,945	+33,845	5.06%
20/03/18	14,950 ▼	1,550	4,596,522	-319,883	-134,332	+73,973	+97,061	+31,945	+33,845	5.06%
20/03/17	16,500 ▲	1,100	5,790,043	-185,551	-346,711	-23,088	+212,699	-1,900	+247,240	5.01%
20/03/16	15,400 ▼	1,200	7,618,556	+161,160	-61,524	-235,787	-24,626	-249,140	+66,280	4.61%
20/03/13	16,600 ▲	800	8,565,479	+222,684	-145,111	-211,161	+44,252	-315,420	+55,435	4.50%
20/03/12	15,800 ▲	1,200	8,672,712	+367,795	-114,886	-255,413	+19,327	-370,855	-29,367	4.41%
20/03/11	17,000 ▼	1,900	0,405,111	+482,681	+353,101	-274,740	-428,880	-341,488	-54,720	4.46%
20/03/10	18,900 ◆	4,350	5,685,311	+129,580	+484,604	+154,140	+14,647	-286,768	-503,601	4.55%
20/03/09	14,550 ▼	100	304,016	-355,024	-86,582	+139,493	+50,267	+216,833	+41,859	5.36%
20/03/06	14,650 ▲	350	389,649	-268,442	-49,804	+89,226	+11,480	+174,974	+36,770	5.29%
20/03/05	14,300 ▲	1,050	545,518	-218,638	-205,659	+77,746	+87,550	+138,204	+115,369	5.23%
20/03/04	13,250 ▲	50	143,204	-12,979	-12,979	-9,804	-9,804	+22,835	+22,835	5.05%

그림 9. 부광약품 기관매매추이

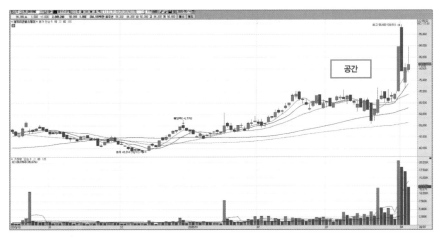

그림 10. 셀트리온헬스케어 일봉 차트

셀트리온헬스케어[091990]를 예로 들어보겠습니다. 차트를 보면 신고가
가 나왔는데 위로 매물대가 없습니다. 때문에 매수가 매수를 불러서 관성의
법칙에 따라 어디까지 상승할지 알 수 없습니다. 하지만 물리면 엄청난 손실
을 가져올 수 있기 때문에 심적으로 타격이 크게 됩니다.

그림 11. 리노공업 일봉 차트

— 김영옥

다른 예로 리노공업[058470]의 차트를 살펴보겠습니다.

리노공업 일봉 차트를 보면 바닥을 다진 후 위로 매물대가 없어서 공간이 열려 있어 계속 상승하고 있음을 볼 수 있습니다. 그러나 크게 상승하면 공매도했을 때 낭패를 보게 됩니다. 이는 도로에서 역주행하는 것과 같습니다. 역주행은 엄청난 위험이 뒤따른다는 것을 모르는 사람은 없을 것입니다.

이런 종목은 절대 공매도를 해서는 안 됩니다. 하지만 공매도하기에는 가장 나쁜 차트지만, 반대로 생각하면 가장 좋은 매수 자리(강남 나이트)가 될 수도 있습니다.

직접 트레이딩할 때 특별히 승률이 높은 본인만의 매매법이 있다면 설명 부탁드립니다.

실적과 무관하게 뉴스나 테마로 급등한 경우에는 모든 종목이 시간이 조금 지나면 오르기 전 가격으로 되돌아갑니다. 따라서 고점에서 공매도한 경우 주가가 더 상승하여 손실이 나더라도 기다리면 다시 이전 가격으로 돌아가기 때문에 거의 다 수익이 납니다.

반대로 매수했을 때 주가가 하락하면 큰 손실이 나기 때문에 손절매를 해야 합니다. 우리가 산을 올라갈 때는 숨이 차고 허덕거리면서 올라갑니다. 또 높은 빌딩을 올라갈 때 엘리베이터나 리프트가 없다면 쉽게 올라갈 수 없습니다. 하지만 산을 내려갈 때는 쉽게 내려갈 수 있고, 관성의 법칙에 의해 속도가 빨라집니다. 이와 마찬가지로 주식도 하락할 때는 두려움에 사로잡힌 투자자들이 투매를 하게 되면서 주가가 하락하는 속도가 빨라집니다.

때문에 상승할 때보다는 단기간에 크게 수익을 낼 수 있는 것입니다.

주식은 계속 상승만 할 수는 없습니다. 모멘텀이 사라지기 시작하면 고점에서 횡보하게 되고, 길게 횡보할수록 깊이 하락합니다. 하지만 모멘텀이 강한 종목은 잠깐 하락을 하더라도 다시 상승할 수 있습니다. 하지만 계속 상승만 하는 주식은 없습니다. 단기 조정이 이루어지기도 하기 때문에 고점에서 헤드앤드숄터(삼산) 패턴이 나타나면 공매도할 수 있는 종목으로 일단 생각해볼 수 있습니다.

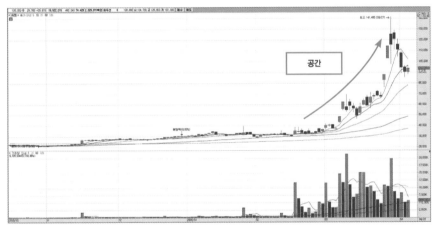

그림 12. 씨젠 일봉 차트

일자	종목코드	종목명	구분	매매 체결량	평균 매매단가	청산가격	실현손익	실현 수익률	수수료
2020/04/01	1CL04000	씨젠 F 202004 (10)	매수	1	113,327.300000	99,300.00	140,152	14.11%	120
2020/04/01	1CL04000	씨젠 F 202004 (10)	매수	30	113,327.300000	99,300.00	4,204,862	14.11%	3,820
2020/04/01	1CL04000	씨젠 F 202004 (10)	매수	50	113,327.300000	99,300.00	7,007,266	14.11%	6,370
2020/04/01	1CL04000	씨젠 F 202004 (10)	매수	2	113,327.300000	99,300.00	280,295	14.11%	250
2020/04/01	1CL04000	씨젠 F 202004 (10)	매수	1	113,327.300000	99,300.00	140,152	14.11%	120
2020/04/01	1CL04000	씨젠 F 202004 (10)	매수	1	113,327.300000	99,300.00	140,152	14.11%	120
2020/04/01	1CL04000	씨젠 F 202004 (10)	매수	10	113,327.300000	99,300.00	1,401,458	14.11%	1,270
2020/04/01	1CL04000	씨젠 F 202004 (10)	매수	1	113,327.300000	99,300.00	140,152	14.11%	120
2020/04/01	1CL04000	씨젠 F 202004 (10)	매수	1	113,327.300000	99,300.00	140,152	14.11%	120
2020/04/01	1CL04000	씨젠 F 202004 (10)	매수	1	113,327.300000	99,300.00	140,153	14.11%	120
2020/04/01	1CL04000	씨젠 F 202004 (10)	매수	1	113,327.300000	99,300.00	140,153	14.11%	120
2020/04/01	1CL04000	씨젠 F 202004 (10)	매수	1	113,327.300000	99,300.00	140,153	14.11%	120

그림 13. 씨젠 공매도(주식선물매도) 수익계좌

— 김영옥

종목명	금일매수			금일매도			수수료+제세금	손익금액	수익률
	평균가	수량	매입금액	평균가	수량	매도금액			
/부광약품	18,300	4,073	74,535,900	20,974	4,073	85,425,700	373,505	10,516,295	14.11%20
*TIGER 원				2,383	20,000	47,650,000	16,402	1,033,598	2.22%20

그림 14. 부광약품 공매도(대주) 수익계좌

그림 15. 부광약품 일봉 차트

손절매의 기준은 무엇이며, 어떤 경우에 손절매하셨나요?

주식에서 손절매란 피할 수 없습니다. 멋쟁이 신사가 와이셔
츠 단추를 잘못 끼웠다면 어떻게 해야 할까요? 단추를 풀고

다시 제대로 끼워야 합니다. 저는 이것이 손절매라고 생각합니다. 손절매는 잘못된 것을 바로 잡는 것입니다. 잘못된 것을 계속 가져간다면 경제적·시간적·심리적으로 손해가 커지기 때문입니다. 제 원칙 중 하나는 손절매를 하지 않을 종목을 매수하고, 만약 손절매하겠다고 판단했다면 칼같이 손절매합니다. 손절매를 피하기 위해서는 가능한 한 손절매를 하지 않을 종목을 찾아야 합니다.

지금까지 트레이딩을 하면서 가장 뼈아팠던 손절매 경험이 있으셨나요? 어떤 종목을 왜 손절매하셨나요?

제가 예상했던 방향으로 움직이지 않는 경우에는 뒤돌아보지 않고 바로 손절매하기 때문에 큰 손실을 본 사례는 없습니다. 주식투자를 할 때 손절매를 하지 않으면 누구도 살아남을 수 없습니다. 주식투자에서는 손절매를 해야만 또 다른 기회가 옵니다. 손절매를 잘 못 하는 사람은 주식투자를 하지 않는 게 좋습니다.

손절매 후 어떤 마음으로 다시 트레이딩에 임하셨나요?

손절매하더라도 시장은 매일 열리고, 매수해야 할 종목은 많기 때문에 다시 시작하는 마음으로 매매에 임합니다. 손실이 났을 때 만회하려고 무리하게 매매하면 항상 결과가 좋지 못했습니다. 차라리 손실이 난 상황을 있는 그대로 인정하고 그날 매매를 쉬는 것이 지금 가지고 있는 원금을 지키는 최고의 방법이라는 것을 알게 되었습니다.

시장의 지수 움직임에 따라 대응 방법이 다른가요? 즉 상승장과 하락장에서 각각 어떻게 대응하시나요?

상승장은 신고가가 나오는 종목 중 기관과 외국인 투자자의 양매수 종목 위주로 편입해서 길게 보유하는 전략으로 대응합니다. 하락장일 때는 기관과 외국인의 양매도 종목 위주로 고점에서 역배열 차트를 중심으로 공매도 전략으로 대응합니다. 하락장일 때는 손절매 가격에 도달하면 칼같이 손절 라인을 지키면서 최대한 현금을 확보합니다.

리스크 관리 원칙이 있다면 말씀해주세요.

주식은 첫째도 안전, 둘째도 안전입니다. 셋째도 안전입니다! 안전이 전부입니다. 자동차도 안전 운전해야 하는 것처럼, 주식도 더 안전한 자리에서 매수해야 합니다. 조금이라도 안전하지 않다면 매수하지 않습니다. 이동평균선 안전 그물망이 주가 아래 있으면서 거래량이 줄어들고 있으면 주가가 반등할 확률이 높습니다.

성공하는 트레이더가 되기 위한 3가지 조건을 꼽아주세요.

첫 번째는 성공해야 한다는 집념과 끈기, 두 번째는 열심히 공부해야 한다는 것입니다. 전업이든 직장인 투자자든 하루 3시간 이상 꾸준히 공부하면 바보가 아닌 이상 어느 순간부터는 수익이 나기 시작합니다. 공부하지 않고 좋은 결과를 기대하는 사람은 차라리 복권을 사는 게 낫습니다. 세 번째는 유연한 사고입니다. 주식을 매매하면서 현재 나에게 일어나는 현상을 인정해야 합니다. 손실이 계속 난다면 앞으로 계속 손실이 날 것이라는 점을 인정해야만 대처 방법을 찾을 수 있습니다. 손실을 인정하지 않기 때문에 돈을 더 투자하고, 그래서 손실이 더 커지게 되는 것입니다.

성공하는 트레이더가 되기 위해 이 3가지 조건이 왜 가장 중요하다고 생각하시나요?

선천적으로 주식투자를 잘하도록 타고난 경우는 극히 드물고, 노력형으로 성공한 경우가 많습니다. 제가 경험한 바에 의하면 노력은 배신하지 않습니다. 또한 주식투자를 할 때 자기 고집을 내세우면 안 됩니다. 즉 유연한 사고력을 갖춰야 합니다. 태풍 속에서도 바람을 따라 몸을 휘는 갈대가 꺾이지 않고 살아남는 것처럼 주식을 매매할 때에도 시장에 순응해야 합니다. 내 고집으로 시장에 맞선다면 태풍에 소나무가 쓰러지듯 살아남을 수 없습니다.

— 김영옥

몇 년 동안 제자들을 가르쳐본 결과 10명 중 7명 정도는 실패하고 3명 정도는 성공합니다. 똑똑한 사람이라고 성공하고, 머리가 나쁘다고 실패하는 경우는 없었습니다. 전업 트레이더로 성공하는 확률은 더욱 낮습니다. 100명 중 1명 정도입니다. 많은 사람이 전업 트레이더를 꿈꾸고 도전하지만 실제로 성공 확률은 현저히 낮습니다.

트레이딩을 잘하는 사람은 어떤 사람인가요?

제 생각으로는 성격이 유연한 사람이 트레이딩을 잘하는 것 같습니다. 그리고 자기 잘못은 바로 인정하고 순응하는 사람, 고집이 세지 않은 사람이 잘합니다.

롤모델이 되는 투자자가 있습니까? 있다면 누구이며 이유는 무엇입니까?

실전투자대회 입상자들입니다. 실전투자대회 입상자들은 증명된 실전 고수입니다. 제가 초기에 주식을 시작했을 때 입상자 여러 명의 매매 내역을 매일 분석하고 벤치마킹했습니다. 지금도 실전투자대회 기간 동안 상위 입상자들 매매 내역을 공개하고 있으므로 그들의 매매 방법을 벤치마킹하는 것도 하나의 방법입니다.

본인의 트레이딩에서 무엇이 부족하다고 느끼십니까?

주식시장은 항상 예측할 수 없는 리스크가 있습니다. IMF와 2008년 리먼 사태로 인한 금융위기, 메르스와 코로나 사태, 대북 관련 주식시장의 변화, 에너지 전쟁, 희귀금속인 희토류 전쟁, 미국과 중국의 무역 전쟁 같은 수많은 리스크를 겪었습니다. 저는 현금을 많이 보유해야 큰 하락장에서 기회를 탈 수 있다고 생각합니다. 그래서 알 수 없는 미래의 주식시장을 대비해서 가능한 단기 트레이딩을 하고 있습니다. 그러다 보니 6개월 이상 장기 보유해서 큰 수익을 내는 종목을 발굴하는 능력은 부족하다고 생각합니다.

이번 코로나19 사태로 종합지수가 크게 하락했지만 현금을 보유하고 있었기 때문에 하락장에서 기회를 잡을 수 있었습니다. 그리고 더 크게 하락해서 종합지수가 1,500포인트 전후가 되었을 때 우량주 위주로 매수하고, 2,000포인트 근처에서 매도하는 전략으로 대응해야 한다고 생각합니다. 저도 이렇게 대응할 계획입니다. 단 개인의 성향에 따라 자신에게 맞는 매매기법을 선택하는 것이 좋습니다. 단타가 잘 맞으면 단타를 하면 좋고, 장기 성향이라면 가치투자를 하면 된다고 생각합니다. 전 단타 성향이 강해서 중·단기 투자를 하면서도 데이 트레이딩으로 수익을 내고, 현금을 보유하고 있는 것이 좋습니다.

— 김영욱

트레이딩을 계속하려면 어떤 마인드를 가져야 할까요?

매일 수익을 내야 하는 반복되는 일상이기 때문에 즐기면서 해야만 슬럼프가 오지 않습니다. 원금이 늘어나면 매매 기법에도 변화를 주어야 합니다. 자만심으로 가득 차 노력하지 않으면 언제라도 도태될 수 있습니다. 그렇기 때문에 시장의 흐름을 따라가기 위해서는 장을 마친 후 반드시 매일 공부해야 합니다. 장이 열리는 시간부터 끝날 때까지 종일 매매에 집중하기는 힘듭니다. 저는 매매하는 중간 좋아하는 노래를 자주 듣습니다. 몇 년 전부터는 주말에 바이크를 타고 경치 좋은 곳을 찾아다니면서 맛있는 음식도 먹고 스트레스를 풉니다.

트레이딩을 잘하려면 어떤 마음가짐이 필요할까요?

평정심을 유지하는 것입니다. 어떠한 경우라도 심리적으로 흔들리면 판단이 흐려집니다. 판단이 흐려지면 큰 손실을 볼 수 있습니다. 욕심이 들어가면 판단이 흐려집니다. 저의 경우는 항상 일정 금액의 수익에 만족하는 데이 트레이딩을 해야 후회가 없습니다. 욕심이 들어가는 순간 잘못했다는 생각이 들면 바로 초심으로 되돌아가야 한다는 생각으로 매매에 임하고 있습니다.

성공적으로 트레이딩을 마쳤을 때에는 어떤 기분이 드시나요?

마치 현금 인출기에서 돈을 뽑는 느낌입니다. 하지만 오늘 하루 수익이 높았다고 해서 그 기분을 다음 날까지 들고 가면 안 됩니다. 단타 투자자로서 가장 중요한 덕목 중 하나가 평정심입니다.

손절매 후 심리의 변화가 있나요?

나 자신에게 화가 나서 화장실에 가서 5분 정도 명상을 합니다. 저의 경우는 한 달에 1~2회 정도 손절매를 하는 경우가 생깁니다. 하지만 손절매했을 때보다 돈을 더 벌 수 있는 기회를 놓쳤을 때 아쉬움이 더 큽니다. 그리고 저는 손절매한 날은 절대 외식을 하지 않습니다. 외식을 한다면 가족들이 고기가 먹고 싶다고 해도 손절매한 날은 저렴한 국밥을 먹습니다.

슬럼프가 찾아왔을 때 어떻게 대처하시나요?

먼저 시드머니를 크게 낮추어서 매매합니다. 수익을 많이 낸 종목이나 경험을 반복적으로 생각하면서 자신감을 되찾으려고 합니다.

— 김영옥

트레이딩 감각을 유지하기 위한 본인만의 방법이 있다면 말씀해주세요.

당일 상승률 20위, 당일 거래량 상위 20종목을 매일 분석합니다. 당일 상승률 상위 종목을 보면 현재 시장에서 어떤 종목들이 시장의 관심을 받는지 알 수 있습니다. 또 당일 거래량 상위 종목을 분석하면 시장의 매매 패턴을 알 수 있습니다. 저는 장을 마치면 항상 당일 상승률 20위, 당일 거래량 상위 20위의 40종목 정도를 분석합니다.

심리가 무너졌을 때 어떻게 하시나요?

20년 동안 전업투자를 하다 보니 심리가 무너지는 경우가 거의 없습니다. 투자 금액이 적었던 초창기에 손실이 나면 빨리 만회해야 한다는 생각으로 매매에 임하여 오히려 더 큰 손실을 봤습니다. 그때는 심리적으로 많이 흔들렸습니다. 몇 번의 큰 손실을 경험한 후부터는 어느 정도 손실이 나면 일단 매매를 중단하고 그날은 쉬었습니다. 그렇게 한 후에는 큰 손실을 본 적이 없고, 심리적으로 안정감을 찾아 매매에 임할 수 있었습니다. 주식시장은 내일도 열리니까요.

 트레이더가 반드시 가져야 할 심리적 원칙이나 덕목이 있을까요?

시장에 순응하는 유연성입니다. 강한 태풍이 오면 큰 소나무는 부러지지만 유연하게 움직이는 대나무는 절대 부러지지 않습니다. 그 이유는 바람에 맞서지 않고 바람을 받아들이기 때문입니다. 주식은 있는 그대로 받아들여야 살아남을 수 있습니다. 조금이라도 내 고집을 부리면 깡통으로 가게 됩니다. 대부분 고수의 이야기를 들어보면 한 번쯤 깡통을 찬 후 제대로 주식 공부를 하고 기법을 연구해서 지금 고수의 자리에 있게 되었다고 합니다. 하지만 두 번은 깡통을 차서는 안 됩니다. 남의 말만 듣고 무모하게 주식투자를 시작하면 반드시 깡통을 차게 됩니다. 하지만 진정한 고수를 만나서 제대로 벤치마킹을 한다면 성장할 수 있다고 생각합니다.

트레이딩에서 기법이란 무엇이라고 생각하시나요?

전쟁터에서 살아남을 수 있는 나만의 무기입니다. 주식시장은 전쟁터보다 더 냉혹합니다. 전쟁터에서는 항복하면 살려는 주지만 주식시장이란 전쟁터에서는 항복한다고 살려주지 않습니다. 이 전쟁터에서 살아남기 위해서는 반드시 나만의 필살기(기법)는 하나 이상 가지고 있어야 한다고 생각합니다.

— 김영옥

자신만의 매매 기법을 만들기 위해 어떤 노력을 했는지 말씀해주세요.

실전투자대회 기간 동안 상위 입상자들 매매 내역을 매일 분석한 후 필요한 부분들을 벤치마킹했습니다. 그리고 상위 10등 안에 있는 사람들의 매매 기법을 분류해서 분석했습니다. 예를 들면 상한가 따라잡기를 전문으로 하는 사람, 초스캘핑, 2일에서 3일 홀딩하는 사람, 종가 매매하는 사람 등으로 분류하여 매일매일 매매 내역을 분석했습니다. 종목, 매수 시간, 매도 시점, 거래량, 어떤 일봉이나 어떤 분봉에 들어가는지 아주 세밀하고 구체적으로 공부했습니다. 그런 후 이런 기법들을 벤치마킹하여 저의 매매에 적용했습니다. 그리고 그중 저에게 잘 맞는 기법을 선택하여 더 연구하고 다듬었습니다.

 **그 기법들을 찾아낸 후 실전에서 어떤 과정을 거쳐 적용하셨나요? 실전에서 그 기법들을 적용하는 데 힘들지는 않으셨나요?**

처음에는 소액으로 시작했습니다. 10번 정도 매매해서 8번 이상 수익이 날 때만 시드머니를 조금씩 올려서 매매했습니다. 궁금한 점이 있더라도 실제로 그들에게 물어볼 수 없고, 또 주위에 조언해줄 사람도 없었기 때문에 그 부분이 매우 힘들었습니다.

또한 지금의 매매 기법을 수립하는 데까지 많은 시행착오를 겪었습니다.

그래서 나의 관점에서 생각하는 것이 아니라 완전히 그 사람이 되어서 생각해보려고 노력했습니다.

 ### 자신만의 매매 기법을 찾고 있는 사람들에게 해주고 싶은 말씀이 있나요?

실전에서 수익이 나는 기법이라면 무조건 벤치마킹하는 것이 좋습니다. 주식투자에 입문하는 사람이라면 각 증권사에서 열리는 실전투자대회 기간 동안 상위 순위자들의 매매 내역을 꼼꼼하게 공부해보는 것도 좋은 방법입니다. SNS 등을 보면서 꾸준하게 수익을 내는 사람들의 매매 내역을 공부해보는 것도 방법입니다. 하지만 자신의 계좌를 오픈하지 않거나, 검색기를 판매하거나, 매매 프로그램을 판매하는 사람도 있으니 조심해야 합니다.

 ### 실전투자대회에 참가한 이유는 무엇인가요?

초기에는 돈을 빨리 벌어야겠다는 생각으로 매매했기 때문에 수익률 대회에 참가할 생각이 없었습니다. 그런데 아는 지인들이 실전투자대회에 참가해 입상하는 것을 보고 한 번 참가해보자는 생각을 하게 되었죠.

실전투자대회에 참가해보니 다른 사람들과 경쟁해야 하는 스포츠 경기를 하는 느낌을 받았습니다. 혼자 매매할 때는 혼자서 걷는 느낌이라면, 실전투자대회에 참가할 때는 나의 앞뒤를 보면서 달리는 마라톤 경기를 하는 느낌이었습니다.

실전투자대회에서 입상한 소감을 말씀해주세요.

학교 다닐 때 저는 항상 꼴찌였습니다. 그런데 많은 사람이 참가한 대회에서 입상하니 너무 기뻤습니다.

실전투자대회란 투자자에게 어떤 의미가 있나요?

나의 매매 기법이 시장에서 검증됐다는 것을 확인할 수 있습니다. 저는 실전투자대회 입상 후 자신감을 더 가지고 매매에 임할 수 있게 되었습니다.

실전투자대회에 참가하면서 배운 점은 무엇인가요?

실전투자대회는 짧은 기간에 많은 수익을 내야 입상을 하기 때문에 기회라고 생각이 들면 과감하게 매매하는 방법을 배우게 되었습니다.

실전투자대회에 참가하려는 사람들에게 해주고 싶은 말씀은 무엇인가요?

페이스 조절을 잘해야 합니다. 과감하게 대결해야 할 때는 과감하게 해야 하고, 쉬어야 할 때는 쉴 수 있어야 합니다. 그래야만 좋은 성적을 거둘 수 있습니다.

전업 트레이더로서 최종 목표는 무엇인가요?

일반 개미 투자자들에게 수익을 낼 수 있게 도움을 주고 싶습니다. 그래서 저같이 아버님이 주신 유산을 몽땅 날리면서 계좌가 깡통이 되는 일이 없었으면 하는 바람입니다. 그리고 좀 더 멋지고 윤택하게 노후를 즐기면서 살아가는 투자자들이 많아지기를 바랍니다. 또 젊은이들이 부가적인 수익을 올려 행복한 삶을 누리기를 바랍니다. 그래서 많은 제자를 양성하고 싶습니다.

최종 목표를 달성하기 위해 어떤 계획이 있으신가요?

트레이딩을 계속할 수 있도록 매일 운동과 명상을 하며, 주말에는 가족들과 가볍게 산행을 합니다. 65세에 은퇴한 후 세계여행을 하기 위해 매일 짬짬이 영어 공부도 하고 있습니다. 매매할 때는 순

— 김영옥

간순간 결정해야 하기 때문에 정신적·육체적으로 건강해야만 올바른 판단을 할 수 있습니다. 주식시장에서는 한 번의 잘못된 판단으로 큰 손실을 낼 수 있습니다. 저는 감기에 걸렸을 때나 컨디션이 좋지 않을 때는 매매를 하지 않습니다. 전날 음주를 했을 때에도 그다음 날에는 매매를 하지 않습니다. 이유는 컨디션이 좋지 않을 때 매매를 하여 좋지 않은 결과를 초래했기 때문입니다.

전업 트레이더에 대해서는 어떻게 생각하시나요?

전업 트레이더로 성공하면 시간과 경제적인 부분에서 여유를 누릴 수 있습니다. 많은 사람이 전업 트레이더가 되려고 도전하지만, 성공 확률은 0.1%도 안 됩니다.

돈을 벌려고 하지 말고 돈 버는 방법을 배우려고 해야 합니다. 그리고 반드시 적은 돈으로 시작해야 합니다. 10번 중 8번 이상 수익이 날 때만 시드머니를 늘려가며 매매해야 합니다. 대부분의 사람은 처음부터 돈만 벌려고 하고, 돈 버는 방법을 배우려고 하지 않습니다. 그리고 도전할 때는 철저하게 준비하는 시간을 가져야 합니다. 그렇게 하지 못한다면 하루라도 빨리 포기하고 다른 길을 찾는 것이 좋습니다.

트레이딩을 하면서 가장 기쁜 순간은 언제였나요?

과거 인력시장에서 하루 일당 6만 원을 받고 일했던 경험이 있습니다. 처음 주식에 투자해 일당 6만 원의 10배인 60만 원의 수익을 냈을 때 제일 기뻤습니다.

초보 트레이더 또는 시장에 진입하는 초보자에게 해주고 싶은 조언이 있으신가요?

우리가 어떤 물건을 살 때는 그 상품의 기능과 사용법을 읽어본 후에 삽니다. 요즘은 인터넷이 발달해서 상품을 검색하고 구매할 때는 상품구매 후기를 읽어봅니다. 그 상품을 사고 싶지만 정말 좋은 것인지 사진이나 상품 설명만 보고는 사기가 꺼려지기 때문입니다.

개인 투자자도 주식투자를 시작할 때 최소한 주식이 무엇인지 알고 시작해야 합니다. 주식에 대해 잘 알지도 못하면서 주변 사람들이 주식투자로 수익을 냈다고 해서 무조건 계좌에 돈부터 입금합니다. 그리고 누가 이런 주식을 샀다더라, 어느 정도의 수익을 냈다더라는 말만 듣고 무작정 주식을 사는 일은 정말 어리석은 행동입니다. 주식투자를 시작하기 전에 주식의 기초를 공부하고 고수들의 기법을 배워서 모의투자로 최소한 3개월 이상은 매매를 해봐야 합니다. 그리고 처음에는 1주씩 매수해서 매매해보고 자신감이 생길 때 실전투자를 해보라고 권하고 싶습니다. 실전투자에서 1주씩 매매해보고 승률이 80% 이상 되면 10만 원으로 시작하고, 그다음 30만 원, 50만 원, 100만 원으로 투자 금액을 늘려가는 것이 좋습니다. 소액으로 주식투자를 시작하면서, 처음부터 돈을 벌려고 하지 말고 돈 버는 방법을 터득해야 합니다. 10번 매매해서 8번 이상 성공할 때만 금액을 조금씩 늘려가는 것이 좋습니다.

— 김영옥

우리나라 주식시장이 더 발전하려면 어떻게 변화해야 한다고 생각하십니까?

첫 번째는 회계가 투명해야 한다고 생각합니다. 두 번째는 외국처럼 수익이 난 경우에만 세금을 부과해야 합니다. 세 번째로 기울어진 운동장이라고 비유되는 우리나라 주식시장에서도 기관이나 외국인 투자자들과 같은 조건으로 개인 투자자들에게 공매도를 할 수 있도록 허용해야 합니다.

우리나라 투자 문화에 대해 어떻게 생각하십니까?

기업 가치보다 저평가된 종목이 너무 많습니다. 제대로 기업의 가치가 평가받는 문화가 정착되어야 합니다. 저는 재료나 테마로 주가가 고평가되었다고 판단되었을 때 공매도를 많이 하기 때문에 기업 가치가 중요하다고 생각합니다. 왜냐하면 주가는 반드시 기업 가치에 수렴하기 때문입니다.

트레이딩으로 얻는 수익은 어떻게 관리하십니까?

예전에는 생활비를 빼고 수익 대부분을 주식에 다시 투자했습니다. 몇 년 전부터 부동산에 관심을 두고 있습니다.

글로벌 급락장에 대비하기 위해 개인들은 어떤 준비를 해야 할까요? 그리고 본인은 어떤 준비를 하고 있습니까?

어떤 종목이라도 손절매 가격이 되면 반드시 손절매해서 현금을 보유해야 한다고 생각합니다. 현금을 보유하고 있어야 급락장이 되었을 때 저평가된 종목을 다시 매수할 수 있습니다. 손절매를 하지 않는다면 보유한 현금이 없기 때문에 급락장이 왔을 때 저평가된 종목을 매수하고 싶어도 매수할 수 없습니다.

트레이딩을 할 때 바보 같은 실수를 저질러 웃음이 나온 경우가 있습니까?

주식투자를 시작한 초기에 커피 잔이 쓰러지며 마우스를 눌러 상한가로 간 종목을 매도한 경우가 있었습니다. 그 후 그 종목은 3일 동안 상한가를 기록했습니다. 또 거래량이 적은 종목을 매수할 때 수량에 0을 하나 더 추가하거나, 가격도 상한가로 주문하는 실수를 하는 바람에 손절매하느라 고생했던 기억이 납니다.

시장에서 소위 작전이라는 것이 실제하고, 이것이 트레이딩에 영향을 미친다고 생각하십니까?

— 김영옥

개인적으로는 이를 이용하면 트레이딩에 조금은 효과가 있다고 생각합니다. 하지만 최근에는 과거보다 많이 없어져서 별 영향이 없는 것 같습니다. 몇 년 전보다 작전 세력이 많이 줄었지만, 아직도 특정한 종목에서 세력의 움직임을 볼 수 있습니다. 이것을 잘 이용하면 초기에 따라 붙어서 수익을 낼 수 있습니다. 하지만 일반 개미 투자자들은 루머나 소문에 휘둘리지 말고 절대 따라 하면 안 됩니다. 결국에는 세력의 총알받이가 되기 때문입니다.

 주포나 세력이라 불리는 실체를 인정하십니까? 또는 이를 이용하는 트레이딩이 효과가 있다고 생각하십니까?

개인적인 생각은 이를 이용하면 트레이딩에 효과가 있다고 믿습니다. 주가는 꼭 실적대로만 움직이는 것이 아닙니다. 호재성 뉴스가 있다든지, 실적이 턴어라운드될 때 미리 주가가 많이 올라 있는 경우가 많습니다. 특정한 누군가가 미리 내용을 알고 선취매수를 하기 때문입니다. 일반 투자자는 정보에서 뒤처지기 때문에 추격 매수를 하면 세력들의 총알받이가 될 수 있으므로 조심해야 합니다. 개미 투자자들은 단기간에 큰 수익을 기대하기 때문에 급등락이 심한 종목에 관심을 가집니다. 그러나 대부분은 시장에 뛰어들어 큰손들이나 세력들의 물량을 떠안게 되기 때문에 그런 종목을 보유하고 있다면 매도로 대응해야겠지요.

마지막으로 개미 투자자들에게 조언 부탁드립니다.

첫째, 주식으로 돈을 벌려고 하지 말고 돈 버는 방법을 배우려고 하는 마음가짐이 필요합니다.

돈만 벌려고 하다 보면 주식 매매 기법을 배울 수가 없고, 자신만의 매매 기법이 없으면 오랫동안 주식투자를 할 수 없습니다. 전업이든 부업이든 주식투자로 수익을 내고 싶다면 계좌를 당당하게 오픈할 수 있는 고수들의 기법을 벤치마킹해서 자기 것으로 만들어야 합니다. 우리가 살아갈 날은 아직 많습니다. 조급한 마음으로 주식 매매에 뛰어들지 말고 느리지만 차근차근한 계단씩 기초를 쌓은 후 주식 매매를 시작하세요.

둘째, 반드시 적은 돈으로 시작하고, 수익이 날 때 투자금을 조금씩 늘려야 합니다. 처음부터 큰돈으로 시작하면 돈에 눈이 멀게 되고, 결국 계좌는 깡통으로 가게 됩니다. 최소한 3개월 이상 모의투자를 해본 후 1주로 실전 매매를 해보세요. 그리고 승률이 80% 이상 나오면 투자금을 10만 원에서 30만 원, 50만 원, 100만 원으로 올리세요. 투자 금액을 100만 원으로 올린 후에는 승률이 잘 나오지 않을 수도 있습니다. 이때는 최대한 승률이 올라갈 때까지 100만 원의 투자금을 유지해야 합니다. 100만 원으로 하루에 8만 원 이상의 수익을 낸다면 그때 300만 원으로 투자금을 늘리는 것이 좋습니다. 300만 원으로 하루 10% 정도의 수익을 낼 수 있을 정도로 승률이 높아진다면 그때 다시 500만 원으로 늘립니다. 그리고 또 승률이 높아진다면 1,000만 원으로 투자금을 늘려나가세요. 다시 한번 강조하지만, 천천히 투자금을 늘려나가야 합니다.

— 김영옥

셋째, 손절매를 하지 않을 종목을 매매합니다. 그리고 만약 손절매해야 한다면 -10%에 무조건 손절매한다는 규칙을 정해놓으세요. 가장 안전한 자리에서 매수하고 저항대에서는 수익을 실현하는 습관을 갖도록 하세요.

공매도는 매수 기법의 반대라고 생각하면 됩니다. 또 매수 기법은 공매도의 반대라고 생각하면 됩니다. 그래서 상승 기법을 터득하면 공매도를 잘할 수 있고, 공매도 기법을 터득하면 상승 기법을 잘할 수 있습니다.

넷째, 손절매를 잘하지 못하는 사람은 주식투자보다는 로또를 사는 것이 낫습니다. 손절매를 하지 못하는 사람이 주식투자를 하면 100% 깡통 계좌가 되지만, 로또는 당첨 확률이라도 있기 때문입니다. 손절매는 주식 매매에 있어서 필수입니다. 손절매를 하지 못하는 투자자는 크게 손실을 보거나 기회비용을 놓치게 될 것입니다.

우물가에서 숭늉 찾는 실수를 범하지 않도록 기초부터 한 계단씩 밟아나가는 투자자가 많아졌으면 좋겠습니다. 대한민국에서 개미 투자자가 승리하는 그날까지 전 후배들을 가르칠 것입니다. 그리고 많은 사람에게 꿈을 주고 싶습니다. 저처럼 주식 매매를 통해 행복하고 윤택한 삶을 누릴 수 있기를 바랍니다.

6 이찬용

수급 매매 투자 전략, 시장 주도주를 잡아라

닉네임	배궉
나이	30대
직업	의사, 전업 트레이더
거주 지역	서울
주력 기법	시장 주도주 매매

블로그

blog.naver.com/100ukwonn(배권 주식투자)

이메일

100ukwonn@naver.com

2017년 미래에셋대우 실전투자대회 3천 리그 2위
2017년 키움증권 실전투자대회 1억 리그 2위
2018년 교보증권 초청 강사

닉네임 배궈을 사용하는 트레이더로 본업은 의사이다. 투자를 시작한 지 약 10년 정도의 경력을 갖고 있으며, 의대 졸업 후 공중보건의 시절 우연한 기회에 주식 공부를 시작했다고 한다. 이전에는 수급 매매 카페에서 활동하였고, 그곳에서 사용하던 닉네임으로 강사 활동을 했던 경험도 있다. 현재는 더 이상 강사로 활동하고 있지 않으며, 의료와 개인 트레이딩에 집중하는 삶을 살고 있다. 주식투자는 어떤 직종에 종사하든 누구나 참여할 수 있는 시장이며, 직접 트레이딩을 이어나가는 행위 자체가 세상이 작동하는 현장에 능동적으로 참여하는 하나의 방법이라고 생각한다.

2017년 강사로 활동하고 있을 때 자신 스스로와 수강생을 위한 검증을 위해 키움증권 실전투자대회 1억 리그에 나가 2위 입상을 하였다. 최근 개인적으로 2020년 키움증권 실전투자대회에 다시 참가했다고 한다. 최종적으로 3위에 입상할 수익률을 기록했지만, 대회 마무리를 2주 앞두고 자신의 실수가 아닌 타인의 실수로 계좌가 정지되는 바람에 입상을 놓쳤다며 아쉬움을 자아냈다.

배궈이 트레이딩 시 즐겨 사용하는 방식은 실적이 바탕이 되는 우량한 종목을 선정하는 것으로부터 시작한다. 그러한 종목의 상승 초입 때 외국인과 기관의 매수세를 확인하며 중단기 투자를 즐긴다. 시장의 관심을 받아 강하게 상승하는 구간에서는 중단기 투자뿐만 아니라 스캘핑도 트레이딩에 활용하는 편이다. 또한 강하게 상승하는 테마주는 차트를 활용하여 기술적 매매로 접근해 트레이딩한다. 그는 트레이딩 시 종목 선정을 매우 강조하며, '종목 선정이 투자의 반이다'라는 생각을 갖고 있다. 즉 종목 선정이 트레이딩에서 매우 중요하며, 종목 선정만 잘해도 매매의 반 이상은 성공한 것과 마찬가지라고 한다. 누구나 종목 선정의 중요성을 알고 있다고 말하지만, 정작 매매에만 매몰되어 좋은 주식을 고르는 방법에 대해 공부를 소홀히 하지 말라고 전한다.

그는 투자란 사람이 인생이라는 먼 길을 떠나며 누구나 한 번쯤 겪을 수밖에 없는 당연한 과정이며, 투자와 투기를 명확히 구별할 줄 알아야 한다고 한다. 누구나 정도를 벗어난다면 삶이 망가진다 해도 자신을 스스로 구하기 어렵기 때문이다. 따라서 배궈은 '모든 행위에는 그에 합당한 결과가 따른다'라는 인생의 가치관이자 철학을 갖고 있다고 한다. 늘 올바른 삶과 투자를 지향하고, 올바른 결실을 맺는 균형 잡힌 인생을 살아가는 것을 목표로 삼고 있다고 한다.

— 이찬용

**의사로서 전업 트레이더라는 특이한 이력인데, 언제부터
주식 공부를 시작하셨나요? 그리고 전문직 종사자임에도
계속해서 투자를 하는 이유는 무엇인가요?**

2011년 의대를 졸업하고 공중보건의를 하게 되었는데 비교적 여유로운 시기여서 이때부터 주식 공부를 시작했습니다. 공중보건의 재직 기간 동안 주식 공부를 했고, 공중보건의를 마치고 본격적으로 투자를 시작했습니다. 투자는 직종에 관계없이 누구나 겪게 되는 삶의 일부라고 생각합니다. 주식투자를 하다 보면 세상이 어떻게 돌아가고 있는지 피부로 느끼게 됩니다. 이런 삶의 현장에 능동적으로 참여하고 있다는 느낌 때문에 주식투자는 평생 쉬지 않을 것 같습니다.

**전문직 트레이더로서 주식 매매에 학습이 실력에 얼마나
영향을 미치나요? 학습과 실전에는 어느 정도의 괴리가
있고, 학습으로 트레이딩 실력을 얼마나 늘릴 수 있을까
요? 개인적인 의견을 듣고 싶습니다.**

세상일은 다 똑같다고 봅니다. 아무것도 모르는 사람이 밭에 가서 농사를 지으려면 가장 빠른 길은 농부에게서 농사를 배우는 것입니다. 농사를 어떻게 짓는지 배운 후 직접 농사를 해보며 시행착오를 몇 번 거쳐야 제대로 된 농부가 되겠지요. 주식투자 또한 마찬가지입니다. 주식투자를 잘하려면 먼저 전문적인 트레이더나 훌륭한 도서를 통해 배워야 합니다. 그 후에 공부한 것을 바탕으로 직접 주식투자를 해보면서 실전에서 시행착오를 거친 후에야 꾸준히 수익을 내는 투자자가 될 수 있습니다. 때문에 주식투자에서 학습은 필수이며, 실전과의 괴리는 시행착오를 거치며 줄여나가야 합니다. 하지만 학습으로 트레이딩 실력을 얼마나 늘릴 수 있는지는 본인의 의지와 노력에 따라 천차만별이라고 판단됩니다.

 **전체적인 자금 관리 원칙을 알고 싶습니다. '투자-예금-단기 재투자-장기 재투자' 등 주식으로 얻은 수익은 어떻게 관리하고 있으신가요?**

투자금은 수익이 나도 무리해서 늘리지 않고 항상 일정하게 유지하려고 합니다. 투자금 이상의 수익금은 따로 인출해 쌓아놓았다가 적금이나 부동산 등 안정자산에 투자하고 있습니다.

 **실전투자대회에 참가하신 이유와 그 소회를 듣고 싶습니다. 전문직에 종사하며 생업도 바쁘지만, 매매도 잘하고 계신데 굳이 대회에 참가한 이유가 궁금합니다.**

2017년에는 제가 강사 활동을 하고 있을 때였는데 저 자신과 수강생들의 실력 검증을 위해 참가했습니다. 사실 큰 욕심 없이 나갔던 대회였는데, 운 좋게 입상한 것 같습니다. 지금은 주식 강사로서의 삶은 접고 트레이더와 의료인의 길에 집중하고 있습니다.

— 이찬용

 **일반적인 트레이딩 시 어떤 기법을 주로 사용하시나요?**

몇천 개의 종목이 주식시장에 상장되어 있지만 모든 종목이 다 오르는 것은 아닙니다. 몇 가지 섹터가 주도 섹터를 이루어 날을 정해놓고 돌아가며 올라가는데, 주도 섹터에 속하지 않은 종목은 철저히 소외되어 주가의 변동성이 거의 없습니다. 대부분의 개인 투자자는 종합주가지수는 매일매일 올라가는데 왜 내 종목은 올라가지 않을까 하는 고민에 빠지게 됩니다. 그래서 저는 시장의 주도 섹터를 몇 가지 정해놓고 그때그때 시장 흐름에 맞춰 강하게 올라가는 섹터에 편승하는 매매를 추구합니다. 그러다 보니 중장기 투자보다는 데이 트레이딩이나 단기 스윙 투자를 주로 하고 있습니다.

시장 상황에 따른 매매 전략이 있으신가요? 상승장과 하락장에서의 대응 방법에 대해 알고 싶습니다.

횡보장이나 하락장에서는 오버나이트나 스윙 투자를 줄이고 데이 트레이딩에 주력합니다. 상승장에서는 시장 주도 섹터에서 가장 강한 종목에 과감하게 비중을 실어 오버나이트하거나 스윙 투자를 하는 편입니다. 그리고 시장 상황에 따라 매매 종목과 기법을 달리 하는데, 보통 시장 흐름이 횡보장이나 하락장이면 단기적인 실적 기대감으로 상승하는 테마주 장세가 연출됩니다.

이럴 경우에는 특정 테마주에 편승하는 매매를 합니다. 그리고 시장의 흐름이 상승장이면 가시적인 호실적을 바탕으로 외국인과 기관 투자자의 수급이 몰림으로써 상승하는 수급주에 편승하는 매매를 하고 있습니다.

성공하는 트레이더가 될 수 있는 3가지 조건에 대해 설명해주세요.

성공하는 트레이더가 되기 위해서는 기법, 마인드 그리고 리스크 관리 이 3가지가 꼭 필요합니다. 이 중에서 어느 하나라도 부족하다면 절대 성공하는 트레이더가 될 수 없습니다. 주식투자를 시작할 때 많은 사람이 충분한 공부 없이, 자신만의 기법과 원칙 없이 시작하여 실패하는 경우를 많이 볼 수 있습니다. 물고기를 잡는 법을 배우지 않고 물가에 나가면 처음 한두 번은 우연히 고기를 잡을 수 있을지 몰라도 꾸준히 고기를 잡아 생계를 유지하기는 절대 불가능합니다.

주식투자를 시작하기 전에 충분한 시간을 투자하여 자신만의 원칙과 기법을 확고히 한 후 물가로 나서야 꾸준한 수익 창출이 가능할 것입니다. 아는 것이 힘이고, 모르면 백전백패입니다. 주식투자를 하기 전에 무조건 최소한 1년 이상은 치열하게 공부한 후 시작해야 합니다.

하지만 충분히 공부하여 자신만의 기법과 원칙을 확고히 해도 마인드와 리스크 관리가 되지 않는다면 꾸준히 수익을 창출하는 것은 어렵습니다. 마인드는 주식투자에 임하는 마음가짐으로 나태해지거나 게을러지지 않고 하루하루 치열하게 주식시장에 임하고, 기법과 원칙을 고수하는 냉철함을 말합니다. 아무리 뛰어난 데이 트레이더라도 치열하게 그날의 장에 임하지 않

— 이찬용

고 집중력과 냉철함을 잃어버리면 수익을 내는 것은 절대 불가능합니다.

기법, 마인드와 함께 중요한 것은 리스크 관리입니다. 리스크 관리는 분산투자와 비중 조절 그리고 분할 매수, 분할 매도, 자신만의 손절 기준 등을 말합니다. 오래된 주식 격언 중에 '계란을 한 바구니에 담지 마라'는 말이 있습니다. 내가 투자한 종목이 100% 오른다는 보장은 없습니다. 언제나 하락에 대한 리스크를 가지고 있습니다. 그리고 앞서 말했듯이 시장은 항상 같은 종목이나 같은 섹터만 오르는 게 아니라 몇 가지 섹터를 정해놓고 돌아가며 오릅니다. 때문에 몇 가지 중심 섹터를 정한 후 각 섹터의 중심주를 선정해 분산투자하는 전략을 취하는 것이 매일매일 수익을 거두는 현명한 전략이 될 수 있습니다. 100을 투자한다면 한 종목에 100을 전부 투자하는 것이 아니라 종목을 나누어 5~10으로 분산투자하는 전략이 시장의 리스크를 피해갈 수 있는 핵심 전략이라고 생각합니다.

분산투자와 함께 중요한 것은 분할 매수, 분할 매도와 손절 기준입니다. 일반적으로 개인 투자자들은 상승하는 흐름에서 눌림 매매를 많이 합니다. 하지만 매수는 확신의 영역이 아니라 예측의 영역입니다. 때문에 내가 매수한 지점에서 바로 간다는 생각보다 영역을 정해서 물량을 모아가는 전략을 취하는 것이 좋습니다(이때 주의할 것은 앞서 언급한 분산투자의 원칙을 반드시 지키는 것입니다. 10을 투자하기로 했다면 10을 나누어 물량을 채워가야 하는데 어느 순간 10이 아니라 100을 채우고 있는 초보 투자자들을 많이 볼 수 있습니다).

매도할 때에도 1차 매도 목표가와 2차 매도 목표가를 정해놓고 분할로 매도하는 것이 수익률을 안정적으로 가져가면서 리스크는 피해갈 수 있는 전략입니다. 그리고 무엇보다 자신만의 손절 기준도 확고히 정해놓아야 합니

다. 특정 영역을 정해놓고 매수한 후 종목이 예상과는 다른 흐름으로 특정
지지대나 이동평균선을 깬다면 반드시 손절매로 대응해야 추가적인 하락에
대한 리스크를 피할 수 있습니다.

리스크 관리를 하지 못해 손절매해야 했던 경험이 있으신가요?

성공하는 트레이더가 되기 위한 3가지 조건으로 기법과 마인드 그리고 리스크 관리를 언급했는데, 개인적으로 리스크 관리를 하지 못해 큰 손절매를 했던 아픈 경험이 있습니다. 이런 아픔을 통해 더욱더 리스크 관리를 철저하게 하게 된 계기가 되었습니다.

2018년 5월경 북미 정상회담의 기대감으로 남북경협주가 급등했는데, 이

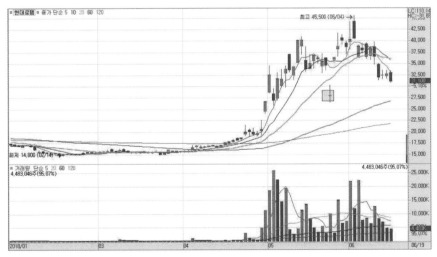

그림 1. 남북경협주 현대로템 차트

— 이찬용

때 미수(단기 투자를 목적으로 증권사의 자본을 통해 주식 거래를 하는 것)를 이용하여 투자했습니다. 그런데 돌연 북미 정상회담이 취소되면서 손절매를 하게 되었습니다. 비중 관리를 하지 못해 투자 원금의 50%를 잃었습니다. 그런데 주말에 다시 북미 정상회담이 성사되면서 주가가 제자리로 찾아가는 모습을 보며 매우 가슴 아픈 손절매를 경험했습니다. 시장에는 언제나 리스크가 존재하기 때문에 항상 리스크 관리에 신경을 써야 합니다.

데이 트레이더로서 당일 지수 흐름은 어떻게 파악하고, 매매 전략은 어떻게 달라지나요?

앞서 말했듯이 매매할 때 상승장이냐 하락장이냐에 따라 전략이 달라집니다. 데이 트레이딩을 할 때에도 당일 지수 흐름에 따라 매매 전략을 달리합니다. 그렇기 때문에 당일 지수 흐름을 파악하여 시장 흐름을 어느 정도 예측하는 것은 필수입니다.

해외 증시 흐름의 변동성이 클 때에는 해외 증시 흐름에 국내 지수가 연동되기 때문에 장전에는 미국 지수, 장중에는 미국 선물과 중국 지수 흐름을 반드시 체크합니다.

그리고 우리나라 지수의 외국인과 기관 투자자 순매수 추이를 추적하여 외국인과 기관의 매수세가 강할 때에는 상승 흐름, 매도세가 강할 때에는 하락 흐름으로 판단합니다. 더불어 반드시 지수 차트의 지지, 저항을 파악하여 단기 흐름을 예측합니다.

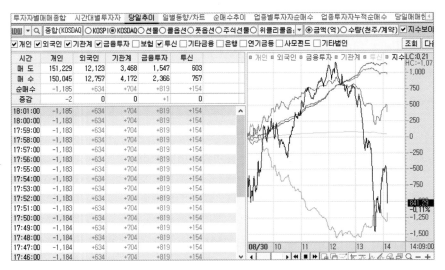

시간	개인	외국인	기관계	금융투자	투신
매 도	151,229	12,123	3,468	1,547	603
매 수	150,045	12,757	4,172	2,366	757
순매수	-1,185	+634	+704	+819	+154
증감	-2	0	0	+1	0
18:01:00	-1,185	+634	+704	+819	+154
18:00:00	-1,183	+634	+704	+819	+154
17:59:00	-1,183	+634	+704	+819	+154
17:58:00	-1,183	+634	+704	+819	+154
17:57:00	-1,183	+634	+704	+819	+154
17:56:00	-1,183	+634	+704	+819	+154
17:55:00	-1,183	+634	+704	+819	+154
17:54:00	-1,183	+634	+704	+819	+154
17:53:00	-1,183	+634	+704	+819	+154
17:52:00	-1,183	+634	+704	+819	+154
17:51:00	-1,183	+634	+704	+819	+154
17:50:00	-1,184	+634	+704	+819	+154
17:49:00	-1,184	+634	+704	+819	+154
17:48:00	-1,184	+634	+704	+819	+154
17:47:00	-1,184	+634	+704	+819	+154
17:46:00	-1,184	+634	+704	+819	+154

그림 2. 우리나라 지수의 투자자별 매매 동향_ 외국인과 기관의 순매수 추이 파악

트레이딩에 있어 기법에 대해 어떻게 생각하시나요?

주식투자가 도박이 아니라 투자의 영역에 속하는 가장 근본적인 이유는 기법의 존재 때문입니다. 주식투자는 '모 아니면 도'라는 운의 영역이 아니라 인과관계에 근거한 확률의 영역입니다.

주식투자에는 다양한 투자 기법이 존재합니다. 그런데 이런 기법들의 근간에는 특정 원인에는 특정 결과가 나타난다는 인과관계와 그러한 인과관계가 주식시장에서 계속 반복되고 있다는 반복의 원리입니다.

이러한 인과와 반복의 원리가 있기 때문에 자신만의 기법을 찾기 위해, 또는 다른 사람의 기법을 배우기 위해 열심히 공부하는 것에 가치가 있는 것입니다.

— 이찬용

기법은 주식투자의 첫 단추입니다. 그러므로 시장에서 통하는 자신만의 기법을 반드시 익혀야 합니다.

 ## 트레이딩을 할 때 종목을 분류하는 원칙과 종목 선정의 기준은 무엇입니까?

매매할 때에는 종목 선정이 매우 중요합니다. '시작이 반이다'라는 말처럼 종목 선정만 잘해도 매매는 반 이상은 성공한 것이라고 생각합니다. 저는 수급주와 세력주로 종목을 나누어 매매합니다. 간단히 분류하면 수급주는 특정 세력이 매수 주체가 되기보다 외국인과 기관이 매수 주체가 되어 상승하는 종목을 말합니다. 그리고 세력주는 외국인과 기관 등 특정 세력의 수급이 연속성 없이 들어와서 돈의 힘으로 급등하는 종목을 말합니다.

수급주는 단기 변동성이 세력주보다는 크지 않고 기업의 가시적인 실적이 바탕이 되어 움직이는 경우가 많습니다. 그리고 세력주는 위아래 단기 변동성이 매우 크고 기업의 가시적인 실적보다 재료가 발생함에 따라 단기 실적에 대한 기대감으로 움직이는 경우가 많습니다.

그런데 이렇게 종목을 나누는 것은 흑과 백처럼 이분법적인 것이 아니라, 성향의 차이라는 점입니다. 평소에 수급주 성향이 강했던 종목도 특정 세력이 들어오면 가끔 세력주처럼도 움직이기도 합니다. 그리고 평소에 세력주 성향이 강했던 종목도 외국인과 기관이 연속적으로 들어오면 가끔 수급주처럼 움직일 때도 있습니다.

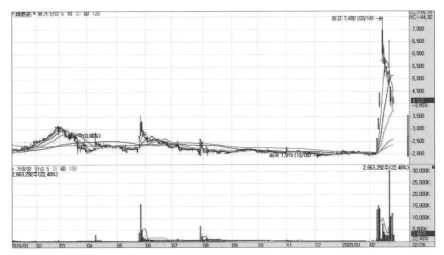

그림 3. 세력주의 예_ 바른손

바른손은 세력주의 전형적인 예입니다. 영화 〈기생충〉이 아카데미 4관왕에 오르는 재료가 발생하며 실적 기대감으로 급등했습니다. 그리고 상한가가 연속적으로 나오며 단기 변동성이 매우 컸습니다.

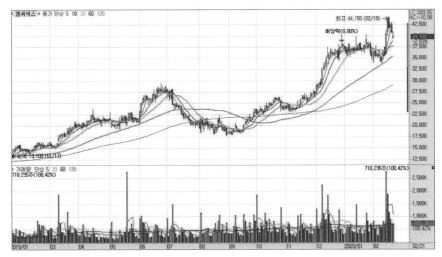

그림 4. 수급주의 전형적인 예_ 엠씨넥스

― 이찬용

수급주의 전형적인 예로 엠씨넥스[097520]를 들 수 있습니다. 삼성전자가 실적을 바탕으로 상승하는 장세에서 갤럭시 스마트폰 부품 업체 수혜로 실제적인 호실적을 바탕으로 주가가 상승했습니다. 세력주처럼 단기 변동성이 크지는 않지만 실적을 바탕으로 추세가 상방으로 틀며 꾸준히 상승하는 것을 볼 수 있습니다.

이렇게 수급주와 세력주로 종목을 나누고, 분류에 따라 매매 전략을 달리합니다. 수급주의 경우에는 외국인과 기관의 매수/매도세를 추적하여 외국인과 기관이 살 때 같이 사고, 팔 때 같이 파는 외국인/기관 추종 전략을 취합니다. 그리고 세력주의 경우에는 세력의 매수/매도세 추적은 거의 불가능하기 때문에 단기 급등 후 눌림목 매매를 하거나, 특정 차트 형태에서 매수세가 쏠릴 때 사는 돌파 매매를 주로 합니다.

이런 구분이 중요한 이유는 단기 트레이딩을 하는 개인 투자자들은 이런 구분 없이 수급주를 대상으로 눌림목이나 돌파 매매를 하다가 외국인과 기관의 매도세를 파악하지 못해 실패합니다. 그리고 세력주를 대상으로 의미 없는 외국인과 기관의 매수세를 맹신하여 어설픈 눌림목 매매나 돌파 매매를 하다가 손절매를 하는 경우가 많기 때문입니다. 반드시 종목을 구분하여 이런 실수를 피해야 합니다.

이렇게 종목을 구분하고 매일매일 수급주와 세력주를 관심 종목에 편입하는 작업을 합니다. 수급주를 선정하는 기준은 외국인과 기관이 연속성 있게 강하게 들어오고 실적이 뒷받침되는 종목을 중심으로 선정합니다. '외국인/기관 매매 상위'와 '외국인/기관 연속 매매 현황(키움증권 기준)' 창을 보면서 외국인과 기관의 수급이 강하고 연속적으로 들어오는 종목을 찾습니다.

그런 후 기업분석을 하여 가시적인 호실적을 확인한 후 관심 종목에 편입해 두고, 외국인과 기관의 수급 흐름을 추적하여 매매에 임하고 있습니다.

◉전체 ○코스피 ○코스닥 ◉금액(억원) ○수량(만주)　조회일자 2020/08/28　조회　유의사항
※장중 당일 자료는 외국인 한도종목만 제공됩니다. 자세한 정보제공 시간 안내는 유의사항을 확인하시기 바랍니다.

	외국인						국내기관				
	순매도		순매수				순매도		순매수		
종목명	금액	수량	종목명	금액	수량	종목명	금액	수량	종목명	금액	수량
삼성전자	1,522.9	274.9	현대차	525.8	30.6	카카오	510.3	12.6	현대차	731.1	42.6
카카오	959.5	23.7	삼성SDI	243.1	5.2	SK텔레콤	408.7	16.9	현대모비스	480.7	21.2
삼성전자우	288.8	59.9	KB금융	173.2	45.6	NAVER	178.4	5.4	KODEX 레버리	375.6	248.3
NAVER	265.9	8.0	두산중공업	170.6	131.2	삼성SDI	124.2	2.7	삼성전자	238.4	42.8
엔씨소프트	239.0	2.8	셀트리온헬스	144.6	14.2	LG전자	95.1	11.1	대림산업	207.3	24.3
LG화학	216.7	2.9	신풍제약	140.6	12.7	대림산업	94.9	2.4	SK이노베이션	198.3	12.6
부광약품	195.1	50.8	SK텔레콤	110.0	4.5	LG디스플레이	86.3	57.1	현대글로비스	193.2	13.7
알서포트	173.5	87.0	대림산업	97.6	10.9	다산네트웍스	76.9	57.2	KODEX 코스닥1	180.5	134.8
씨젠	163.5	6.6	현대글로비스	91.2	6.3	KODEX 미국FAN	70.3	31.4	엔씨소프트	156.9	1.8
셀트리온	152.3	5.0	KODEX 200선물	83.2	198.5	SK하이닉스	62.5	8.0	KB금융	146.1	38.4
SK하이닉스	132.2	17.0	휠라홀딩스	82.5	22.3	씨젠	61.4	2.5	셀트리온헬스	118.9	11.5
POSCO	96.3	5.1	지트리비앤티	77.6	26.7	하이트진로	59.0	16.1	케이엠더불유	115.3	14.8
셀리버리	75.0	3.4	디피씨	70.1	8.7	KT&G	58.6	6.9	POSCO	114.5	6.0
현대모비스	72.5	3.2	한글과컴퓨터	67.3	33.6	CJ제일제당	55.0	1.3	신세계	95.5	4.7
에코프로비엠	64.9	4.2	헬릭스미스	65.8	12.3	두산중공업	54.4	45.8	알테오젠	86.0	4.6
KT&G	61.9	7.3	롯데케미칼	64.6	3.5	삼성전기	48.2	3.8	기아차	82.0	19.0
신한지주	59.5	19.6	케이엠더불유	64.2	8.4	스튜디오드래	46.5	5.8	KODEX 200	69.7	22.2
알에프텍	58.2	45.5	휴젤	60.4	3.7	KT	44.8	18.9	SK	69.2	3.0
넷마블	55.8	3.7	와이솔	57.6	36.1	SK바이오팜	41.5	2.5	한화솔루션	68.1	18.1
삼성바이오로	52.0	0.7	알테오젠	56.9	4.1	알서포트	39.3	19.4	신한지주	67.8	22.1
LG	50.7	6.0	두산인프라코	54.6	69.3	아이티엠반도	36.8	6.3	아모텍	66.0	21.0
솔브레인	50.4	2.3	휠크론	52.9	62.9	고려아연	35.4	0.9	호텔신라	63.9	9.0
한올바이오파	49.1	14.2	솔리드	50.5	41.4	에치에프알	33.2	2.1	오이솔루션	60.7	9.3
현대중공업지	45.6	2.0	삼성화재	40.8	2.2	농심	32.5	0.9	한국전력	59.3	28.5
SK	42.0	1.9	셀트리온제약	40.3	3.6	TIGER 미국나	32.3	5.1	LG화학	51.7	0.7

그림 5. 외국인/기관 매매 상위 현황

◉코스피 ○코스닥 ○업종 ◉종목　기간 20일　2020/08/03 ~ 2020/08/30　◉금액 ○수량　*수량:단주,금액:백만원　조회　다음

순위	종목	기간 등락률	기관계			외국인			기관계 + 외국인		
			누적 순매수 금액	최근연속 순매수 일수	금액	누적 순매수 금액	최근연속 순매수 일수	금액	누적 순매수 금액	최근연속 순매수 일수	금액
1	LG전자	+19.14%	+74,305	-3	-76,469	+195,804	+2	+25,736	+270,109	-3	-51,106
2	KODEX WTI원유	+3.69%	+160,914	+19	+172,706	+8	+1	+11	+160,922	+19	+172,637
3	삼성바이오로직	+8.56%	+60,577	-4	-20,859	+70,061	-1	-5,218	+130,638	-4	-36,342
4	KODEX 레버리지	+6.79%	+155,942	+1	+37,557	-31,131	+1	+3,362	+124,811	+1	+40,919
5	셀트리온	+1.50%	+4,675	+1	+3,417	+118,249	-2	-43,046	+122,924	-2	-54,586
6	아모레퍼시픽	+2.71%	+31,813	+1	+2,108	+89,340	+2	+6,452	+121,152	+2	+6,314
7	SK케미칼	+43.43%	+66,051	-3	-12,091	+35,475	+3	+13,475	+101,526	-2	-7,978
8	신풍제약	+29.07%	+7,382	+1	+33	+92,619	+9	+68,455	+100,001	+9	+77,698
9	미래에셋대우	+27.21%	+46,580	+6	+15,219	+23,840	+2	+3,474	+70,420	+2	+8,183
10	KB금융	+5.70%	-88,424	-1	+14,608	+155,435	+2	+27,130	+67,007	+1	+32,035
11	NAVER	+13.27%	-36,734	-1	-17,838	+103,217	-2	-40,822	+66,483	-2	-56,595
12	두산중공업	+19.82%	+44,851	-1	-5,438	+17,162	+2	+19,106	+62,012	+12	+56,892
13	현대글로비스	+26.20%	+30,130	+1	+19,316	+29,043	+6	+31,043	+59,174	+6	+41,558
14	SK텔레콤	+10.23%	+22,437	-5	-86,395	+33,423	+1	+10,950	+55,860	-3	-66,925
15	포스코케미칼	+24.93%	+35,863	+1	+2,864	+19,233	+1	+594	+55,097	+1	+3,457

그림 6. 외국인/기관 연속 매매 현황

― 이찬용

세력주를 선정하는 기준은 주로 강하게 상승하는 종목의 눌림 매매를 하기 때문에 매일매일 강하게 올랐던 종목을 우선으로 선정하여 관심 종목에 편입해두고, 눌림을 주는 타이밍에 매매합니다. '전일 대비 등락률 상위(키움증권 기준)' 창을 보면서 매일매일 강하게 상승한 종목을 선정하는데, 이때 거래 대금은 100억 원 이상이 되는 종목을 기준으로 선별합니다.

순위	분	신	종목명	현재가	전일대비	등락률	매도잔량	매수잔량	거래량	거래대금	횟수	L일봉H
1	신		삼룡물산	9,230 ↑	2,130	+30.00		332,719	2,923,961	25,119	1	
2	신		태웅로직스	4,420 ↑	1,020	+30.00		125,682	12,581,785	52,028	4	
3	신		코오롱글로	23,450 ↑	5,400	+29.92		57,756	5,553,610	124,976	3	
4	신		한익스프레	6,320 ↑	1,455	+29.91		313,870	15,219,498	93,126	5	
5	신		한국팩키지	3,760 ↑	865	+29.88		955,801	32,504,987	108,807	2	
6	증		제노포커스	16,300 ↑	3,750	+29.88		269,098	7,937,104	128,967	3	
7	증		두산중공업	13,000 ▲	2,700	+26.21	495,219	475,008	72,620,662	906,249	2	
8			지어소프트	15,450 ▲	2,750	+21.65	40,283	28,305	9,092,038	132,955	5	
9	신		링네트	9,550 ▲	1,640	+20.73	15,379	58,754	46,261,253	436,858	3	
10	증		우리들휴브	5,760 ▲	985	+20.63	186,179	52,458	44,119,122	246,379	1	
11	증		두산2우B	90,500 ▲	15,300	+20.35	717	414	141,861	12,722	1	
12	증		슈펙스비앤	158 ▲	26	+19.70	1,073,918	503,245	121,287,304	19,767	1	
13	증		한화투자증	3,585 ▲	560	+18.51	7,087	8,052	3,595,046	13,244	1	
14	증		경남제약	11,350 ▲	1,730	+17.98	26,887	30,891	2,264,500	23,450	4	

그림 7. 전일 대비 등락률 상위

Q 시장이 상승 흐름일 때 수급주 매매를 주로 한다고 하셨는데, 실전에서의 수급주 매매 사례를 말씀해주세요.

당일 지수 흐름을 예측하여 시장이 상승 흐름일 때는 외국인과 기관 투자자가 주도해서 올라가는 수급주 종목이 많이 나타납니다. 이런 장에서는 수급주에 편승하여 수익을 내는 매매를 주로 하게 됩니다. 과거에는 기관 투자자 주도 수급주 매매를 주로 하였다면 최근에는 코스닥시장에서 기관 투자자의 비중이 축소되면서 외국인 투자자 주도 수급주 매매의 비중이 더욱 커졌습니다. 당일 특정 섹터가 주목받으면 시장이 상승하는데, 특정 섹터의 관련 종목들이 상승할 때 외국인의 매수세가 강하게 들어오는 종목이 있습니다. 이런 종목을 오전에 빨리 캐치하여 매수에 가담한다면 어렵지 않게 수익을 실현할 수 있습니다.

외국인의 매수세 추적은 프로그램 매수/매도세를 확인하여 간단하게 체크할 수 있습니다. 프로그램 매수/매도세와 외국인 매수/매도세가 항상 일치하지는 않지만 대부분의 경우에는 일치합니다(프로그램 매수/매도=외국인 매수/매도).

장중 프로그램 순매수 상위 종목은 키움증권 기준으로 '프로그램 순매수 상위' 창에서 간단히 체크할 수 있습니다. 장중에 프로그램 매수가 강하게 들어오는 종목을 검색하여 해당 종목이 당일 주도 섹터인지 확인한 후 관심 종목에 편입하여 흐름을 계속 추적 관찰합니다.

이때 '종목일별 프로그램 매매 추이' 창을 보면서 실시간 프로그램 매수/매도세를 파악합니다. 거래원도 체크해야 하는데, 매수 상위 5개 거래원에서 외국계 증권사의 수량이 지속적으로 증가하면서 노출되어 개인의 매수세를 자극하는 것이 좋습니다. 이때 외국계 거래원은 메릴린치를 제외한 모건스탠리, JP모건, CS증권 등이 좋습니다. 메릴린치는 초단타 성향이 강해서 지속적인 매수세를 기대하기 어렵습니다.

순위	분	종목명	현재가	대비	등락률	총거래량	거래대금	(프)매도금액	(프)매수금액	순매수금액
1	신	현대차	172,000 ▲	8,500	+5.20	5,571,784	956,330	49,685	102,757	53,072
2		현대모비스	226,000 ▲	9,000	+4.15	778,178	175,907	14,956	40,807	25,852
3	신	셀트리온헬	102,000 ▲	300	+0.29	1,460,605	150,333	7,507	25,198	17,691
4	증	두산중공업	13,000 ▲	2,700	+26.21	72,620,662	906,249	32,349	49,017	16,667
5		신풍제약	111,000 ▼	500	-0.45	1,932,901	215,809	3,876	17,163	13,288
6	신	신한지주	30,300 ▲	300	+1.00	2,354,079	71,835	8,424	19,852	11,428
7		SK텔레콤	242,500 ▼	3,000	-1.22	845,757	205,619	31,252	42,020	10,768
8	신	알테오젠	184,100 ▲	900	+0.49	540,360	101,079	17,939	27,477	9,538
9	신	KB금융	38,000 ▲	1,050	+2.84	3,094,558	117,878	14,849	22,757	7,908
10	신	대림산업	89,200 ▲	10,600	+13.49	910,007	77,552	7,557	15,166	7,609
11	신	지트리비앤	29,100 ▲	1,650	+6.01	1,784,451	52,106	4,816	12,377	7,561
12	신	디피씨	18,100 ▲	1,100	+6.47	4,630,244	83,115	4,189	11,102	6,913
13	신	한글과컴퓨	20,000 ▲	1,350	+7.24	1,918,738	37,887	2,363	8,966	6,603
14	신	헬릭스미스	53,400 ▲	1,800	+3.49	630,357	33,929	5,242	11,342	6,100
15	신	와이솔	15,950 ▲	1,500	+10.38	3,825,413	60,414	4,648	10,298	5,650

그림 8. 프로그램 매매 현황_ 프로그램 순매수 상위 종목

그림 9. 종목일별 프로그램 매매 추이

수급 매매 투자 전략, 시장 주도주를 잡아라 —

증감	매도상위		매수상위		증감
29,713	478,645	키움증권	키움증권	407,977	14,895
3	258,619	NH투자증권	신한금융투자	154,383	102
6,281	158,863	한국투자증권	CS증권	144,110	887
	144,692	미래대우	한국투자증권	143,465	590
1,500	142,737	하나금융투자	모건스탠리	139,968	1,226
	0		외국계합	337,459	2,113
37,497	1,183,556		거래원합	989,903	17,700

이탈시간	매도량	상위이탈원	이탈시간	매수량	상위이탈원
13:46	77,008	KB증권	15:10	124,876	미래대우
13:10	67,327	삼 성	10:40	53,381	JP모간서울
09:39	23,038	대 신	09:13	18,151	삼 성
09:20	15,678	신한금융투			
09:01	3,574	교 보			

그림 10. 증권사별 매매 상위_ 당일 주요 거래원

　이렇게 당일 주도 섹터 종목에서 외국인의 매수세를 추적하여 강하게 매수가 들어오는 종목을 관심 종목에 편입합니다. 그런 후 지속적인 매수세가 있다면 매수에 가담하여 당일 수익을 실현하거나, 며칠 정도 외국인 수급이 지속된다면 스윙으로 수익을 극대화합니다.

그림 11. 강한 외국인 유입세를 보인 서울반도체

서울반도체[046890]의 경우, 2월 13일에 마이크로 LED TV 사업 기대감으로 오전부터 강한 외국인의 매수세가 들어왔습니다. 장중 매수세의 흐름을 추적해보면 사상 유례 없는 대량 거래였고, 이런 강한 흐름의 외국인 매수세에 편승하여 매수에 가담한다면 어렵지 않게 수익을 실현할 수 있습니다.

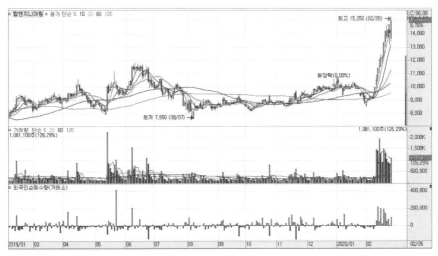

그림 12. 지속적인 외국인 매수세_탑엔지니어링

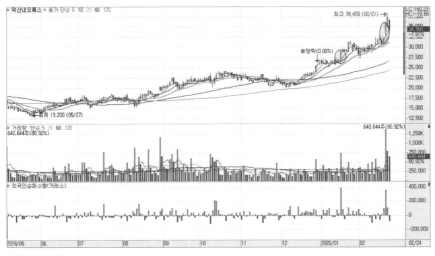

그림 13. 지속적인 외국인 매수세_덕산네오룩스

〈그림 12〉 탑엔지니어링[065130]의 경우 놀라운 실적 증가를 바탕으로 2월 13일 서울반도체 등과 함께 주도 섹터를 이루며 급등했습니다. 그 후 지속적으로 외국인 매수세가 들어왔는데, 당일 매수 가담한 후 며칠 외국인 매수세가 강하게 지속된다면 홀딩하여 수익을 극대화할 수 있습니다.

〈그림 13〉 덕산네오룩스[213420]는 폴더블폰 시장의 도래로 강력한 실적 성장을 바탕으로 지속적인 외국인 매수세가 들어온 종목입니다. 지속적인 외국인 매수세가 유입되는 가운데 강력한 외국인 매수세가 들어오는 날에 매수에 가담한다면 어렵지 않게 수익을 실현할 수 있습니다.

세력주 매매를 할 때 재료는 얼마나 중요한가요?

세력주는 갑작스런 재료가 발생했을 때 이 재료를 바탕으로 상승하게 됩니다. 재료 없이 상승하는 경우는 없고, 재료의 강도에 따라 상승의 힘이 결정됩니다. 때문에 세력주를 대상으로 매매할 때는 재료의 해석이 매우 중요합니다. 세력주는 눌림목 매매를 주로 하게 되는데 눌림에서 매수에 가담할 때 재료의 성격에 따라 타점이 달라지거나 매수 가담 여부를 결정하게 됩니다. 적극적으로 매매에 임하게 되는 대표적인 강한 재료는 기업 M&A, 신기술 개발, 국가 정책, 보건의료, 선거 관련주, 중국 관련주 등입니다.

국일제지는 2019년 4월경 그래핀이라는 신기술 재료를 바탕으로 급등한 종목입니다. 이처럼 이때까지 경험해본 적이 없는 새로운 기술이 시장에 노출되면 실적에 대한 기대감으로 관련주들이 급등하게 됩니다.

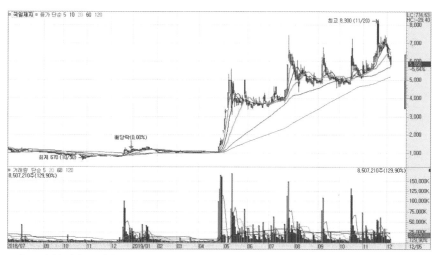

그림 14. 신기술 개발_ 국일제지

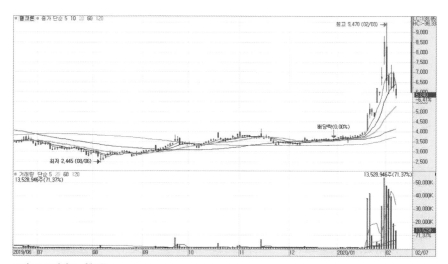

그림 15. 보건의료_ 웰크론

〈그림 15〉 웰크론[065950]은 2020년 상반기 전 세계를 공포로 몰아넣은 코로나19 마스크 관련주입니다. 이렇게 사람의 목숨과 관련된 질병 관련주는 공포의 강도에 비례해서 강하게 상승합니다.

이런 종목의 특징은 언젠가 질병은 사그라들기 마련이고, 당연히 기업의 매출도 일시적이므로 급등 후 급하게 제자리를 찾아가게 됩니다. 때문에 이런 질병 관련주는 상승 초기에만 매매하고, 시세를 줄 만큼 준 고점에서는 매매를 자제해야 합니다.

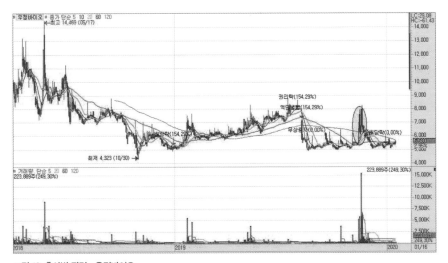

그림 16. 흑사병 관련_ 우정바이오

〈그림 16〉은 2019년 11월 중순, 중국에서 발병한 흑사병 관련주로 상승한 우정바이오[215380]의 차트입니다. 코로나19와는 다르게 질병의 강도가 약해서 약하게 상승한 후 곧바로 제자리를 찾아가는 모습을 볼 수 있습니다. 이렇게 똑같은 질병 관련주라도 강도가 약할 때에는 매매에서 제외하는 게 좋습니다.

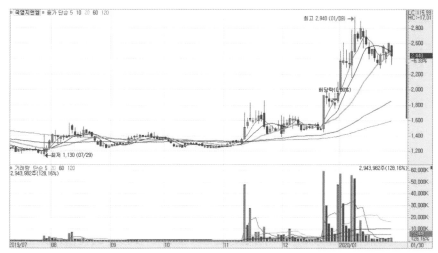

그림 17. 선거 관련주_ 국영지앤엠

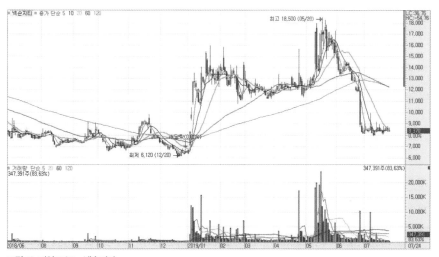

그림 18. 기업 M&A_ 넥슨지티

2020년 초, 이낙연 후보가 지지율 1위를 하며 총선 관련주로 급등한 국영지앤엠의 차트입니다. 이렇게 선거 관련주 또한 지지율이 급상승하면 그에 대한 기대감으로 급등하게 됩니다. 사실 이런 선거 관련주는 인맥 관련주이기 때문에 회사의 실적과는 직접적인 관련이 없습니다. 그런데도 이렇게 돈이 몰리며 급등하는 모습을 보면 개인적으로 아직 우리나라 주식시장이 더 성숙해져야 할 필요성이 있다고 생각합니다.

〈그림 18〉은 2019년 초, 매각 이슈로 급등했던 넥슨지티[041140]의 차트입니다. 해외 대기업에 매각될 거라는 기대감으로 급등했는데 결과적으로 매각에 실패하여 주가는 급하게 다시 제자리를 찾아갔습니다.

M&A 관련주를 매매할 때는 조심해야 할 경우는 다음 두 가지입니다.

첫째, 인수하려는 회사가 인수당하는 회사에 비해 규모가 크고 네임밸류가 큰 회사여야 합니다. 인수하려는 회사가 규모도 작고 네임밸류도 떨어진다면 주가는 급등하기 힘듭니다.

둘째, 매각 불발의 가능성입니다. 매각 이슈로 급등했는데 매각이 불발된다면 주가는 급하게 제자리를 찾아갑니다. 이런 리스크를 피하기 위해서는 항상 관련 기사를 꼼꼼히 체크할 필요가 있습니다.

몇 가지 재료 관련 종목을 예로 들어 살펴봤습니다. 하지만 재료는 주관적인 요소가 크기 때문에 글로는 다 설명하기 어려운 부분이 있습니다. 오랫동안 시장을 경험해보고 '아, 이런 재료에는 주가가 이렇게 움직이는구나' 또는 '이런 재료에서는 주가 상승의 강도가 이 정도구나' 정도의 경험을 통한 감각이 필요합니다. 이런 감각을 키우는 것은 어렵지 않습니다. 투자에 대한 열정을 가지고 매일매일 시장을 통찰하다 보면 어느 순간 깨우침을 얻게 될 것입니다.

— 이찬용

실제 세력주 매매를 할 때 차트 분석 시 중점적으로 봐야 할 것은 무엇인가요?

앞에서 종목을 분류하고 선정하는 기준과 재료 해석의 중요성에 대해 설명했습니다. 이렇게 종목을 선정하고 재료를 분석한 다음에 실제적으로 매매할 때에는 차트를 해석하여 디테일한 타점을 정하게 됩니다. 차트 해석에 포함되는 요소에는 거래량, 캔들과 이동평균선, 돌파, 지지, 저항 등이 있습니다. 이런 요소들을 바탕으로 차트를 해석하고 디테일한 타점을 정하게 됩니다. 여기서 제가 주로 활용하는 차트 패턴 몇 가지를 소개하겠습니다.

첫째, 대량 거래는 고점과 저점의 신호이다.

바닥권에서의 대량 거래는 보통 세력의 매집을 의미하며 저점인 경우가 많습니다. 그리고 고가권에서의 대량 거래는 보통 세력의 차익 실현을 의미하며 고점인 경우가 많습니다. 바닥 박스권에서 대량 거래가 터지며 박스권 상단을 돌파할 때는 상승의 신호로 해석합니다. 그리고 반대로 고가권에서 위아래로 흔들면서 거래가 지속적으로 터지다가 추세를 깨고 하락할 때는 하락의 신호로 해석합니다.

둘째, 강력하게 돌파하면 저항은 지지가 된다.

오랫동안 저항을 받던 저항대(즉 박스권 상단)를 대량 거래가 터지며 강하게 돌파하면 저항을 받던 가격대는 대량 거래로 충분히 매물을 소화했기 때문에 이제는 지지대가 됩니다. 이 원리를 이용하여 눌림목 매매를 할 때에는 매수의 기준을 정합니다. 반대로 오랫동안 지지를 받던 지지대(즉 박스권 하단)를 깨며 투매가 나올 때 지지대는 이제 저항대가 되기 때문에 지지대를 깰 때나 되돌림 반등이 나올 때 손절매를 하는 기준이 됩니다.

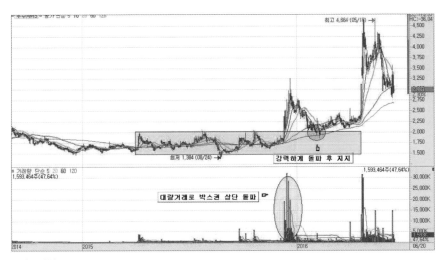

그림 19. 우수AMS

셋째, 헤드앤드숄더 고점 패턴과 역헤드앤드숄더 저점 패턴

고점과 저점을 내포하는 패턴이 몇 가지 있지만 그중에서 가장 많이 활용하는 두 가지 패턴에 대해 설명해드리겠습니다.

헤드앤드숄더는 고점에서 나타나는 패턴으로 고가권에서 세력들이 물량을 정리하기 위해 위아래로 흔들 때 나타나는 형태입니다. 왼쪽 어깨까지 주가를 급등시킨 후 어깨라인까지 조정을 주고 왼쪽 어깨를 신고가로 돌파하며 추가적인 상승에 대한 기대감을 줍니다. 이를 통해 개미들의 매수세를 유발하며 머리를 만들고 그후 어깨라인까지 하락하며 물량을 정리합니다. 어깨라인까지 오면 다시 반등이 나오며 추가적으로 상승할 것처럼 개미들을 유인한

— 이찬용

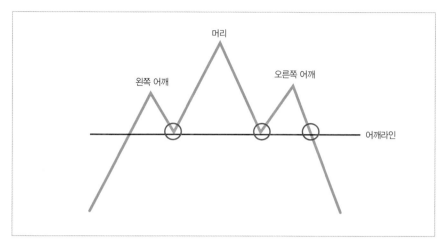

그림 20. 헤드앤드숄더 패턴

후 최종적으로 어깨라인을 깨며 물량을 털고 나갑니다.

이때 어깨라인과 이동평균선과의 관계를 활용하여 디테일한 타점을 잡아 매매에 임하게 됩니다. 주가를 상승시켜 고가권에서 팔기 위한 첫 단계인 왼쪽 어깨를 만들기 위해 급등하는 과정에서는 상승 속도가 강하기 때문에 단기 이동평균선인 3일 이동평균선과 5일 이동평균선을 활용하여 눌림목 매매를 합니다. 그리고 왼쪽 어깨 후 머리를 만들기 위해 급등하는 과정에서는 10일 이동평균선을 주로 활용하여 눌림목 매매를 합니다. 머리를 만들고 하락한 후 오른쪽 어깨를 만드는 과정에서는 어깨라인과 20일 이동평균선을 주로 활용하여 눌림목 매매를 합니다.

하지만 모든 주가의 움직임이 위의 그림처럼 정형화되어 움직이는 것은 아닙니다. 여러 고점 패턴 중 하나일 뿐이고 헤드앤드숄더 패턴도 정형화된 그림과 다르게 조금씩 형태가 달라질 수 있으므로 고정관념에 사로잡혀서는 안 됩니다.

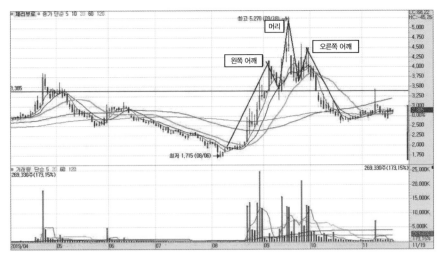

그림 21. 헤드앤드숄더 예_ 체리부로

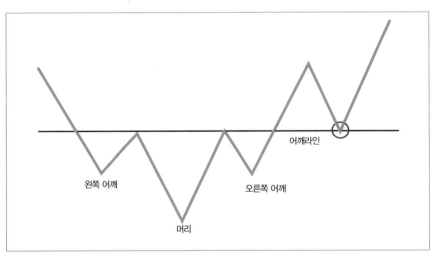

그림 22. 역헤드앤드숄더 패턴

　　역헤드앤드숄더 패턴은 저점에서 나타나는 패턴으로 바닥권에서 세력들
이 개미들의 손절매를 유발하여 자신들의 물량을 매집하기 위해 위아래로

— 이찬용

혼들 때 나타나는 형태입니다.

　주가가 하락하면 반드시 어느 구간에서는 지지를 받고 올라가기 마련입니다. 이때 지지받는 모습을 보고 저가 매수세가 들어오게 되는데, 여기가 왼쪽 어깨 부분입니다. 왼쪽 어깨에서 많은 개미가 매수에 참여하게 되는데, 이 물량을 털고 자신들의 물량을 확보하기 위해 세력들은 의도적으로 왼쪽 어깨 저점을 깨며 투매를 유발합니다. 거래가 터지면서 하락할 때 세력들은 자신들의 물량을 충분히 확보한 후 재차 상승하여 오른쪽 어깨를 만들고, 어깨라인을 돌파하며 하락 추세를 상승 추세로 돌리고 본격적으로 상승하게 됩니다. 저는 이런 저점 패턴은 일봉 차트보다는 분봉 차트에서 주로 활용합니다. 즉 상승 구간의 눌림목 매매에서 저점을 디테일하게 잡아갈 때 역헤드앤드숄더 패턴을 많이 이용합니다.

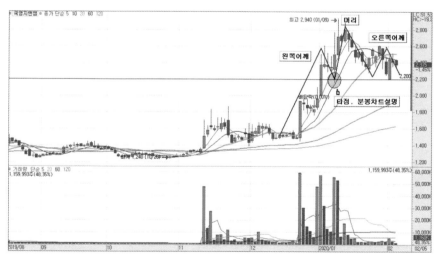

그림 23. 역헤드앤숄더패턴 예시_ 국영지앤엠

　〈그림 23〉은 헤드앤드숄더로 고점 패턴이 나온 국영지엔엠입니다. 앞서

언급했듯이 왼쪽 어깨 파동 후 머리로 향해가는 눌림목 매매에서는 10일 이동평균선을 주로 이용하는데 이때 디테일한 타점을 잡기 위해 분봉을 참고합니다. 동그라미 부분을 분봉으로 한 번 보겠습니다.

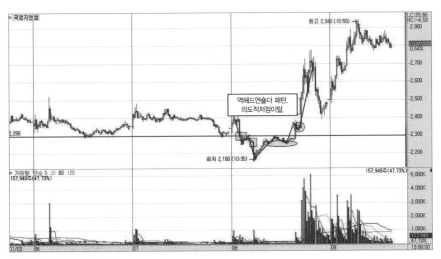

그림 24. 국영지앤엠_분봉 확대

⟨그림 23⟩의 동그라미 부분 타점의 분봉 차트를 보면 저점을 이탈하며 개미 투자자들의 투매를 유발한 후 지지하는 척하지만 다시 저점을 깨고 하락합니다. 그런데 저점을 깨면 하락해야 하는데 역헤드앤드숄더 저점 패턴이 나오며 지지를 해줍니다. 이 형태를 확인하면 노란 동그라미에서 매수가 가능합니다.

이때 중요한 것은 무조건 이런 패턴이 나온다고 해서 매수에 가담하는 것이 아니라 일봉에서의 대전제(강하게 상승하며 왼쪽 어깨를 만들고 머리를 만들어야 하는)를 충족했을 때 가담하는 것입니다.

일봉에서의 대전제 없이 분봉 차트에서 이런 패턴이 나온다고 해서 매수에 가담했다가는 손절매를 해야 할 수 있습니다.

지금까지 말씀하신 트레이딩 기법을 실전에 적용한 사례로 설명해주세요.

앞서 언급했던 내용들을 바탕으로 실전에서 어떻게 트레이딩했는지 몇 종목을 예시로 종합적으로 설명해드리겠습니다.

〈그림 25〉는 수급 매매로 매매에 참여했던 한진칼[180640]입니다. 지분 경쟁으로 2019년 4월경 급등 후 지속적인 재료의 발생으로 최근 고점 박스권을 돌파했습니다. 당일 박스권을 돌파한 신고가 부근에서 외국인의 강한 매수가 지속적으로 들어오며 매수 심리를 자극했습니다.

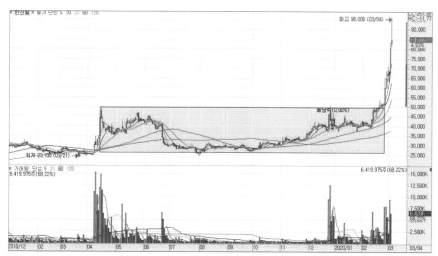

그림 25. 헤드앤드숄더 사례_ 한진칼

시간	종목코드	종목명	거래원명	구분	순간거래량	누적순매수	추정가격	전일대비	등락률
12:50:11	180640	한진칼	골드만삭스	매수	29	+447,874	54,400 ▲	2,900	+5.63
12:48:59	180640	한진칼	골드만삭스	매수	48	+447,845	54,500 ▲	3,000	+5.83
12:47:50	180640	한진칼	골드만삭스	매수	38	+447,797	54,600 ▲	3,100	+6.02
12:45:28	180640	한진칼	골드만삭스	매수	18	+447,759	54,200 ▲	2,700	+5.24
12:44:17	180640	한진칼	골드만삭스	매수	78	+447,741	54,200 ▲	2,700	+5.24
12:43:04	180640	한진칼	골드만삭스	매수	52	+447,663	54,300 ▲	2,800	+5.44
12:41:53	180640	한진칼	골드만삭스	매수	31	+447,611	54,300 ▲	2,800	+5.44
12:40:41	180640	한진칼	골드만삭스	매수	48	+447,580	54,500 ▲	3,000	+5.83
12:39:32	180640	한진칼	골드만삭스	매수	66	+447,532	54,600 ▲	3,100	+6.02
12:38:24	180640	한진칼	골드만삭스	매수	116	+447,466	54,600 ▲	3,100	+6.02
12:37:21	180640	한진칼	골드만삭스	매수	91	+447,350	54,800 ▲	3,300	+6.41
12:36:17	180640	한진칼	골드만삭스	매수	129	+447,259	54,800 ▲	3,300	+6.41
12:35:11	180640	한진칼	골드만삭스	매수	34	+447,130	55,200 ▲	3,700	+7.18
12:34:07	180640	한진칼	골드만삭스	매수	54	+447,096	55,300 ▲	3,800	+7.38
12:33:03	180640	한진칼	골드만삭스	매수	56	+447,042	55,200 ▲	3,700	+7.18
12:31:55	180640	한진칼	골드만삭스	매수	80	+446,986	55,300 ▲	3,800	+7.38

그림 26. 거래원 순간 거래량

〈그림 26〉의 '거래원 순간 거래량'을 보면 외국계 증권사인 골드만삭스가 지속적으로 매수하는 것을 볼 수 있습니다. 누적 순매수가 매수세를 자극할 만큼 강력해 보입니다.

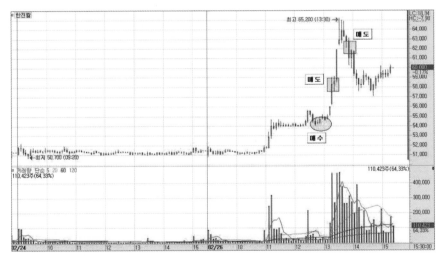

그림 27. 한진칼의 매수/매도 시점

― 이찬용

이런 외국인의 강력한 매수세를 확인하고 같이 매수에 동참하여 어렵지 않게 수익을 실현할 수 있습니다. 정리하자면, 2019년 초부터 지분 경쟁이라는 강력한 재료가 발생했습니다. 이후 고점에서 박스권을 형성하고 이 박스권에 거래량이 실리며 박스권을 돌파하고, 추가적인 상승이 예상되는 신고가 자리에서 강력한 외국인 매수세가 유입되는 것을 확인한 후 매수합니다.

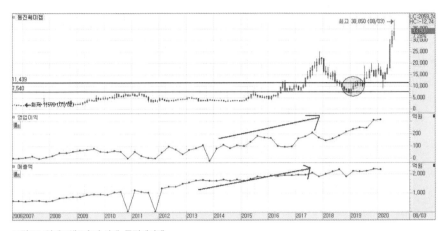

그림 28. 역헤드앤드숄더 사례_동진쎄미켐

IT 소재주인 동진쎄미캠[005290]입니다. 점진적인 실적 증가를 바탕으로 꾸준히 상승했다가 2018년과 2019년 상반기까지 실적과는 무관하게 국내 지수의 영향으로 상승하기 전 가격대까지 하락했습니다. 즉 꾸준히 실적만 유지되면 충분히 저평가되어 있는 가격대였습니다.

그러다 2019년 6월, 일본과의 무역 분쟁이 터지면서 반도체 소재의 국산화 정책으로 실질적인 수혜가 예상되며 바닥권에서 박스권을 돌파하는 대량 거래가 터졌습니다. 재료도 강하고 차트를 해석했을 때도 상승을 암시하여 강력한 매수의 신호가 되는 것을 확인할 수 있습니다.

그림 29. 동진쎄미켐 분석

    정리하자면, 꾸준히 실적은 증가하지만 주가는 바닥권 저평가 상태였습
니다. 그런데 일본과의 무역 분쟁으로 국산화 정책 재료가 발생하면서 실제
적으로 실적 증가가 예상되었습니다. 바닥권에서 역헤드앤드숄더 저점 패턴
이 발생하며 바닥 박스권을 대량 거래로 돌파했습니다.

    ⟨그림 30⟩은 코로나 19 바이러스 관련주인 모나리자 차트입니다.

    1월 말경 갑작스럽게 우한에서 바이러스가 퍼지며 재료가 발생했고, 박스
권을 대량 거래로 돌파했습니다. 재료를 해석해봤을 때 추가적인 상승이 충
분히 가능한(즉 왼쪽 어깨를 완성해가는) 강력한 재료라 판단되어 동그라미 부
분 일봉 역망치 캔들 종가에 매수에 가담하여 수익을 실현했습니다. 하지만
사람 목숨과 관련된 질병 관련주에 투자할 때는 수익을 내도 기분이 썩 좋지
않은 것이 사실입니다.

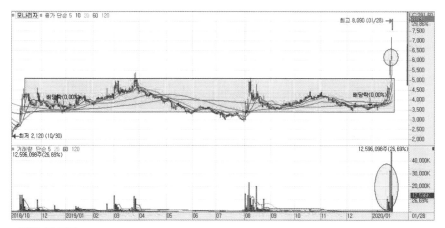

그림 30. 모나리자

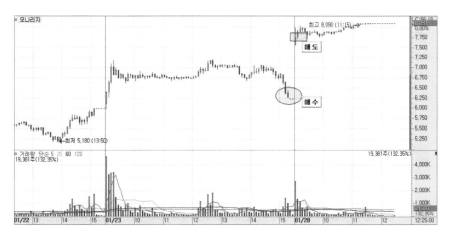

그림 31. 모나리자 매수/매도 시점

정리하자면 중국 우한에서 갑작스럽게 코로나19 재료가 발생했고, 박스권을 대량 거래로 강력하게 돌파했습니다. 재료가 강력하다고 판단하여 왼쪽 어깨를 완성해가는 파동을 예상해 단기 이동평균선인 3일, 5일 이동평균선에서 매수했습니다.

그림 32. SK바이오랜드

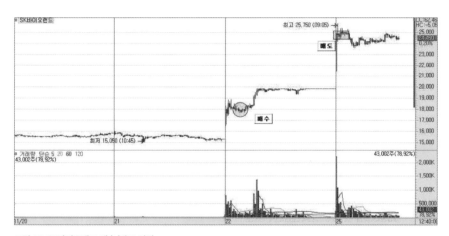

그림 33. SK바이오랜드 매수/매도 시점

　　〈그림 32〉는 계열사인 SK바이오팜이 개발한 신약이 미국 FDA 승인을 받은 것을 이슈로 급등한 SK바이오랜드[052260]입니다. 보건의료와 관련된 재료로 네이버 실시간 검색 1위에 뜰 정도로 강력한 재료였습니다. 재료의 강도가 강하고 오전부터 대량 거래가 터졌기 때문에 박스권 돌파를 예상하고

매수에 가담했습니다. 그리고 다음 날 수익을 실현했습니다. 그 후에 강력하게 돌파하면 강력하게 지지한다는 관점으로 박스권 상단으로 다시 눌림을 줄 때 눌림목 매매가 가능했습니다.

정리하자면, 미국 FDA 승인이라는 강한 재료가 발생하며 네이버 실시간 검색에서 1위를 할 정도였습니다. 이를 통해 오전 일찍 대량 거래로 박스권 돌파를 예상하고 분봉에서 추세 전환 시 매수한 후 다음 날 매도 목표가에서 매도했습니다.

트레이딩을 할 때 슬럼프가 찾아온다면 어떻게 극복하시나요?

트레이딩을 하다 보면 누구나 슬럼프가 찾아오기 마련입니다. 어찌 보면 이렇게 찾아오는 슬럼프를 잘 극복하느냐, 극복하지 못하느냐에 따라 성공하는 투자자와 실패하는 투자자로 나눌 수 있습니다. 저 또한 수많은 슬럼프가 찾아왔었고, 이를 하나둘 극복해나가며 성공하는 투자자가 되었습니다.

슬럼프가 찾아왔을 때는 피하지 말고 정면으로 맞서야 합니다. 매매가 잘되지 않으면 잠시 쉬는 것도 방법이 될 수 있지만, 근본적인 해결책은 되지 않습니다. 일단 잠시 쉬면서 악순환이 반복되는 것을 끊고 무엇이 문제인지, 무슨 문제로 매매가 꼬였는지 냉철하게 복기해봐야 합니다. 그렇게 복기해보면 항상 원인이 있고, 이런 원인이 반복되면서 슬럼프가 찾아온다는 것을 깨닫게 됩니다.

그런 다음 그 원인을 고치기 위해 철저하게 정리해놓고 다음부터는 같은 실수를 하지 않도록 매일 또는 매주 복습해야 합니다. 즉 자신만의 오답노트를 만들고 틈틈이 체크해나가야 합니다. 그럼 조금씩 나쁜 습관이 고쳐지기 시작하며, 매매가 점차 나아질 것이라고 확신합니다. 참 신기하게도 오답노트를 정리하다 보면 항상 같은 실수들이 반복됨을 깨닫게 됩니다. 결국 이런 깨달음의 연속 속에서 점차 발전해나가는 게 주식투자가 아닐까요?

트레이더로서 앞으로 목표가 있으면 말씀해주세요.

트레이더로서 다른 트레이더에게 모범이 되고 싶습니다. 트레이더의 길은 험난한 것을 잘 알기에 다른 트레이더에게 저의 트레이딩이 하나의 롤모델이 되었으면 합니다.

마지막으로 개인 투자자들에게 당부하고 싶은 말씀이 있으신가요?

투자는 사람이 생을 살아가면서 누구나 겪게 되는 당연한 삶의 과정이라고 생각합니다. 이 삶의 과정이 어느 순간에 정도를 벗어나게 되면 투자는 이제 더 이상 투자가 아닌 투기가 되어버립니다. 투자와 투기의 차이는 무엇일까요? 그 차이는 확고한 원칙과 기법의 유무이고, 이 원칙과 기법을 확고하게 만들기 위해서는 정말 많은 노력이 필요합니다.

— 이찬용

삶의 정도는 바른 원인에는 바른 결과가 있다는 것이고, 노력한 자는 노력한 만큼 결실을 맺는다는 것입니다. 순간적인 유혹으로 투자가 아닌 투기에 빠져 잘못된 길을 헤매지 말고, 열심히 공부하고 노력하여 자신만의 확고한 원칙과 기법을 정립하여 정도를 걷는 성공하는 투자자가 되기를 진심으로 기원합니다.

7 이상기

주식투자는 시간을 사는 것이다

 | 닉네임 | 월가호랑이

 | 나이 | 30대

 | 직업 | 금융투자업

 | 거주 지역 | 서울

| 주력 기법 | 데이 트레이딩, 스윙 및 장기 투자

이메일
wet4401@gmail.com

2018년 미래에셋증권 실전투자대회 1억 리그 2위 398%
2019년 KB증권 실전투자대회 1억 리그 수익률 144%

월가호랑이라는 닉네임을 사용하는 트레이더로 20대 학창 시절 STX 강덕수 회장의 인터뷰를 신문에서 보고 아무 생각 없이 주식을 사면서 시장에 발을 들여놓게 되었다. 책에서 'CEO를 보고 투자하라'는 대목이 기억나 회장의 인터뷰를 보고 샀던 주식이었는데, 어리석었지만 당시에는 확신에 찬 행동이었다고 한다. 아르바이트로 번 돈으로 주식투자를 하며 수익과 손실을 경험했지만, 본격적으로 투자에 뛰어든 시점은 지금으로부터 약 8년 전이다. 시드머니 980만 원으로 스캘핑이나 데이 트레이딩 위주로 매매했다. 회전율을 높이며 미수와 신용을 이용한 레버리지 활용도 하고, 시황 및 뉴스를 활용한 재료의 크기를 감별하는 훈련을 많이 했다고 한다. 당일 3% 이상 등락 종목들은 장이 끝나면 언제나 이유를 찾으며 다음 날 시장에 참고했고, 시간이 지남에 따라 뉴스 재료의 크기를 판단할 수 있었다.

사실 월가호랑이가 주식을 처음 시작하게 된 계기는 마치 영화 같다고 한다. 아르바이트를 하던 중 마창진(마산, 창원, 진주) 주식 동호회의 창원 밀레니엄(강창권, 다된다 트레이닝스쿨 대표)을 만나 시작하게 되었다. 당시 밀레 사무실에서 트레이딩하는 방법과 시장을 대하는 자세에 대해 큰 배움을 얻었다고 한다. 본격적으로 투자를 배우던 초기 2년 동안은 지지부진한 수익으로 트레이딩을 그만두려고도 했으나, 2015년 2월 룽투코리아(구, 아이넷스쿨)란 단일 종목으로 6배가 넘는 수익을 기록하며 급등주와 시장 심리에 대하여 인상적인 경험을 했다. 그해 3월 삼성 페이 뉴스와 관련주의 움직임을 보고 트렌드가 시장에 어떤 역할을 하는지, 또 그 안에서 파생되는 다른 종목들에 대해 많은 공부를 했다. 세상이 바뀔 듯한 열풍이 불다가도 실적이 나오면 주가는 예상처럼 움직이지 않는 모습도 경험하며 많은 고민도 했다고 한다. 그래서 그는 주식은 '예측과 대응'의 영역이 중요하다고 생각한다. 이러한 연유로 지금도 시장 안에서 대장 관련군에 있는 종목, 즉 트렌드 관련군에서 종목을 선정하고 트레이딩 및 장기 투자를 하고 있다. 우리 시장은 미국과 달라 환율, 국제 관계, 정치 관계에 따라 흔들기 때문에 이러한 영향을 받지 않고 상승하는 주식은 없다고 생각하며, 무엇보다 늘 시장 안에서 놀아야 된다고 말한다. 주식시장은 생물과 같아서 트레이딩하는 주체가 뒤처지고 안일한 생각으로 매매하면 손실로 곧장 연결되며, 개인이 아무리 뛰어날지라도 시장을 끌고 갈 수는 없다는 생각을 갖고 있다. 그래서 시장을 이기려고 덤비는 일은 가장 위험한 일임을 스스로 되새기며, 항상 시장 앞에서 겸손해야 한다는 생각을 갖고 있다. 끊임없이 시장의 트렌드를 공부하며 시장에 민감하게 반응하는 것이야말로 롱런할 수 있는 지름길이라는 자신의 생각을 밝혔다.

— 이상기

개인 투자자들이 주식시장에서 성공하려면 어떤 마음가짐이 필요할까요?

자본주의 세상을 살고 있는 우리들은 재테크에 많은 관심을 갖고 있습니다. 낮은 금리, 상승하는 물가와 집값으로 신문이나 인터넷에서도 재테크 관련 배너 광고를 쉽게 볼 수 있습니다. 그리고 세 사람만 모여도 주식 얘기를 할 정도입니다.

부동산과 다르게 주식투자는 소액으로도 할 수 있고, 요즘은 비대면 계좌 개설이나 스마트폰 MTS 등을 이용해 쉽게 주식투자를 시작할 수 있습니다. 하지만 실상은 개인 투자자는 개미라는 용어로 표현되고 있고, 기관과 외국인 투자자들에게는 항상 손실을 보는 존재로 전락했습니다. 한 해를 마무리하는 증권기사를 보면 항상 개인 투자자들은 손실을 보는 대상으로 평가되기도 합니다.

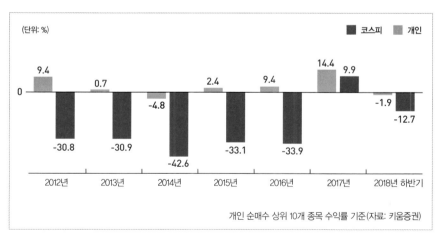

개인 순매수 상위 10개 종목 수익률 기준(자료: 키움증권)

그림 1. 개미들의 저조한 주식투자 수익률

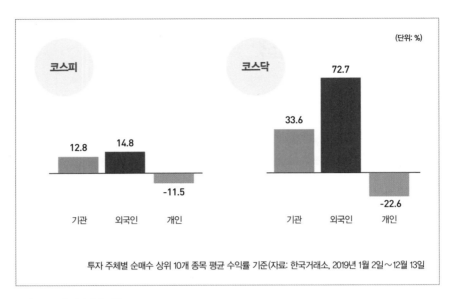

(단위: %)

코스피

코스닥

12.8　14.8

-11.5

기관　외국인　개인

33.6

72.7

-22.6

기관　외국인　개인

투자 주체별 순매수 상위 10개 종목 평균 수익률 기준(자료: 한국거래소, 2019년 1월 2일~12월 13일

그림 2. 주요 투자자별 수익률

　왜 개인 투자자들은 이런 결과를 맞게 되는 것일까요? 우리가 주식투자를 하는 목적은 누구나 같을 것입니다. 바로 수익을 통한 경제적 이익, 즉 돈을 벌려고 하는 것이죠. 하지만 위의 통계에서도 알 수 있듯이 대부분의 개인 투자자는 손실을 봅니다. 왜 그럴까요? 개인 투자자들은 일반적으로 지인의 추천이나 인터넷 검색 등을 주식투자의 수단으로 활용합니다. 물론 이것이 잘못된 방법이라고 말하는 것은 아닙니다. 단 경마장에 가서 말을 고르고 베팅하는 방식으로 투자 여부를 결정하는 방식이 잘못된 것이라고 말하고 싶은 것입니다.

　주식은 크게 '+, −, ='의 세 가지 확률이 있습니다. 즉 자신이 매수한 가격을 기준(유관 수수료 및 제 세금 제외)으로 상승하는 경우와 하락하는 경우, 그

— 이상기

리고 그대로 유지되는 세 가지 확률로 나뉩니다. 이때 각 상황에 따라 다른 전략을 확보하고 있어야 합니다. 주식투자는 그냥 재미로 하는 것이 아닙니다. 돈을 벌기 위해서죠. 그러므로 나의 소중한 자산이 손실이 날 수 있음을 명심하고 자신만의 전략을 세워 주식투자를 시작해야 합니다.

주식투자를 할 때 어떤 원칙과 기준으로 투자에 임하시나요?

주식을 매수하자마자 바로 수익이 난다면 얼마나 좋을까요. 하지만 이런 경우는 드뭅니다. 이 주식을 왜 지금 매수해야 하는지, 내일도 아니고 며칠 후도 아닌 왜 지금 매수해야 하는 걸까요? 바로 지금이 적정가격이라고 생각하기 때문일 것입니다. 하지만 주식이 자기 생각처럼 움직이는 경우는 극히 드뭅니다. 한동안 조정 기간을 거쳐야 할 때고 있고, 한동안 하락했다가 다시 올라가는 경우도 있습니다.

주식을 매매할 때는 이 경우의 수를 모두 생각해야 합니다. 어떤 주식을 매수할 경우 내가 정한 기대수익률뿐만 아니라 그 주식을 어느 정도 보유했을 때 기대되는 수익률을 정해야 합니다. 그러는 과정에서 자신의 생각과 주가 움직임이 맞았을 때 가장 좋은 결과를 얻을 수 있습니다. 만일 예상하지 못한 시나리오가 전개되더라도 자신의 예측에 따라 대응하면 되는 것입니다.

'시간이 곧 돈'이라는 말이 있듯이 주식투자도 마찬가지입니다. 어떤 주식을 매수했는데 그 주식이 매수가격, 즉 제자리에 머물러 있다고 생각해보세요. 투자금은 한정되어 있기 때문에 이 경우 수익이 나기까지는 오랜 시간이 걸릴 수 있습니다. 이때 그 투자금으로 다른 주식을 매수해서 돈을 벌 수 있었다고 생각하면 '시간이 곧 돈'이라는 말을 이해할 것입니다.

주식투자를 하다 보면 자신도 모르는 사이 호재가 나올 수 있고 악재가 나올 수 있고, 시장 자체에 리스크가 발생할 수 있습니다. 우리는 이 모든 것에 대비해야 합니다.

'시간이 곧 돈'이라는 생각으로 주식투자를 한다면 그냥 던져놓고 기다리는 행동은 하지 않을 것입니다. 누구나 처음 주식투자를 시작할 때 주식을 매수한 후 오르든지 내리든지 될 대로 돼라는 식으로 오르면 기분이 좋고, 내리면 씁쓸해했던 경험이 있을 것입니다. 이럴 때 저는 '시간을 산다'는 생각으로 이익을 실현하고, 손절매를 합니다. 일상생활의 시간만 아깝다고 생각하지 말고 돈의 시간도 똑같이 아깝게 생각해야 합니다. 주식 대신에 시간과 때를 샀다는 생각으로 주식투자에 임해야 합니다.

 ## 시장 상황에 따라 주식 계좌를 관리하는 방법이 있을까요?

주식투자를 시작할 때 우리는 증권사에 직접 방문하거나 비대면으로 계좌를 개설합니다. 그리고 주식 계좌에 돈을 입금하는 순간, 증권사 주식 계좌에는 수익률이 나타납니다. 일반적으로 원금 1,000만 원으로 주식투자를 시작했다면 원금이 얼마나 늘어나고 줄어들었는지만 생각하면서 계좌잔고평가로만 계좌를 관리하는 사람들이 있습니다.

그렇다면 이런 수익률 관리, 즉 계좌 관리를 어떤 방식으로 해야 할까요?

계좌 관리를 위해서는 먼저 자신의 투자 성향부터 파악해야 합니다. 단기(스캘핑, 데이 트레이딩), 스윙, 중장기 등 다양한 투자 성향이 있습니다. 하지만 이런 투자 성향은 자신이 만드는 것이 아니라 시장이 만들어준다고 생각합니다. 시장이 강세장인지 약세장인지에 따라 투자 성향도 변화해야 합니다. 세상에 영원한 것은 없듯이 주식시장도 마찬가지입니다. 주식시장은 생물과 같아서 1분 1초 1틱이 다르게 움직입니다. 올라갈 때는 영원히 올라갈 것 같지만, 언젠가는 꺾어서 내려가게 됩니다. 또 내려갈 때는 계속 내려갈 것 같지만, 언제 그랬냐는 듯 상승 추세로 변화해 올라가기도 합니다.

강세장일 때는 단기, 스윙, 중장기 투자가 모두 다 가능한 장입니다. 시장에 투자 심리가 좋기 때문에 매수세가 많고 매도세가 적습니다. 하지만 문제는 박스권 장세와 약세장일 때입니다. 매수세보다 매도세가 강하기 때문에 조금만 상승했다가 하락 반전하는 경우가 많아요. 이럴 때는 계좌를 2~3개 정도 나눠서 관리를 하면 용이합니다.

먼저 중장기 투자의 경우에는 물타기 계좌를 따로 관리하거나, 반등장을 노릴 때는 데이 트레이딩이나 장중 스캘핑 계좌를 따로 두고 관리하면 시장이 어떻게 변화하는지 한눈에 알 수 있습니다. 하락장일 때는 중장기 포지션이 줄어들고, 스캘핑이나 데이 트레이딩 비율이 늘어나게 되기 때문에 자연스럽게 계좌도 매매 비중이 변화하게 됩니다.

 **좀 더 구체적으로 계좌 관리 방법을 설명해주세요.**

HTS나 MTS에서 보유 종목이 5개에서 10개 이상으로 늘어나

면 보유 종목 페이지도 늘어나게 됩니다. 그리고 며칠이 지난 뒤 자신이 보유하고 있었는지도 모르는 종목을 발견하기도 합니다. 이런 종목에서 수익이 나면 좋겠지만, 약세장에서는 매도 타이밍을 한 번 놓치면 큰 손실을 보게 되는 경우가 많습니다. 시장이 하루아침에 달라지는 만큼, 계좌를 분산해서 투자하는 습관이 필요합니다.

매월 1일과 매월 말일의 계좌 수익률을 비교하여 항상 매월 그 달에 잘했던 트레이딩과 잘못했던 트레이딩을 매매 내역을 살피면서 복기해보는 습관은 반드시 필요합니다. 물론 일별이나 주별로도 필요하지만, 매월 계좌 상황을 살피고 항상 시장에 겸손한 자세로 임하는 마음가짐이 필요합니다. 매월 결과가 항상 같을 수는 없습니다. 손실이 나는 달도 있고, 수익이 나는 달도 있습니다. 이럴 때 매매 내역을 복기하며 어느 부분에서 손실이 나고 수익이 났는지 참고하여 다음 매매에 적용해야 합니다.

요즘에는 HTS에서 나만의 데이터를 엑셀 파일로 다운로드 받을 수 있습니다. 이를 이용해 자신의 매매 내역을 엑셀로 정리해 살펴보면, 매달 더욱더 성장하는 자신의 모습을 발견할 수 있을 것입니다.

종목을 선정하는 기준이 있으신가요? 좋은 주식은 어떻게 골라야 할까요?

과일가게에서 과일을 골라본 적이 있을 것입니다. 보통 과일은 어떤 방법으로 고르시나요? 제철과일, 내가 먹고 싶은 과일, 가게 사장의 추천, 즉흥적으로 맛있어 보이는 과일 등 다양한 의사결정 방법이 있습니다. 그런데 보기 좋아서 구매한 과일이 집에 와서 먹으려고 잘라 보니 상해 있거나 맛이 없는 경우도 있습니다.

주식을 선택하는 방법도 이와 같습니다. 매수 버튼을 누르기 전, 즉 업황이나 뉴스 재료, 테마, 지인 추천 등 의사결정을 돕는 다양한 상황을 맞이하게 됩니다. 하지만 결국 자신이 매수 버튼을 누르는 순간, 모든 것은 되돌릴 수 없게 됩니다. 매수 버튼을 클릭하는 순간 계좌잔고에는 매수한 주식이 반영되기 때문입니다. 과일을 사서 잘라 맛을 본 후에는 환불이 불가능한 것처럼, 매수한 주식도 환불이 불가능합니다. 때문에 신중하게 의사결정을 해야 합니다.

이 과정에서 중점적으로 생각해봐야 할 것들이 있습니다. 먼저 매수하려는 주식의 좋은 점보다 안 좋은 점을 먼저 찾아보는 것입니다. 내가 사고 싶은 A, B, C 3가지 주식이 있다고 가정할 때, 다음의 4가지 조건에 따라 A, B, C 이 세 주식이 안 좋아 보이는 이유를 먼저 찾아보는 것입니다.

1 | 업황
2 | 경쟁업체 분석(동일 산업군 업체 주가 추이)
3 | 가격(차트, 조정폭, 할인율)
4 | 오버행

이 4가지만 알고 주식을 매수한다면 수익이 날 확률이 높아집니다. 하지만 대부분 이 4가지 조건에 대해 생각해보지 않고 주식을 매매합니다.

주식을 고를 때 살펴보는 4가지 조건에 대해 좀 더 구체적으로 설명해주세요.

첫째, 업황은 우리가 흔히 알고 있는 산업 업황을 생각하면 됩니다. IT, 바이오, 시크리컬(경기 민감주), 증권보험은행, 유틸리티, 소비재 등이 있습니다. 하지만 증권사 애널리스트처럼 상세히 알 필요는 없습니다. 다만 적어도 앞으로 전망이 밝을 것이다 정도는 예상하고 종목을 찾아야 합니다. 지금 IT가 좋은 구간인데 시크리컬 종목을 들고 있으면 이 주식이 왜 움직이지 않는지, 왜 내가 시장을 거스르고 있는지조차 파악하지 못하는 경우가 많습니다. 적어도 매수하려는 주식의 산업 업황에 대해서는 알아봐야 합니다.

찾는 방법은 간단합니다. 네이버나 구글에서 '○○업황'을 검색해보면 많은 뉴스가 나와 있습니다. 물론 가짜 뉴스도 있을 수 있습니다. 경제신문이나 일간지의 경제면을 살펴보면 가짜 뉴스인지 진짜 뉴스인지 확인해볼 수 있습니다. 여기서 중복되는 내용이 3~5개 정도라면 좋은 뉴스라고 볼 수 있습니다.

둘째, 경쟁업체 분석(동일 산업군 업체 주가 추이)은 업황 분석과 비슷합니다. A와 B 회사가 삼성전자에 납품을 시작하여 밴더로 지정되어 있다고 가정해봅시다. 이때 어느 회사가 더 좋은지보다 두 회사의 안 좋은 점을 먼저 파악해본다면 두 회사 중 좋은 주식이 어떤 것인지 파악할 수 있을 것입니다. 두 회사의 분석 결과가 비슷하다면 두 회사의 주식을 반반씩 사는 것도 괜찮은 전략입니다.

— 이상기

셋째, '달리는 말에 올라타야 한다'라는 말이 있습니다. 달리는 말에 올라 탔을 때가 가장 좋지만, 달리는 말도 계속해서 달리지는 못합니다. 우리는 이 부분을 조정폭 또는 할인율이라고 합니다. 달리는 순간에 말에 올라타면 좋겠지만, 그렇지 못할 경우 내가 원하는 가격대가 오기 전까지 기다리고 참 아야 합니다. 주식시장에는 2,000여 종목이 상장되어 있습니다. 때문에 그 주식 말고도 다른 주식은 많습니다. 100% 상승하는 주식이라도 이 할인율을 잘 이용하면서 트레이딩한다면 150% 수익을 낼 수 있습니다.

극단적인 예를 들어 사냥꾼의 심정으로 기다려야 합니다. 사냥꾼은 이리 저리 총을 많이 쏘아댄다고 해서 사냥을 잘하는 것이 아닙니다. 목표물에 정 확히 맞춰야 잡을 수 있는 것입니다. 이처럼 주식투자에서도 내가 원하는 가 격대가 올 때까지 기다릴 수 있어야 합니다. 주가가 고점 대비 얼마나 떨어 졌는지, 저점 대비 얼마나 올랐는지를 매일 체크하면서 자신이 원하는 가격 에 도달했을 때 매수해야 합니다.

넷째, 오버행Overhang은 주식시장에서 언제든지 매물로 쏟아질 수 있는 잠 재적인 과잉 물량 주식을 의미하는 용어입니다. 사실 이 부분을 일반인들이 알기는 쉽지 않습니다. 다트(전자공시시스템, dart.fss.or.kr/)에 들어가며 보면 전환청구권행사 기간과 물량이 상세히 나와 있습니다. 이 부분을 참고하고 앞으로 나올 물량을 예측해볼 수 있습니다. 시장에 나올지 나오지 않을지는 알 수 없는 부분입니다. 하지만 주가가 특별한 악재가 없는데 과도하게 빠졌 을 때 이런 오버행의 문제 때문에 단기적으로 빠지는 경우가 있습니다. 이때 오버행을 잘 파악하여 매수 찬스로 활용하면 좋습니다.

전환청구권 행사

1. 전환청구권 행사주식수 누계 (주) (기 신고된 주식수량 제외)	1,639,344
-발행주식 총수(주)	26,625,292
-발행주식 총수 대비(%)	6.15
2. 공정거래위원회 신고대상 여부	미해당
3. 기타 투자판단에 참고할 사항	- ※관련공시 2020-04-13 전환가액의조정 2019-04-12 전환사채권발행결정(제6회차)

일별 전환청구내역

청구일자	사채의 명칭 회차	사채의 명칭 종류	청구금액	전환가액	발행한 주식수	상장일 또는 예정일
2020-08-21	6	제6회 기명식 무보증 사모 전환사채	10,000,000,000 원	6,100	1,639,344	2020-09-04

전환사채 잔액

회차	발행당시 사채의 권면(전자등록)총액(통화단위)	신고일 현재 미전환사채 잔액 (통화단위)	전환가액 (원)	전환가능 주식수
6	40,000,000,000 KRW : South-Korean Won	30,000,000,000 KRW : South-Korean Won	6,100	4,918,032

그림 3. 전환청구권 행사

　　하루하루 오버행(데이 트레이딩)을 생각해야 될 때도 있습니다. 바로 테마주나 급등주를 보면 거래원 입체 분석에서 상위 계좌 5개 중 거래원 분석을 통해 오버행 물량을 체크해볼 수 있습니다. 예를 들어 A 증권사가 전날 10만 주를 매수했는데 장이 시작하자마자 10만 주의 매도 물량이 나오고, B 증권사가 전날 5만 주를 매수했는데 A 증권사의 매도 물량을 모두 매수했을 때 오버행 물량을 체크해볼 수 있습니다.

주식의 가격은 어떻게 형성된다고 생각하십니까?

이 질문에는 수많은 대답이 나올 수 있습니다. 하지만 가장 중요한 것은 시장의 가격은 수요와 공급의 법칙, 즉 '수급에 의해서'라는 답변이 가장 정답에 가까울 것이라고 생각합니다. 매수자가 매도자보다 많으면 주식은 당연히 매수하려는 경쟁자가 많아져서 가격이 올라 갑니다. 그리고 매도자가 매수자보다 많으면 주식을 싸게 팔려는 사람이 많아지기 때문에 주식가격은 하락하게 됩니다.

'수급에 의해서' 가격이 형성된다고 하셨는데, 좀 더 구체적으로 설명해주세요.

이 수급이라는 말에는 많은 의미가 있습니다. 수급에 의해 가격이 어떻게 결정되는지 설명해드리겠습니다. 시장은 항상 '상승, 하락, 횡보' 이 3가지로 나뉩니다. 상승, 하락, 횡보는 모두 시장 수급에 의해 만들어집니다. 꼭지와 바닥은 바로 이 수급에 원리를 알아야만 이해할 수 있습니다.

시장의 가격은 시가와 종가로 나뉩니다. 장중에 이 주식이 얼마만큼 움직였는지는 중요하지 않습니다. 시작 가격인 시가와 끝나는 가격인 종가에 따라 가격이 결정된다고 보면 됩니다. 여기서 가장 중요한 점은 '시가와 종가가 어떻게 결정되는가'입니다. 시가는 오전 8시 40분부터 9시 동시호가, 종가는 3시 20분부터 3시 30분 10분간의 동시호가를 통해서 결정됩니다.

이때 종가의 가격 형성 수급은 어떤 것을 의미할까요?

오늘보다 내일의 가격이 상승할 것이라고 보고 사는 수급이 종가를 형성합니다. 그리고 다음 날의 시가는 전날 장 종료 시나 장 시작 전 호재나 악재를 보고 갭 상승으로 출발하든지, 아니면 갭 하락으로 출발하든지 그 전날 종가에 들어온 수급의 영향을 받게 됩니다. 이 전날 종가와 다음 날 시가는 밀접한 관계를 갖는다는 것을 명심해두세요.

그럼 종가 형성 가격을 예측하고 장 종료 전 오후 2시 30분부터 1시간 동안 시장가격 결정 수급의 움직임을 면밀히 관찰해야 합니다. 주식시장은 대부분 종가가 형성되는 이 1시간 동안 결정됩니다. 오후 2시 30분부터는 항상 매수할 주식의 종가를 스스로 예측해보는 과정이 필요합니다. 지금보다 오른다고 보면 2시 30분부터 매수세가 있을 것입니다. 그리고 그 종가가 결정될 때에는 자신이 생각했던 종가보다 급등했거나 하락했을 때 2시 30분부터 주가를 보면서 자신만의 대응 시나리오를 생각해야 합니다.

 ## 종가와 시가는 주식시장에 어떤 영향을 미치나요?

종가와 시가의 연계성은 테마주, 중소형주, 대형주를 불문하고 모두 가격 형성과 연계되어 있습니다. 주식가격이 30분, 1시간 간격으로 어떤 움직임을 보이는지에 대해 관심을 가져야 합니다. 오전 9시부터 3시 30분까지 장중에 30분에서 1시간 간격으로 주식의 움직임을 살펴보는 것은 가격 추세를 파악하는 데 도움이 됩니다.

장중 급락과 급등은 가격 추세 안에서 형성된다는 걸 잊지 마세요. 1시간을 기준으로 봤을 때 주식의 가격이 그대로라면 1시간 동안 매도세를 이기는 매수 수급이 있다는 뜻입니다. 이 매수 수급은 기관이 될 수도 있고, 외국인이 될 수도 있고, 큰 자금을 가지고 있는 개인이 될 수도 있습니다. 기관의 경우 장중에 자동주문을 걸어서 가격이 형성되도록 하는 경향이 있고, 장중에 어떤 가격대가 형성된다면 당연히 종가는 장중 가격보다 높게 형성될 확률이 높습니다. 이에 대해서는 30분봉 차트를 이용하여 추세를 쉽게 파악해 볼 수 있습니다.

정보의 홍수 속에서 우리는 주식시장에서 진실과 거짓을 어떻게 파악할 수 있을까요?

우리는 정보의 홍수 속에서 살고 있습니다. 뉴스 매체들도 몇 년 전에 비해 증가했고, 뉴스 매체들마다 엄청난 양의 뉴스를 쏟아내고 있습니다. 호재와 악재에 민감한 주식시장은 이 뉴스들에 의해 주가가 영향을 받습니다. 그렇다면 우리는 이 뉴스 정보를 선별해야 합니다. 왜냐하면 가짜 뉴스와 정보에서 우리의 자산을 지켜야 하기 때문입니다.

일반적으로 기자가 뉴스 매체에 기사를 쓰게 되면 그 뉴스는 연합뉴스를 통해 네이버와 다음 등 각종 포털에 게시됩니다. 그 뉴스가 처음으로 올라온 시간을 한 번이라도 본 적이 있습니까? 보통 사람들은 뉴스가 올라오는 시간은 보지 않고, 뉴스 제목에 현혹되어 주식을 매수하거나 매도하는 경우가 많습니다. 반드시 매수, 매도 전에 뉴스가 나온 시간을 확인하고 주식 시세에 영향을 끼쳤는지에 대해서 파악해야 합니다.

뉴스가 주가에 어떤 영향을 미치는지 어떻게 알 수 있을까요?

호재, 악재든 뉴스에 의해 주가가 움직이면 거래소에서는 조회공시답변을 요구하는 경우가 있습니다. 이럴 때 장중 어느 시간에 뉴스가 주가에 반영되어 있는지 파악하고, 조회공시답변을 예측해봅니다.

오전에 뉴스가 나오고 주가가 급등했다가 횡보하고 있을 경우 조회공시 요구가 들어가고, 그 답변에 따라 주가가 반응하는 경우가 있습니다.

긍정적 영향	부정적 영향
매각 및 입찰	매각 입찰 사실무근 취소
연속성 있는 호재성 뉴스	추진 중이나 정해진 것 없음
회사 사업 유무와 관련 없는 테마성 기사	관련성 없음

표 1. 조회공시답변의 긍정적/부정적 영향

〈표 1〉은 조회공시답변에서 긍정적 영향과 부정적 영향을 나타낸 것입니다.

조회공시답변 여부를 예상해보고 주가 반응을 예측해보는 것이 필요합니다. 일반적으로 조회공시는 장이 끝날 때까지나 다음 날까지 답변을 요구할 때가 많습니다.

답변이 나올 때 주가는 기대감을 가지고 반응하게 됩니다. 전문투자자 제도가 활성화되면서 조건도 완화되고 CFD(차액결제거래) 계좌가 늘어나면서 개인들도 공매도를 쉽게 할 수 있게 되었습니다. 이럴 때 조회공시답변에 따라 포지션을 다양하게 가져가는 것도 하나의 방법이 될 수 있습니다.

— 이상기

호재성 뉴스로 인해 만약 주가가 15% 정도 급등했다고 하면 답변이 나와도 연속성이 없을 경우 이 호재성 뉴스는 벌써 시장에 15% 반영된 것입니다. 답변이 나오고 나서도 주가에 영향을 미칠 만한 더 이상의 내용이 나오지 않거나 추후 공시한다는 내용이 나온다면 일반적으로 종가 기준 다음 날 5% 정도 주가가 하락하게 되는 경우가 있습니다. 이럴 때 공매도 포지션이 유용합니다. 공매도 얘기는 뒤에서 자세히 다루도록 하죠.

악재 기사가 나오면 그 영향으로 주가가 하락하게 됩니다. 악재 기사가 나왔을 때 어떤 자세로 투자에 임해야 할까요?

투매성 악재 기사는 기회로 활용해야 합니다. 언론사 매체 중 유독 악재성 기사를 많이 내는 매체가 있습니다. 이런 악재 기사는 보통 급등했거나 횡보했을 때 많이 나옵니다. 주가가 많이 상승하고 난 후의 악재 기사는 조심해야 합니다. 공매도 세력과 기존 주식의 매도세가 합쳐져 매도세가 큰 하락을 부르기 때문입니다.

특히 장 종료 시점에 나온 악재 기사는 더 큰 영향을 미칩니다. 이때 추측성 기사는 매수 기회로 활용할 수 있습니다. 증권사 커버 애널리스트가 있을 경우 바로 뉴스에 따른 리액션을 취하는 경우가 많습니다. 커버 애널리스트가 있는 종목은 애널리스트 판단을 참고해야 합니다.

횡보하는 주식의 경우는 보통 횡령 배임이거나, 제약바이오주일 경우 임상 실패나 허위성 사실 등일 때가 있습니다. 횡령 배임 같은 뉴스가 나올 때는 기존 주주가 아니라면 신규 진입자는 그냥 지나치는 게 좋습니다.

횡령 배임 같은 뉴스일 경우 거래소 조회공시가 들어가게 되면 바로 거래가 정지될 가능성이 있습니다. 때문에 한 번의 실수로 큰 손실을 볼 수 있습니다.

제약바이오는 뉴스 반응성이 상당히 큽니다. 횡보하는 제약바이오 종목은 실적보다는 임상에 따라 주식의 가치가 바뀌게 됩니다. 때문에 임상 악재가 나왔을 때 매도하지 않으면 연속적인 하락을 불러올 수 있으므로 조심해야 합니다. 역으로 호재가 나왔을 때는 연속적인 상승이 올 수 있기 때문에 매수 기회로 활용해야 합니다.

주식투자를 할 때 종목의 미래 가치를 예측하는데요. 주식의 미래 가치를 판단할 때는 어떤 기준이 있을까요?

주식을 두 가지로 나눈다면 자산주(가치주)와 성장주로 나눌 수 있습니다. 자산주는 회사가 보유하고 있는 현금성 자산, 부동산 자산, 특허 자산 등 많은 자산을 기준으로 자산에 따라 주식의 가치를 평가하는 것입니다. 이와 다른 것은 성장주입니다. 지금 당장 회사에 큰 변화는 없지만 미래에 일어날 회사의 성장성에 대해 가치를 부여하는 것입니다. 시장에서는 다른 말로 가치를 당겨 받는다고 표현하기도 합니다.

미국 시장에서 온라인을 기반으로 하는 FANG라는 기술주도 성장 회사들이 나오기 시작하면서 우리나라 시장에서도 성장주에 대해 더 관심을 가지기 시작했습니다. 우리나라 회사들도 1년 후의 실적을 미리 예측해 먼저 주

— 이상기

가가 움직이기도 하는데, 이것은 주가에 미래 가치가 선반영되어 움직인다고 볼 수 있습니다.

예를 들어 어떤 회사의 올해 전망공시가 200억 원의 영업이익을 예상한다고 가정해봅시다. 1, 2분기에 100억 원 이상을 달성하면서 주가는 전년 대비 50% 정도 상승했을 때 큰 이변이 없는 한 이 주가의 상승 여력은 점점 작아지고 있다고 볼 수 있습니다.

테마주도 항상 미래 가치가 선반영된다는 것을 알아야 합니다. 호재성에 대한 기대감으로 주가가 급상승할 때 재료가 노출되는 순간 주가는 정점에 이르게 됩니다. 기대감의 반영 유무에 따라가 주가 상승 여력을 판단할 수 있습니다.

2019년도 가장 핫했던 5G 종목 중 케이엠더블유[032500]를 예를 들어보겠습니다. 이 회사는 시장에서 국내 5G 대장 종목으로 평가받으면서 모든

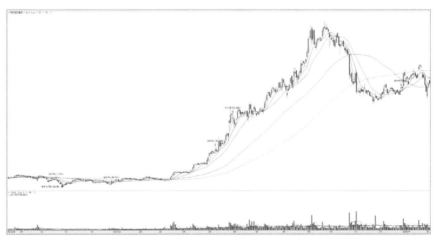

그림 4. 미래 가치가 선반영된 성장 5G 관련주_ 케이엠더블유

5G 통신장비 소재주의 상승을 이끌었습니다. 당장의 실적은 달라질 게 없었지만, 애널리스트의 보고서에 따르면 2020년 5G시장의 모습에 대해 2019년 주가가 말해주고 있다고 볼 수 있습니다.

대표적인 성장 업종 제약바이오 섹터의 경우 현재 실적이라든지 약의 가치는 변함이 없습니다. 하지만 앞으로 임상 진행을 통해 LO(라이센스아웃)에 대한 기대감이 먼저 반영될 수 있습니다.

또 다른 사례를 살펴보겠습니다.
〈그림 5〉의 차트는 한미약품[128940]의 1년 6개월 정도의 움직임을 나타낸 것입니다.

그림 5. 한미약품_기술이전 발표 후 주가 움직임

한미약품은 약 1년간 엄청난 상승과 함께 2015년 제약바이오의 핵심 주도주로서 시장에서 많은 관심을 받았습니다. 그런데 몇 건의 기술이전 공시 발표 후 주가가 약세를 보이게 됩니다. 당시 시장에서는 기술이전 가능성을 반영하면서 주가가 상승했고, 각 언론 매체에서는 한미약품의 한국 제약바이오의 위상에 대한 엄청난 뉴스가 쏟아져 나왔습니다. 이런 뉴스가 나오게 되면 시장은 다른 연관 종목 찾기에 나서고, 많은 연관 기업이 함께 상승하게됩니다.

이처럼 시장이 관련 뉴스로 활황을 이룰수록 주가에 이미 선반영되어 있다는 것을 반드시 확인할 필요가 있습니다.

테마주 투자는 어렵다는 인식이 있는데요. 테마주를 공략할 때는 어떤 전략이 필요할까요?

테마주는 어렵다고 생각합니다. 하지만 정치 관련 테마주는 쉽게 접근할 수 있습니다. 사실 정치 관련 테마란 단어가 시장에 대한 왜곡이 될 수 있다고 생각합니다. 하지만 대선 테마가 주식에 대한 가치가 있고 없고는 중요하지 않습니다. 한 주식이 대선 테마에 편입되어 움직이는 것 자체도 시장의 한 움직임으로 봐야 하기 때문입니다. 테마이기 이전에 시장에 속해 있는 주식인 것입니다. 우리는 대선 테마를 트레이딩한다는 편견과 선입견을 갖기 전에 이것도 시장 중 하나라는 생각을 가지고 있어야 합니다.

정치 관련 테마 중 대선 테마를 중심으로 테마주에 접근하는 방법에 대해 알려주세요.

후보와의 밀접도, 시가총액, 자산 가치 이 3가지만 생각하면 대선 테마는 어렵지 않습니다. 후보와의 밀접도는 대장군을 고르는 가장 큰 척도이고, 시가총액은 큰 것보다 작을수록 유리합니다. 자산 가치는 적자가 너무 큰 기업은 시장에서 꺼리는 편이고, 현금성 자산이나 부동산 자산이 어느 정도 있는 회사의 경우는 대장군에 편입될 확률이 높습니다.

정치 테마의 경우 변동성이 가장 클 때는 상식적으로 생각해보면 선거날이 될 수 있습니다. 하지만 보통 그 전에 변동성이 확대되면서 시세가 끝이

— 이상기

나는 경우가 많습니다. 이것 역시 주가에 미래 가치가 미리 선반영되면서 상승한 것입니다.

여기서 중요한 것은 이 상승 원리에 대해 알아야 한다는 것입니다. 이런 주식은 처음 상승할 때 그 사람이 당선되거나 낙선되는 것은 중요하지 않습니다. 그 사람의 노출도가 가장 중요합니다. 언론의 노출도가 지지율에 반영되고, 지지율의 상승폭에 따라 주가도 같이 상승한다고 보면 됩니다.

언뜻 이해도 되지 않고, 납득이 되지 않을 수 있겠지만 이것이 바로 정치 테마주의 상승 원리입니다. 정치 테마주에 한 번 편입된 이상 회사 자체의 악재는 사실 매수 기회로 봐야 합니다. 이것이 바로 테마주의 현상입니다.

테마주 종목을 선정할 때 유의해야 할 점은 무엇일까요?

기억해야 될 것 중 하나가 한 테마주군과 그 안에 대장주와 부대장주가 형성된다는 것입니다. 대장주와 부대장주는 흔히 말해 가장 먼저 움직이고, 탄력적으로 움직이는 종목들을 지칭하는 것입니다. 이것은 테마주뿐만 아니라 모든 주식의 관련 종목군을 분류할 때도 해당됩니다.

예를 들어 XX종목과 XXX종목이 누구와 관련이 있다고 해서 시장에서 테마주로 부각되었을 때 가장 처음으로 시세를 낸 두 종목은 테마주 1군에 속하게 됩니다. 이 1군 테마주가 어느 정도 시세를 내기 시작하면, 예를 들어 50%에서 100% 정도 상승한 후 조정 기간을 거치는 동안 또 다른 YY와 YYY라는 두 종목이 상승하기 시작합니다. 이 YY와 YYY종목이 테마주 2군이 되

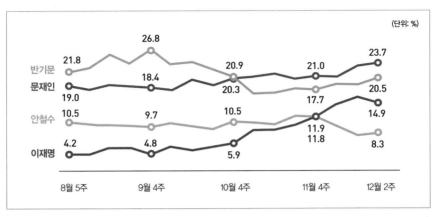

그림 6. 대선주자 지지율 추이(2016년 8월~12월)　　　　　　　　(출처: JTBC)

는 것입니다. 또다시 일정 기간이 흐른 뒤 3군의 테마주가 형성되기 시작합니다.

　여기서 중요한 것은 결국 끝까지 테마주에 연류되는 종목들은 7~8종목에 불과하다는 것입니다. 나머지는 테마주로 부각되었지만 시세의 연속성이 없이 반짝하고 마는 경우가 대부분입니다.

　각 군들의 대장주와 부대장주를 기억하고 있다면 테마주 종목 선택에는 어려움이 없을 것입니다. 그리고 이 각 군들의 종목들을 기준으로 순환매가 된다는 것을 기억해야 합니다.

　〈그림 6〉은 2016년 당시 약 4개월간의 대선 후보 지지율을 보여주는 자료입니다. 여기서 주목할 점은 10월 4주 차부터 4위 이재명 후보가 3위 안철수 후보를 추월하고 가파른 지지율 상승세를 보인다는 점입니다.

이렇게 가파른 지지율 변화는 바로 관련주 시세로 연결됩니다. 이재명 관련주 에이텍[045660]과 에이텍티앤[224110]은 10월 중순부터 약간의 움직임을 보이다 지지율이 변화되는 순간마다 상승 추세 흐름을 타는 것을 볼 수 있습니다.

그림 7. 정치 테마주 1_에이텍

그림 8. 정치 테마주 2_에이텍티앤

시장 주도주는 무엇이고, 어떤 특징이 있을까요?

주도주는 말 그대로 상승 탄력이 가장 좋고, 많은 사람이 사고 싶어 하는 주식이기 때문에 오를 때 많이 오르고 빠질 때도 적게 빠진다는 속성이 있습니다.

하지만 이 주도주도 언젠가는 꺾이면서 상승 탄력이 사라지게 됩니다. 사실 제일 처음 상승기에 편입하면 좋겠지만 그것은 쉽지 않는 일입니다. 주도주의 특징은 다음과 같습니다.

1 | 시세가 시장의 영향을 잘 받지 않는다.
2 | 조정이 왔을 때 장중 조정으로 끝난다.
3 | 지속적인 목표가 상향 리포트가 많이 나온다.
4 | 기간 조정이 왔을 때 30% 이상 조정이 잘 나오지 않는다.
5 | 60일 이격(주가와 이동평균선과의 괴리도를 측정해서 지표화한 것)을 잘 벗어나지 않는다.

신규 상장회사의 주식에 투자할 때는 어떤 점을 유의해야 할까요?

많은 회사가 스타트업으로 시작해서 규모가 커지게 되면 기업공개를 진행하고, 상장을 바라게 됩니다. 비상장회사들 중에서도 좋은 회사들은 많지만 상장회사가 된다는 것은 상징적인 의미를 갖게 됩니다. 회사가 상장하는 절차는 다음과 같습니다.

— 이상기

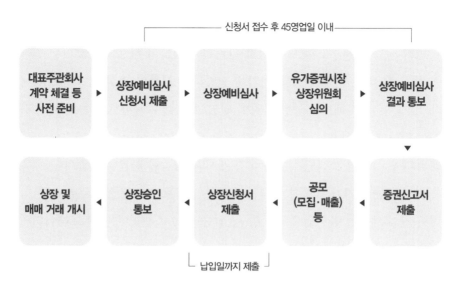

그림 9. 기업의 상장 절차

신규 상장회사의 주식을 거래할 때 확인해야 할 것은 다음과 같습니다.

1 | 거래소와 코스닥시장에 신규 상장하는 종목
2 | 신규 상장 절차에 따라 달라지는 장외시장 가격 확인
3 | 공모가 확인
4 | 상장 전 장외 가격
5 | 유통물량과 오버행 확인
6 | 업황 및 인기도 체크

먼저 장외 가격과 공모가를 상장 한 달 전부터 확인해야 합니다. 공모가는 공모가 진행되고 나서 정해지지만, 장외 가격은 시장 상황에 따라 변할 수 있습니다. 공모 전에 기업 설명회를 통해 시장의 분위기를 파악하면 좋겠지만, 직접 갈 수 없다면 카페나 블로그를 통해 다녀온 사람들의 후기를 들

는 등 간접체험도 좋습니다.

만약 상장일 전후로 회사 업황과 관련된 주식들이 시장에서 활기를 띤다면 상장 후 바로 이런 시장 분위기에 편승하여 시장의 관심을 받기도 합니다. 상장 후 바로 매도 가능한 물량이 있고, 보호예수 물량도 있는데 이 수량 또한 확인해야 합니다. 보통 장 시작 전 동시호가에 유통물량의 7~10%가 거래될 경우 시장의 관심도가 높아져 장 개시 후 상승할 확률이 높습니다.

이럴 때는 주가가 급변하기 때문에 분봉 차트보다 60틱 차트로 바꿔 본다면 주가의 세밀한 움직임을 파악할 수 있습니다. 스캘퍼나 데이 트레이더의 경우에는 신규 상장 시 매수/매도호가의 공백이 생기기 때문에 분봉 차트를 볼 경우 기존 주식들의 차트보다 정확성이 떨어질 수 있습니다. 이때는 60틱 차트를 활용하면 보다 세밀한 움직임까지 잡아낼 수 있습니다.

동일한 날짜의 신풍제약[019170] 1분봉 차트(그림 10)와 60틱 차트(그림 11)를 보면 그 모습이 현저하게 다름을 알 수 있습니다. 주가의 움직임은 같을지라도 단순히 차트만 바꾸어서 보면 좀 더 세밀하고 상세하게 주가의 움직임을 관찰할 수 있습니다.

그림 10. 신풍제약 1분봉 차트

— 이상기

그림 11. 신풍제약 60틱 차트

9시 30분에서 10시 30분 사이 기관이나 외국인 매수가 가담한다면 이 역시 좋은 포인트가 된다고 볼 수 있습니다. 이런 경우 거래량이 많아지면서 유통물량의 70%가 오전 중에 터지는데, 거래량이 작은 종목일수록 유통물량이 마르면서 상승할 가능성이 높다고 볼 수 있습니다.

상장일에 대량 거래가 터지고 유통물량 회전이 많이 됐을 경우 이 주식은 최소 10일간은 트레이딩 관점에서 지켜볼 필요가 있습니다. 유통물량이 많아서 시세 변동이 큰 만큼 좋은 트레이딩 구간이 나올 수 있기 때문입니다.

상장 후 며칠간 급격하게 30% 정도 급락할 경우 한 번 정도의 리바운드 상승이 일어날 수 있습니다. 때문에 이 역시 트레이딩 관점에서 주목해야 합니다. 보호예수가 끝나는 시점도 좋은 포인트가 될 수 있습니다. 앞에서 말했던 것처럼 오버행 관점에서 이 주식을 매수하고 싶어도 보호예수 물량에 겁을 먹어 매수하지 못하는 경우가 있습니다. 그렇기 때문에 보호예수가 끝나는 시점을 기준으로 주가의 향방이 달라지곤 합니다.

〈그림 12〉의 아이티엠반도체[084850]와 〈그림 13〉의 세경하이테크[148150] 차트를 보시죠. 이 주식들은 상장 전후로 하여 폴더블과 웨어러블 관련해서

시장 주도 업종군으로 형성되었습니다. 상장 후 약 두 달간의 횡보를 거치면서 보호예수 물량을 소화한 후 주가가 상승했습니다.

모든 주식이 그렇겠지만 신규 상장의 경우 일정 기간 오버행을 소화하면서 횡보하는 경우에는 주목할 필요가 있습니다.

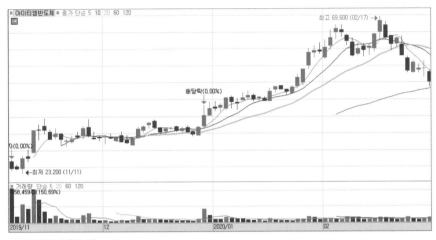

그림 12. 아이티엠반도체

그림 13. 세경하이테크

— 이상기

주식시장에서도 나무를 보지 말고 숲을 보라는 말이 통할까요?

증권방송에서 흔히 나무를 보지 말고 숲을 보라는 말을 합니다. 말하기는 쉽지만 생각하고 이행하기에는 어려운 사실 정말 심도 깊은 말입니다. 과연 어디까지가 나무이고, 어디까지가 숲인 걸까요? 저는 다른 부분은 생략하고 밸류체인에서는 나무와 숲이 존재한다고 생각합니다. 그리고 이것은 대형주에서 중·소형주로 이어집니다.

예를 들어 우리나라에서 가장 큰 기업인 삼성전자, SK하이닉스, 현대차 등의 대기업군에 투자할 경우 수혜를 받는 중소기업들이 있습니다. 이때 대기업은 숲이고 중소기업은 나무입니다. 한 번의 투자 사이클이 올 경우 대기업은 이익 실현 기대감으로 주가는 잘 빠지지 않고, 여기 함께 들어가는 중소기업도 수혜를 받으면서 주가가 상승합니다.

해외 업체들의 투자 사이클과 함께 맞아떨어진다면 세계적으로 주식이 함께 움직입니다. 이 종목들은 최소 투자 사이클 3분의 2 정도까지 상승이 나올 수 있습니다.

우리나라 같은 수출 국가들은 해외 시황에도 많은 영향을 받습니다. IT 관련 업종이 큰 비중을 차지하고 있으므로, 자연스럽게 세계적인 IT 기업 주가와 투자 사이클의 영향을 많이 받습니다. 자연에서는 나무가 죽으면 숲도 없겠지만, 주식시장에서는 숲이 있는 한 나무는 언제든 자라납니다. 어떤 기업이 독자적으로 실적이 좋아지는 경우를 제외하고는 시장은 숲과 나무의 관계로 개연성을 가지게 됩니다.

지금 시장이 어떤 상황인지 어떤 종목군이 움직이는지 알고 싶다면 지금 주목되는 숲은 무엇이고, 거기에 어떤 나무가 자라고 있는지 파악해봐야 합니다.

시장에서 블랙스완은 정말로 존재할까요? 주식시장의 블랙스완에 대처하는 방법은 무엇일까요?

블랙스완이란 도저히 일어날 것 같지 않은 일이 일어나는 것을 의미합니다. 이 말은 월스트리트의 투자전문가인 나심 니콜라스 탈레브가 그의 저서 《블랙스완The black swan》을 통해 서브프라임 모기지 사태를 예언하면서 사용되었습니다.

그는 저서에서 블랙스완의 속성을 다음과 같이 기술하고 있습니다.

> 1 | 일반적 기대 영역 바깥에 존재하는 관측 값
>   (이는 블랙스완의 존재 가능성을 과거의 경험을 통해 알 수 없기 때문임)
> 2 | 극심한 충격을 동반한다.
> 3 | 존재가 사실로 드러나면 그에 대한 설명과 예견이 가능하다.

원래는 검은 빛깔의 백조를 떠올리기 쉽지 않은 것처럼 '실제로는 존재하지 않는 어떤 것' 또는 '고정관념과는 전혀 다른 어떤 상상'이라는 은유적 표현으로 서양 고전에서 사용된 용어였습니다. 그런데 17세기에 한 생태학자가 실제로 호주에 살고 있는 블랙스완을 발견함으로써 '불가능하다고 인식된 상황이 실제 발생하는 것'이란 의미로 전이됐습니다.

—이상기

시장의 업력이 짧다면 블랙스완을 본 적이 없을 수도 있습니다. 하지만 우리 마음속에 블랙스완은 항상 존재해야만 합니다. 지금은 시장이 상승장으로 활황세를 띤다고 하지만, 작은 이유 하나만으로 엄청난 변화를 가져오게 됩니다. 예를 들어 9·11 테러, 지진 같은 자연재해 등 누구도 예상하지 못한 상황이 발생한다면 어떻게 될까요? 이런 상황이 발생했을 경우 나의 손실이 어느 정도 될 것인지 생각해본 적이 있나요? 사실 생각만 해도 끔찍한 얘기입니다.

주식을 매수하는 순간부터 우리는 블랙스완을 언제든지 볼 수 있다고 생각해야 합니다. 그리고 대비할 수 없는 영역이지만, 발생했을 때 대응할 수 있도록 최소한의 매도 원칙 정도는 세워놓아야 합니다. 주식은 99번 수익을 내더라도 1번 잘못하면 모든 게 무용지물이 됩니다. 예를 들어 하나의 사건이 일어나면서 미국 증시가 폭락하면 우리 주식시장에서도 아침 예상체결가가 모두 하한가 근처에서 시작되는 경우도 있습니다.

결론적으로 말하자면 우리는 알려고 해도 알 수 없는 일이 있고, 내가 모든 걸 깨달았다고 생각할 때가 가장 위험한 순간입니다. 언제 일어날지 모르는 일에 대한 리스크에 대비하고 있어야 합니다. 이 리스크에 대한 헤징은 비중 조절이 될 수도 있고, 공매도로 대비할 수도 있습니다. 이에 대한 방법은 많습니다.

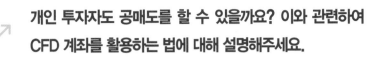

개인 투자자도 공매도를 할 수 있을까요? 이와 관련하여 CFD 계좌를 활용하는 법에 대해 설명해주세요.

내가 산 주식이 상승해야만 수익을 얻는다고만 생각했는데, 전문투자자 조건 완화로 CFD(주식차액결제거래) 계좌를 좀 더 편리하게 이용할 수 있게 되었습니다. 공매도는 주식을 먼저 매도하고 주식이 하락할 때 주식을 되갚아, 즉 매수하여 수익을 얻는 방법입니다. 공매도와 CFD는 주식의 하락을 예상하여 하락 시 차익만큼이 확정 수익이 됩니다. 한 회사가 안 좋다고 생각되거나, 지금은 지나치게 고평가라고 예상될 때 공매도를 할 수 있습니다.

예를 들어 삼성전자의 비메모리에 대한 업황이 좋아진다는 뉴스가 부각되었을 때 첫 상승 시에는 A라는 종목이 상승을 주도합니다. 그런데 A 종목이 조정 기간을 거치게 되고, 저평가되어 있는 B종목이 시장을 이끌어갈 때 A종목을 공매도하고, B종목을 매수하여 수익을 얻을 수 있습니다. 항상 시장은 순환매되기 때문에 이럴 때 공매도와 CFD 계좌를 활용하면 좀 더 시장 기대수익률을 높일 수 있습니다. 각 업종별로도 주도군이 다른 업종군으로 바뀌었을 때 A업종은 하락하고 B업종은 상승하면서 주도 업종군이 변화하는 걸 볼 수 있습니다. 이런 경우 보통 이틀간의 상승과 하락이 나타나는 경우가 많습니다.

단발성 호재 뉴스로 인해 주가가 급등했을 경우에도 더 이상 연속성이 없고 하루짜리 시세로 마감하는 주식일 경우에도 공매도를 이용할 수 있습니다.

— 이상기

 ## 레버리지는 무조건 깡통으로 가는 지름길일까요?

깡통 계좌라는 말은 역설적인 표현이기도 하지만 누구나 직면할 수 있는 단어입니다. 원금 대비 80% 정도 손실을 봤을 때 깡통 계좌가 됐다고 할 수 있습니다. 깡통을 차봤다는 경험은 대부분 회사의 상장 폐지, 미수와 신용, 즉 레버리지 활용 때문이라고 말하는 경우가 많습니다. 그렇다면 과연 레버리지는 정말 위험한 것일까요? 제 대답은 위험하다는 것입니다. 하지만 잘만 활용한다면 계좌의 성장에 도움이 될 수도 있습니다.

시장이 좋아서 1,000만 원을 원금 대비 100% 수익을 예상하여 장기 투자를 할 경우 보통 미수, 신용과 주식담보대출을 통해 2,400만 원 정도의 주식을 살 수 있습니다. 이것은 자기 원금 대비 140% 정도 주식을 더 살 수 있다는 것을 의미합니다. 금액에 따라 다르지만 5개의 종목을 산다고 했을 때 원금의 절반 정도로 5개의 종목을 매수했다고 가정해봅시다. 여기서 두 종목은 수익, 두 종목은 손절이라고 했을 때 한 종목에서만 100%의 수익이 났을 경우 수치상으로 원금은 1,000만 원이지만 이런 방법으로 몇 번 하다 보면 계좌는 자연스럽게 불어나는 것을 볼 수 있습니다.

 **개인 투자자들이 투자에 어려움을 겪을 때 기관이나 외국인 따라잡기가 도움이 될 수 있을까요? 이때 어떤 전략이 필요할까요?**

기관과 외국인 투자자는 우리나라 주식시장에서 큰 비중을 차지합니다. 기관과 외국인들은 그냥 들어오지 않습니다. 바닥권에서 들어올 때도 이유가 있고, 고점이라고 판단했을 때 들어오는 데도 이유가 있습니다. 이럴 때는 기관과 외국인의 포지션을 함께 가져가 보는 것도 좋습니다. HTS나 MTS에서도 기관이나 외국인 동향을 모두 볼 수 있기 때문에 관심을 가지고 지켜보는 것도 좋습니다.

한 번 수익을 내본 경험이 있는 종목에 대해서는 자신감을 가지는 것처럼 기관과 외국인 입장에서도 한 번 수익을 내본 종목 또는 시장에 대해서는 개인과 다르지 않을 것입니다. 일정 기간 횡보하면서 거래량이 터질 때 기관이나 외국인이 들어왔다면 시세가 이어질 확률이 굉장히 높습니다. 이때 시간별 매수량을 확인하면서 장중 조정이 왔을 때가 좋은 매수 포인트가 될 수 있습니다. 외국인의 경우 한 번 매수하기 시작하면 연속적으로 매수하는 경우가 많기 때문에 일별 매매 동향을 확인하는 것이 필요합니다.

52주 신고가 부근에서 개인이 매도하고 기관과 외국인이 모두 매수할 경우에는 주목해야 합니다. 개인들이 가장 많이 매도했는데, 이 물량을 외국인과 기관이 받았을 경우 주가는 훨씬 큰 상승을 보일 확률이 높습니다.

MSCI(미국의 모건스탠리캐피털 인터내셔널사가 작성·발표하는 세계적인 주가지

— 이상기

신용공여 잔고 추이

자료주기 월간 ▼ 조회기간 3년 ▼ 2017/03 ~ 2020/03

분석통계 선택하세요. ▼ ☑ 유가증권시장 ☑ 증시자금추이 ☑ 대차거래추이

[총 37건] 단위: 조 ▼ 원

구 분	신용거래융자 전체	유가증권	코스닥	신용거래대주 전체	유가증권	코스닥	청약자금 대출	예탁증권 담보융자
2020/03/31	7	3	3	0	0	0	0	15
2020/02/28	10	5	6	0	0	0	0	18
2020/01/31	10	4	6	0	0	0	0	18
2019/12/31	9	4	5	0	0	0	0	17
2019/11/29	9	4	5	0	0	0	0	18
2019/10/31	9	4	5	0	0	0	0	18
2019/09/30	9	4	5	0	0	0	0	17
2019/08/30	8	4	4	0	0	0	0	18
2019/07/31	9	4	5	0	0	0	0	19
2019/06/28	10	5	6	0	0	0	0	19
2019/05/31	10	5	5	0	0	0	0	19
2019/04/30	11	5	6	0	0	0	0	19
2019/03/29	10	5	6	0	0	0	0	19
2019/02/28	10	5	5	0	0	0	0	19
2019/01/31	10	5	5	0	0	0	0	18
2018/12/31	9	5	5	0	0	0	0	18
2018/11/30	10	5	5	0	0	0	0	18
2018/10/31	9	5	5	0	0	0	0	18
2018/09/28	12	6	6	0	0	0	0	19
2018/08/31	11	6	6	0	0	0	0	19
2018/07/31	11	6	5	0	0	0	0	19
2018/06/29	12	6	6	0	0	0	0	19
2018/05/31	12	6	6	0	0	0	0	19
2018/04/30	12	6	6	0	0	0	0	19
2018/03/30	11	5	6	0	0	0	0	18
2018/02/28	11	5	6	0	0	0	0	18
2018/01/31	11	5	6	0	0	0	0	18
2017/12/29	10	4	5	0	0	0	0	17
2017/11/30	10	5	5	0	0	0	0	17
2017/10/31	9	4	4	0	0	0	0	16
2017/09/29	8	4	4	0	0	0	0	16
2017/08/31	8	4	4	0	0	0	0	16
2017/07/31	9	4	4	0	0	0	0	16
2017/06/30	9	4	4	0	0	0	0	15
2017/05/31	8	4	4	0	0	0	0	15
2017/04/28	7	3	4	0	0	0	0	14
2017/03/31	7	3	4	0	0	0	0	14

그림 14. 신용공여 잔고 추이

수로 글로벌펀드의 투자 기준이 되는 지표이자 최초의 국제 벤치마크) 및 FTSE(FTSE 인터내셔널에서 작성·발표하는 세계 주가지수)의 이슈도 확인하는 것이 좋습니다. 리밸런싱(운용하는 자산의 편입 비중을 재조정하는 행위)이라고 해서 항상 종목이 교체 변경되는 시점이 있습니다.

이때 각 증권사 리포트마다 교체가 예상되는 대상 종목 후보를 발표하는

데, 거래량은 적지만 의미 있는 금액이 편입될 경우 교체되는 날을 체크해서 트레이딩 포인트로 삼는 것도 좋은 방법입니다.

대부분 상승 여력이 훨씬 더 많이 남아 있을 때 바닥권에서 매수가 들어왔다고 할지라도 개인들은 약간의 조정이 왔을 때 흔들리게 됩니다. 하지만 이럴 때 외국인이나 기관은 이 물량을 받아서 들어 올리는 경우가 많습니다. 이것은 종목과 지수도 같은 원리입니다. 개인들에게서는 매도가 나오는데 밀리지 않을 때 좋은 매수 포인트가 됩니다.

신용공여 잔고 추이도 좋은 지표가 됩니다. 기관, 외국인들보다 개인들은 신용이나 주식담보대출을 통해 거래하는 경우가 많습니다. 이것은 개인 투자자뿐만 아니라 상장회사 대주주들도 마찬가지입니다.

신용공여 잔고 추이가 급격히 상승하다가 더 이상 상승하지 않을 때는 항상 기관, 외국인들은 매도 포지션으로 변한다고 생각할 수 있습니다. 다른 한편으로는 개인들의 탐욕으로 인해 묻지마 투자가 불러온 버블이라고 생각할 수도 있습니다. 때문에 신용공여 잔고 추이는 항상 잘 체크해야 합니다. 급락할 때에도 신용 잔고가 급격하게 빠져나가는 걸 볼 수 있는데, 일반적으로 우리나라 시장 기준 신용 잔고는 3년 통계 기준 7조 원에서 12조 원 사이에 있고, 예탁증권담보융자는 14조 원에서 19조 원 정도입니다.

 주식투자를 처음 시작하는 사람들도 이해하기 쉬운 좋은 주식은 무엇일까요? 또 좋은 주식, 이해하기 쉬운 주식을 이끄는 재료는 무엇일까요?

─ 이상기

주식을 모르는 사람에게 어떤 회사의 비즈니스 모델을 알려주었을 때 쉽게 이해할 수 있다면 이 주식은 누구에게나 훌륭하고 좋은 주식이 됩니다. 주식은 사람들의 심리, 사회의 이해도가 반영되었다고 볼 수 있습니다. 사실 기술집약적인 IT나 제약바이오 업종과 관련된 심오한 용어들은 일반 사람들이 이해하기 어렵습니다. 그런데 제약바이오 회사라도 암을 정복한다든지, 탈모를 치료한다든지 등 누구나 한 번만 들어도 알 수 있는 내용은 관심을 끌게 할 수 있습니다.

우리가 일상생활에서 볼 수 있는 필수 소비재는 모든 사람이 체감하기 쉽기 때문에 많은 사람의 주목을 받을 수 있습니다. 이것이 바로 주식 시세로 연결됩니다.

소비재는 테마(각종 질병과 재난, 지진, 전쟁 등)와 관련해서는 누구나 관심을 가질 수 있는 분야입니다. 예를 들어 적은 제작비로 큰 인기를 끈 영화라든지, 화장품 매장에 갔을 때 많은 사람이 찾아 품절된 인기 아이템 같은 것들은 너무나 좋은 주식 재료이고 소재가 될 수 있습니다.

하지만 우리는 이 모든 것을 알 수 없기 때문에 포털의 검색창을 이용하면 도움을 받을 수 있습니다. 실시간 검색 1위는 사회의 관심사를 볼 수 있는 창이 되고, 사회의 이목을 끄는 현상이라고 볼 수 있습니다. 이것과 관련된 주식들은 실시간 검색 순위가 올라갈수록 각 매체들에서 많은 기사가 쏟아져 나오게 됩니다.

포털 검색 순위가 주식투자에 어떤 영향을 미칠까요?

네이버 데이터 랩은 네이버 검색 빅데이터를 분석하기 때문에 한국 사람들의 검색 트렌드를 확인할 수 있습니다. 세계 트렌드를 확인하려면 세계인이 가장 많이 사용하는 검색엔진인 구글 빅데이터 분석 도구를 이용할 수 있습니다. 구글 트렌드는 전 세계 구글을 통해 검색하는 검색 빅데이터를 기반으로 트렌드를 확인할 수 있는 도구입니다.

네이버 데이터 랩을 이용해보면 품목별로 소비 패턴은 물론이고 일별로 사람들이 어떤 것에 관심을 많이 두는지도 한눈에 볼 수 있습니다. 소비와 관련된 주식들은 실적도 중요하지만 항상 이런 트렌드 변화에 따라 주가가 움직인다는 것을 기억해야 합니다.

가장 좋은 경우는 단순 이슈와 테마였던 주식에 실적이 동반되기 시작하면 가장 완벽해집니다. 그리고 이 실적이 사람들의 소비를 체크할 수 있는 정도의 아이템이면 더 완벽하다고 할 수 있습니다.

주식이 한 번 상승을 시작하면 시장참여자들은 최악의 시나리오보다 최고의 시나리오만 생각합니다. 주식이 입소문이 타는 이유도 처음에는 별로라고 생각했던 주식에 최고의 시나리오가 붙게 되면서 보면 볼수록 매력적인 주식이 되기 때문입니다.

아기상어 송이 전 세계적으로 히트를 치면서 관련주 삼성출판사[068290]가 함께 움직이는 모습을 볼 수 있습니다. 이는 구글 트렌드를 통해서도 확인할 수 있습니다.

— 이상기

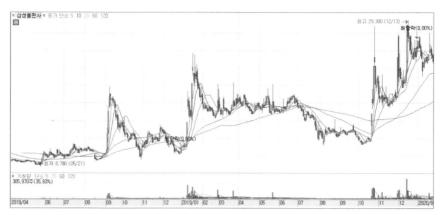

그림 15. 아기 상어 송으로 히트를 친 삼성출판사

그림 16. 구글 트렌드

　예를 들어 어떤 산업군에 같은 업종의 A, B, C, D라는 회사가 시장을 점유하고 있고 나머지는 기타 군소 회사들이 점유하고 있다고 가정해봅시다.

- A사: 시장점유율 45%, 시가총액 2조 원
- B사: 시장점유율 30%, 시가총액 1조 5,000억 원
- C사: 시장점유율 10%, 시가총액 7,000억 원
- D사: 신규 진입자, 시가총액 1,000억 원

D사 새로운 상품을 개발하여 이 시장에 진입한다고 가정했을 때, 초기에는 시장에서 반신반의한 생각으로 주가가 지지부진할 수 있습니다. 하지만 이 상품이 입소문을 타고 알려지면서 1~2%의 시장점유율이 3~4%가 된다면 시장은 벌써 C사와 비교하면서 저평가되었다고 생각합니다. 이로 인해 주가에 탄력이 붙게 되는 경우가 많습니다.

이럴 때 사이트 트래픽 노출도, 핵심 부품 역산을 통한 판매추이 예측, SNS 입소문 등 시장예측 기준을 잘 살펴봐야 합니다. 이 역시 주가가 어느 정도 상승하고 난 다음에 시장은 항상 실적을 확인하고 싶어 하기 때문에 실적의 동반 유무에 따라 주가의 희비가 엇갈리게 되는 것입니다.

예를 들어 가수 싸이의 강남스타일 빌보드 진입으로 K-pop에 대한 관심이 달라지기 시작했습니다. 한국 가요사에서 빌보드 10위 안에 진입한 것은 처음 있는 일이었습니다. 이런 재료를 통해 주식시장은 바로 관련주를 찾게 됩니다. 이에 디아이[003160], 이스타코[015020] 등 강남스타일 관련 회사들이 테마가 되어 많은 상승을 이끌었습니다. 그리고 다음 신곡이 발표된다고 했을 때부터 주가는 시장의 기대감을 한 몸에 받으면서 상승하기 시작했습니다. 이처럼 시장참여자와 시장은 항상 경험적인 측면으로 인해 일정하게 반복되는 경향이 있습니다.

— 이상기

월드스타 싸이의 '4월 컴백설'에 반도체 장비 회사인 디아이에도 관심이 쏠리고 있다.

18일 코스피시장에서 반도체 장비 회사인 디아이 주가는 오후 1시 30분 현재 전 거래일보다 1,300원(10.61%) 상승한 1만 3,550원이 되었다. 또 이날 온라인 포털에서는 싸이의 이름과 함께 디아이가 검색어에 오르내리며 주목을 받았다. 디아이는 싸이의 아버지 박원호 회장이 최대주주로 있는 회사다. 이에 디아이는 대표적인 '싸이 테마주'로 거론되면서 싸이의 인기와 더불어 주식도 급등했다.

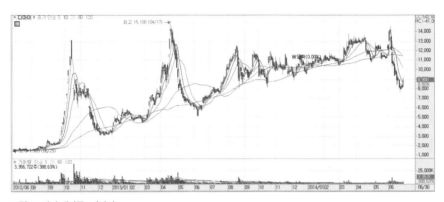

그림 17. 싸이 테마주_디아이

방탄소년단 관련주인 디피씨도 역시 강남스타일 때와 비슷하게 방탄소년단의 빌보드 진입이 예상되면서 앨범이 발매될 때마다 기대감에 주가가 상승했습니다. 일반적으로 이런 경우 시장은 세 번 정도 움직이게 됩니다. 세 번째 정도 되면 상승 탄력도 둔해지고, 시장에서 점차 식상하다고 인식되기 시작합니다. 시장은 항상 새롭고 신선한 재료를 원합니다.

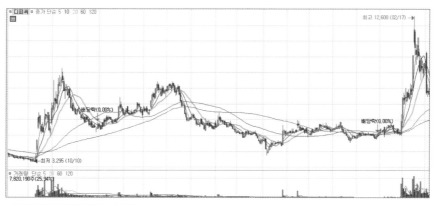

그림 18. 방탄소년단 관련주_디피씨

변동성이 큰 주식시장에서 성공적인 투자를 위한 심리 원칙이 있을까요?

주식에 투자하는 행위는 확률적 사고와 베팅의 영역이라고 할 수 있습니다. 주식에 투자할 때 사람들은 각자의 시나리오를 생각합니다. 확률적 사고라고 해서 거창한 것이 아닙니다. 투자에 있어 확률이란 수익이 나거나 손실이 난다는 50 대 50의 확률입니다. 각자 자신에게 맞는 거창하고 완벽한 시나리오를 구상했다 할지라도 그 시나리오는 틀릴 확률이 큽니다. 신이 아니고서야 전부 맞을 수는 없습니다.

주식투자는 올라가거나 내려간다는 확률이고 자신만의 시나리오에서 이 확률을 이용해 적절한 시기에 베팅해서 승패를 좌우한다고 할 수 있습니다. 지수가 2,000포인트일 때 어느 정도 비중으로 주식과 현금을 가지고 갈 것인가, 그리고 1,500~1,000포인트로 빠졌을 때 어떤 방식으로 대응할 것인가

— 이상기

에 대해 생각해야 합니다. 결국 주식투자는 베팅과 시간의 싸움이라고 할 수 있습니다. 시장에 패닉이 왔을 때 어떤 주식을 사야 가장 높은 수익률을 기록할지에 대해 생각하는 것이 아니라, 이 패닉 속에서 얼마나 많은 현금동원 능력을 가지고 시장을 느긋하게 바라볼 수 있을지 생각해야 합니다.

대한민국 최고의 트레이더들이
전하는 주식투자의 비밀

주식시장의 승부사들

초판 1쇄 발행 2020년 10월 5일
초판 11쇄 발행 2024년 9월 30일

지은이 한봉호, 김형준, 강창권, 이주원, 김영옥, 이찬용, 이상기
펴낸곳 ㈜이레미디어
전 화 031-908-8516(편집부), 031-919-8511(주문 및 관리)
팩 스 0303-0515-8907
주 소 경기도 파주시 문예로 21, 2층
홈페이지 www.iremedia.co.kr
이메일 mango@mangou.co.kr
등 록 제396-2004-35호

편집 이치영, 정은아 | **디자인** 유어텍스트 | **마케팅** 김하경
재무총괄 이종미 | **경영지원** 김지선

ISBN 979-11-88279-89-0 03320

- 가격은 뒤표지에 있습니다.
- 잘못된 책은 구입하신 서점에서 교환해드립니다.
- 이 책은 투자 참고용이며, 투자 손실에 대해서는 법적 책임을 지지 않습니다.

이 도서의 국립중앙도서관 출판예정도서목록(CIP)은 서지정보유통지원시스템 홈페이지(http://seoji.nl.go.kr)와
국가자료종합목록시스템(http://www.nl.go.kr/kolisnet)에서 이용하실 수 있습니다. (CIP제어번호: CIP2020037866)